... den 23ten März 1779.

...n Mutter Wildmännchen

...20 Pistolen solange für mich liegen
...ich selbst hinein komme. Hörst du?
...ber ander Mutter nicht wieder, sonst
...brauch ärger, als der erste. Dies
...ndes Wildhähnchen; und ich bin

Dein
Christhäschen

...lg. deutsch Bibliothek.

GOTTFR.AVG.BÜRGER.

# Mein scharmantes Geldmännchen

## Gottfried August Bürgers Briefwechsel mit seinem Verleger Dieterich

Herausgegeben von
Ulrich Joost

CIP-Kurztitelaufnahme der Deutschen Bibliothek

**Mein scharmantes Geldmännchen:**

Gottfried August Bürgers Briefwechsel
mit seinem Verleger Dieterich / hrsg. von
Ulrich Joost. - Göttingen: Wallstein - Verl., 1988
ISBN 3-89244-002-6
NE: Bürger, Gottfried August [Mitverf.];
Dieterich, Johann Christian [Mitverf.];
Joost, Ulrich [Hrsg.]

Erste Auflage 1988

Vom Verlag gesetzt aus der ITC Garamond
mit Apple Macintosh und Aldus PageMaker
Einband gestaltet von Thomas Müller, Berlin
Druck: Hubert & Co., Göttingen
Printed in Germany

ISBN 3-89244-002-6

# Bürger – Dieterich
# Briefwechsel

1.

W.[öllmarshausen,] den 13. Sept. 1777.

P.P.
Hier, mein lieber Alter, erhalten Sie Ihre Tapeten Proben wieder. Die Wahl hat wirklich viel Qual gemacht. Man hat endlich sogar zum Loose schreiten müssen, weil wirklich viel hübsche Muster drunter sind. Da hat denn das Loos die beyden, welche mit einem NB. von Röthel gezeichnet sind, betroffen. Wollten Sie mir nun nach beygehenden Pro Memoria davon verschaffen, so würde mir ein großer Gefallen geschehen, und sollte die Auslage dafür entweder praenumerando oder postnumerando, wie Sie befehlen, mit Dank allemal bereit seyn.

Die Erfindung der Kupferstiche ist mir nicht entfallen. Aber ich habe diese Woche viel Plackereyen gehabt; auch bin ich einige Tage so schändlich krank gewesen, daß ich mit Ehren zu melden ein Clystier nehmen müssen. Betet ja, mein lieber Verleger, daß der Himmel Eüren Autor nicht vor Ostern hohlt. Denn alsdenn würde uns der Hund noch mehr scheißen, als wenn ich um einige Tage mit Erfindung der Kupferstiche späther aufgezogen käme.

Aber im Ernst, Ihr sollt die Ideen gewiß noch vor Michaëlis haben. Aber halt! das Epigram von Kästnern muß ich erst sehen. Daß Ihrs nur mit diesen Bothen herausschickt, oder Dieser und Jener — — — —

Aber Du alter Sündenbock, war es Dir nicht genug meine Unschuld zu liederlicher LebensArt zu verführen?

Willst du nun gar meine Frau auch beschlafen? Wart! Wart! Was Du an meiner Frau ausübest, Das soll von mir an Deiner Frau und Deinen Töchtern gedoppelt und dreyfach vergolten werden.

Hört einmal, mein lieber Dietrich, die Anzeigen sind nicht knapp genug beschnitten. Sie nehmen zu großen Plaz im Briefe ein. Boie wollte noch 100 Stück haben; hat er die bekommen? Wo nicht, so schickt sie ihm noch. Er meldet mir, daß er schon 30 Subscribenten hat, ohne sich

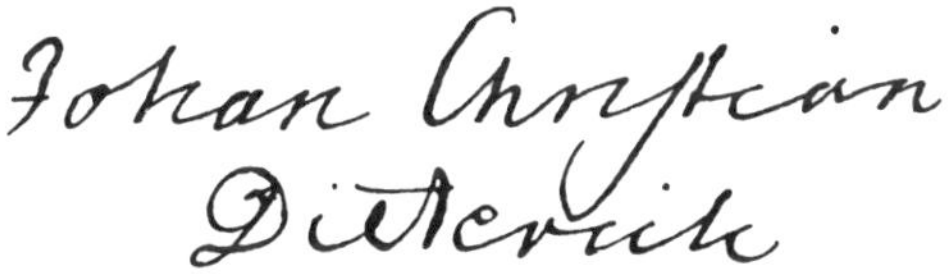


noch die geringste Mühe gegeben zu haben. — Kurz, Alter, Du wirst durch mich ein glücklicher Mensch. Denn 10000 Subscr. kriegen wir zum allerwenigsten; und von dem was über Zehntausend ist, sollst du mir auch nicht ein Blättchen mehr abgeben. Alles das für dich allein! Siehst du wie gut ichs meine!!!

Meine Frau läst schönstens grüßen. Und sagt, Sie möchten bald herauskommen und hier vorläufig einmal bey ihr schlafen.

Sind wir nicht heiloses Volk unter einander? Welch ein verfluchtes Sodomitisches und Gomorrisches Leben. An allem ist der liederliche Dietrich Schuld. Der Bürger war sonst so fromm! Nun adio! Freünd. Sagt mir doch, wenn-ehr es zur Messe geht? Ich bin mit Leib und Seele
Der Eurige GAB.

Apropos! Eüre Frau und Töchter zerküsse ich dermaßen in Gedanken, daß sie Cetermordio schreyen sollten, wenn nur ein Viertheil dieser Küsse wirklich und körperlich an ihnen exequirt würde. Ich habe heüt einen verflucht langen und stachlichen Bart.

## 2.

An dHErrn Dietrich
Hochedelgeb.
in Göttingen.
Zu höchsteigener Erbrechung.

W.[öllmarshausen,] den 23. Octobr. 1777.

Bons dies mein freündlich geliebter Dietrich
Wenn man nicht hinter Eüch herlaüft, und fragt, was Ihr macht, so erfährt man nichts. Warum scheert sich der Signor bey dem schönen heitern Wetter nicht einmal heraus? Kalt ist es zwar; aber dawider sind Pelze gut. Um den dritten L'hombreMann braucht sich der Herr nicht zu bekümmern; der ist hier. Der Herr kann auch, wenn er sich nicht allein wegen seines baufälligen Leichnahms zu reisen getraut, einen mitbringen. Nur auf den Sonntag komme er nicht, denn da bin ich nicht zu Hause.

Seyd doch so gut Freünd und schickt mir zum Durchsehen: *Sturz Erinnerung an Bernstorf,* oder was das Ding für einen Titul sonst haben mag.

Wir und die Unsrigen küssen Eüch und die Eürigen, daß die Federn drum herum stieben.

Adio, du alter Hosensch — —, und behalt mich lieb.

GAB.

P.S. Ich habe allerhand Dinge zu unser beyder Heil, Nuz und Frommen mit Eüch mündlich abzuschwazen.

3.

Herrn Buchhändler
Dietrich
Hochedelgebohren
in Göttingen.

Wöllmershausen, den 26. Febr. 1778.

Liebster Dietrich.
Wenn Ihr mir jezt helfen könnet, so seyd Ihr mein Prinz, mein König, mein Kaiser. Wo aber nicht, so seyd Ihr ein Scheiskerl, wie ich. Seht! Geld haben wir, wie Heü, und werdens erst noch kriegen. Denn in kurzem werde ich das 5te Hundert von meinen Subscribenten allein überspringen. Boie hat an die 400 und wie viele lassen sich nicht mit Gewißheit erwarten. Aber dennoch bin ich ein Scheiskerl. Ich soll eine Bürgschaft von 1000 Reichstalern in hiesigem Lande bestellen und habe hier leider, keine liegenden Gründe. Sonst bin ich freylich kein Lumpenhund. In Aschersleben habe ich noch 75 Morgen reine

schöne Länderey, die sich gewaschen hat. O hätt' ich sie doch gleich hier! — Zum Besten des Leonhartschen Nachlasses und der Erben habe ich nebst meinem Schwager, dem Sekretair Leonhart, mich um die Leonhartsche Curatel sowohl über den abwesenden Leonhart als um die minderjährigen Kinder beworben. Sie soll uns gegen eine binnen zu 14 Tagen bestellende Caution à 1000 Reichstaler hoch übertragen werden. Ich schreib Eüch dies, lieber Dieterich, nicht um deswillen, weil ich etwa so eine Caution von Eüch verlangte. Denn so viel ich weiß seyd Ihr hier im Lande, durch liegende Gründe eben so wenig, als ich, in Verfassung dergleichen zu bestellen. Sonst, weiß ich, thätet ihrs gewiß. Allein Ihr seyd ein mächtiger, vielgeltender, Kerl; und ich traue Eüch zu, daß Ihr mir vielleicht einen andern Bürgen ausmachen könnet. Ich verspreche dem Bürgen vollkommmene Sicherheit 1. durch gerichtliche, mit liegenden Gründen unterstüzte, RückBürgschaft in Aschersleben 2. durch Reversales von gedachtem meinem Schwager und meiner Frau 3. durch jährliche Vorlegung der Rechnungsdecharge usw.

Wißt Ihr keinen in Göttingen, oder sonst hier im Lande, der sich dazu verstehen könte und möchte? Habt Ihr über keinen Professor oder Philister so viel Gewalt? Schreibt mir geschwind, Lieber, ob und was Eüch möglich ist? Aber Ihr müst gerade nicht die Angelegenheit ans schwarze Brett schlagen und viel Geredes davon machen. Gott befohlen, alter Hosenscheißer! Wie gesagt, Du bist mein Kaiser, wenn Du mir helfen kanst. Denn, kannst Du und andre Leüte nicht helfen, so geht die Curatel in fremde Hände und die Leonhartschen Erben werden von Kopf bis zu den Fußsohlen beschißen.

Adio! GAB.

Was meint Ihr, wenn man sich an *Püttern* oder an Heynen machte? Ersteren kenne ich nur zu wenig; und letzterer — Ich weis nicht, ob der wohl *kann* oder *will.*

4.

An Herrn Buchhändler Dietrich
Hochedelgeb.
in Göttingen

W.[öllmarshausen,] den 2ten März 1778.

Ihr seyd ein schnurriger Patron. Wo habt Ihr denn die Augen gehabt, als Ihr meinen neülichen Brief laset? Ich will ja kein baares Geld haben. Nur Bürgschaft! Bürgschafft! Das ist verdolmetschet: Wenn Bürger bey der Curatel zu Schelm wird, so will ich alsdenn für den Schelm bis auf 1000 Reichstaler hoch bezalen. — Da parlirt nun der alte Hosensch.. ein langes und breites von Geldborgen, als wenn ich baar Geld haben wolte. Das könte ich nicht einmal brauchen, wenn Ihrs mir auch da auf den Tisch zähltet, außer etwa in L'hombre zu verspielen. Der Bürge muß aber hier im Lande mit Immobilien angesessen seyn. Doch — wie gesagt — Ihr seyd in diesem Puncte ein Scheiskerl, wie ich. Ich habe nun noch an eine Thür geklopft, und wenns da auch nichts ist, so mag der Betteltanz laufen, wie er will. —

Alleweile wollen wir mal ein Wörtchen von der Autorschaft reden. Liebster HerzensDietrich, es ist die höchste Zeit mit dem Druck *wenigstens anzufangen.* Müst Ihr nothwendig erst die Vignetten haben, so muß wahrhaftig mit der nächsten Post Chodowieky angeregt werden.

Wär es nicht genug, wenn wir wenigstens einstweilen *eine* Platte nur zur Probe hätten um die Größe des leer zu laßenden Raums darnach zu bestimmen? Denn sie werden ja doch wohl alle von einer Größe seyn. Die Kupferplatten brauchen wir ja sogleich noch nicht. Ich fürchte, wenn wir noch länger warten, so komt Ihr hernach mit der Hezpeitsche hinter mich, daß ich alles über Hals und Kopf machen muß. Dann aber wird leicht die Herlichkeit verhudelt werden. Wist Ihr denn wohl, daß ich nunmehr schon an Subscribenten beynahe 1200 voll *für gewiß* rechnen kann? Versteht sich die Eürigen mit dazu gezählt. Darunter prangen Durchlauchten und Erlauchten und Excellenzen u.s.w. daß es eine Lust ist. Ich habe wieder ein paar neüe Gedichte gemacht, die sich an Händen und Füßen gewaschen haben. Nun sorgt Ihr nur auch für Eüren Theil, sonderlich für den *Punkt des Papiers!* Ich behofirte mich von unten bis oben, wenn es in solchen Puncten am Ende einen Pfuidichan! sezte, da wir in der Anzeige so stattliche Promessen ausgeprahlt haben. Die Hunde auf der Straße würden den Autor mit samt dem Verleger anpissen; und unsere Schw.. die jezt so keck und steif empor stehen, würden schlaff wie Kaldaunen zwischen den Beinen herunterhängen. —

Das ist mir mal wieder ein rares Stückchen Brief! Um Gotteswillen! lieber Dietrich, ihr last doch wohl Eüre Leüte im Laden meine Briefe nicht aufbrechen? Nun wahrhaftig! die würden mich für einen artigen Schweinepelz halten. Um des Himmelswillen! zerreist sie gleich, wenn Ihr sie gelesen habet. Ich werde künftig keinen Nahmen mehr drunterschreiben, oder mich allenfals Hosius Pomposius nennen. Daß Ihr sie Eüre Töchter nicht lesen last, dafür kann ich wohl sicher seyn. Eüre Christel aber kann sie wohl lesen; denn die darf schon ein Wörtchen mitsprechen.

Christiane Dieterich

Mit meiner ehlichen Hälfte wills noch nicht zum Durchbruche kommen. Ich denke, es steckt ein riesenmäßiger künftiger Autor dahinter, der seinen Vater noch einmal auf den Kopf hofiren wird. Das Entgegenreiten will bey jezigen gefährlichen Wegen nicht mehr gehn. Der Gaul muß im Stalle stehen und möchte schier die Kinnkette zersprengen. Nebenwege zu reiten sind hier leider! nicht. Der Himmel spahre Eüch gesund mit Weib und Kind! Ewig der Eürige Hosius Pomposius.

5.

W.[öllmarshausen,] den 16ten März 1778.

Kund und zu wissen sei hier mit, daß der liebe Gott gestern Vormittags netto um 10 Uhr uns beiderseits Eltern mit einem gesunden wohlgestalten — was denn nur? — ach! — mit einem — ach! — Töchterlein erfreuet hat. Ich dachte: freilich wäre mirs lieb, wenn du ein Loth Fleisch mehr zwischen den Beinen hättest, indessen, da es nicht anders hat seyn sollen, so bist du mir, weil du doch sonst so hübsch bist, auch ohne dies Loth Fleisch willkommen. Meine Frau befindet sich noch ziemlich schwach. Aus dieser Ursache begreift Ihr leicht, lieber Dietr., daß ich diese Woche schwehrlich persönl. über kommen kann; indessen werd' ich längstens bis Donnerstag zu den 3 ersten Bogen Mspt senden. Es wird während dem Druck wohl fast ein eigner Bote hin und her patroulliren müssen. Aber du Tausend sa sa! Nun schickst du dich nur auf 1500 Auflage? du bist nicht wehrt, daß du einen Dreck profitirst, weil du dir selbst den Profit durch deinen Unglauben und Mismut verscheißest. Mir wird nachgerade bange; daß der Subscr. mehr als 1500 werden. Alsdann sitzt Mazpumpe da, wenn nicht einmal die Subscr. befriedigt werden können, zu geschweigen nachherige Käufer. Ich weis zwar nicht, wieviel Subscribenten Ihr habt; und ob Ihr mehr als ein Duzend habt; aber ich und Boie haben nun nach gezogenem Calcul 1100 auf dem Papier; und so wahr ich lebe! es sind noch so viel in *gewisser* oder höchstwahrscheinlicher Erwartung, daß mir angst und bange wird. Von Münster aus, weis ich, kommen noch an 60, von Behm habt Ihr selbst gehört, daß er an 70 habe; In Göttingen haben noch gar manche, kleinere Listen, wovon Ihr noch nichts wist. Ich rathe euch, daß ihr mir für die Subscr. Exemplare genug schaft, sie mögen herkommen, woher sie wollen. Die übrigen *Debit* extra habt Ihr, wenn er verschißen ist, Euch allein verschißen. Denn daran ist keine Minute Zweifel, daß Ihr die Auflage wenigstens 2000 stark getrost machen köntet. Also, Signor, nur nicht gesagt, daß der Autor Ihm die Schmalzfedern auszieht. Ich wuste wohl, was für ein lieblicher Wind für mich im Publikum wehte; aber wenn ich mir das merken ließ, so lachte mich mein lieber Dietrich aus und glaubte nicht dran. Nun wird er für seinen Kleinmuth gestraft, von Rechts wegen.

Ists mir irgend möglich, so komme ich diese Woche noch zu Ausgang und zersause Ihm die Perükke, fresse Seine Schildkröten und Austern auf; küsse Sein Weib und seine Töchter und pp beharre

de tout mon coeur

G.A.B.

Ich wollte, daß das Bad der Wiedergeburt erst abgethan wäre.

6.

An
dHErrn Buchhändler Dieterich
in
Göttingen

W.[öllmarshausen,] den $24^{ten}$ März 1778.

Ich mus wohl heüte meinen Brief schon schreiben, damit der Bote Morgen früh genug abtrollen kann. Hier ist der Bogen wieder! Ich lasse mich gern von der Edeln Buchdruckerkunst, die du alter Hosenscheisser, so sehr aus dem Grunde verstehst, belehren. Wie ich merke, will der Herr Sezer die Knittel über den Seiten nicht gern weglassen. Meinethalben denn mögen sie stehn bleiben. Übrigens ist *reine Simplicität* die Generalregel und wenn die immer beobachtet wird, so treffen wir gut zusammen.

Wißt Ihr denn wohl, wieviel Subscr. wir haben? — Wenn es wahr ist, daß Ihr an 350 und Behm 120 hat, so sind wir bald im 18ten Hundert. Ich *muß* nothwendig noch einige Hundert erwarten; weil ich von beträchtlichen Orten, wo ich *gewis welche bekomme,* noch nichts habe. Nun, du Tausendsasa! räsonire mir nichts mehr von den Autoren, oder der T.. soll dir in die Perükke fahren. Auf den Freitag, G. G. komme ich in eigner hoher Person und zause dich. Denkt an, von dem drolligen Wundt in Heidelberg habe ich auch 23 Stück erhalten. Wenn nur kein Nachdruck in der Welt wäre, so wolten wir bald in Kutschen fahren, so aber wirds doch wohl beym Reiten auf dreibeinigen Philister-Pferden bleiben. — Die Cholik will ich bis nach der leipz.[iger] Messe aussezen. Sieh! Pursch, nun kann ich dich zwiebeln wie ich will. Wilst du nicht, was ich haben will, Pumps! so drohe ich, daß ich mich aufhängen wil. Dann wirst du beschissen bis über die Ohren. Eh du das zugiebst, daß ich mich aufhänge, eher — thust du mir s. v. sonst was; und wenn du mich nicht 20 Louisd'ors in l'hombre gewinnen lässest, so hänge ich mich gleich auf. Schaffe Eidexenpasteten, oder ich hänge mich auf! Auf den Freitag aber werde ich wohl nichts davon essen können. Indeßen will ich dich den Sonnabend beschmarozen. Adies!

H.[osius] P.[omposius]

Das müst Ihr keinem Schriftsteller und am wenigsten einem Dichter übel nehmen, wenn er bis auf den lezten

Augenblick und unter der Presse sogar, noch an seinen Werken feilt. Es macht freilich dem Sezer ein bischen Scheererei, aber dem Herrn Verleger thuts Vortheil, wenn er die möglichste Volkommenheit zu Markte bringt. Indessen wil ich soviel als möglich, das Mspt rein schicken. Unser Büchlein soll aber auch Otto heißen; und sich an Händen und Füßen gewaschen haben.

Apropos! Besorgt doch das Brieflein an Monsieur Himburg. Ich hab es offen gelassen, daß Ihrs lesen solt. Der meint Kuhscheisse solte Butter werden. Prosit die Malzeit! Ja wenn wir weiter keine Subscr. hätten als Monsieur Himburg. Verstecke dich Himburglein! Du bist nur ein kleines kleines Christlichtgen.

## 7.

Wöllmersh.[ausen,] den 28ten März 1778.

Na! wie hat die Krokodillenpastete geschmeckt? Gern hätt' ich doch die Rarität auch versucht; denn nun nach gerade wird mir wohl für diesen Winter der Hund was salvaveniaen. Die Austern gehn auf die Neige. Indessen habe ich mich doch noch an meinem Kindtaufen Abende weidlich drin befressen, auch halb und halb in dem verwetteten Weine besoffen. Auch habe ich meines schenklaunigen Verlegers und seines Weibleins und seiner Kindlein Gesundheit bei frohem Gläserklang getrunken.

Hier kömt die Interimspost, welche in den nächsten vier Wochen die Beine sich ziemlich müde laufen soll. Jeder Weg hin und her in einem Tage ist zu 5 Mariengroschen verdungen. Ich will nun hoffen, daß ich heüte den ersten Korrecturbogen bekomme. Last mir die Korrecturbogen hübsch auf Papier drucken, worauf sichs gut schreiben läst; auch so viel möglich mit breitem Rande. Und hiermit wiederhohle ichs, und pauke dabei auf den Tisch, daß die Fensterscheiben klingen; wo mir ein Druckfehler stehen bleibt, den ich im Revisionsbogen angezeigt habe, so solst du alter Hosenscheißer mir für jeglichen einen blanken volwichtigen Dukaten zahlen. Zu diesem Behuf gieb nur dem Herrn Setzer oder sonstigen Herren Korrectoren in Göttingen zu verstehen, daß Sie doch ja nicht geruhen wollen, in Ansehung der Orthographie, klüger zu seyn als ich, sondern blindlings so sezen, wie ichs vorschreibe. Denn ich habe meine eigene SontagsOrthographie und habe manches gegen die Altagsschreiberei zu erinnern. An mein Mspt aber muß sich keiner lehren, das ist manchmal flüchtig hingeschmiert; sondern allein an den Revisionsbogen.

Apropos! Eh ichs vergesse, ich muß zur Inspection haben Eüre Almanache von 1771. 1774. 1776. und den Vossischen von 1776. Die müst ihr mir unverzüglich schaffen und mitschiken. Ihr solt sie wiederhaben.

Ubrigens überkomt ein PM. für den H. Sezer; und zu einigen folgenden Bogen Mspt. Die Ordnung und Folge ist mit Nummern bezeichnet.

Gott befohlen! Künftige Woche, GG., hoffe ich früh mit samt dem Weib und den Kindern dabei zu kriegen. — Bei dem Schnabel, versteht sich; denn ihr seyd ein liederlicher Zeisig, der immer was arges denkt. Meine Frau und mein Mädel empfelen sich; lezters dankt nochmals schönstens.

GAB.

8.

An
dHErrn Buchhändler Dietrich
in Göttingen

W.[öllmarshausen,] den 1. April 1778.

Hier erfolgt der Revisionsbogen zurück; und zugleich inclusive *Lenoren* zu vier Bogen Manuspt. Lenore soll nicht den 3ten Bogen sondern den 6sten anfangen. Sie ist also in der Ordnung das 19te Stück. Übrigens geht es nach den Nummern, welche über jedes Stück gezeichnet sind. — Wenn von den ersten Bogen fertig sind, so schicken Sie mir doch nach und nach ein Exemplar heraus, daß man sie einem guten Freünde zeigen kann.

In solchem Wirwar, als ich jetzt bin, bin ich mein lebelang nicht gewesen, Amts- Familien und Autorarbeiten trillen mich um die Wette dazu ist meine Schwiegermutter schwer krank. Ich werde, wie ein Kreisel herumgepeitscht. Wenn doch erst dies Frühjahr überstanden wäre!

Sie können mir den LenorenBogen dennoch zur Revision schicken. Ich will die paginas schon darnach abändern.
GAB.

9.

W.[öllmarshausen,] den 4. Apr. 1778

Wart, du Tausend sa sa! — Hätt' ich dich, o wie wolt' ich dich! Was? Mir die Schuld in die Schuhe zu schütten, daß ich nun getrilt werde? Wie schön, daß ich des alten Hosenscheissers Briefe noch habe! Wie schön, daß ich den

Lieut.[enant] Behm zum Zeügen habe, daß er selbst bekennen muste, als ich ihm den ersten Bogen Mspt gab: das Papier werde nun erst ankommen. Wie lange vorher war ich schon zum Anfange bereit! Steck nur deine Nase in die stinkenden Briefe, du Tausendsasa! Da wirst du alles finden, du Trompeter von hinten! Was gehts dich an, wenn ich noch eins und das andere am Mspt in Ordnung zu bringen habe? Genug, wenn es nur immer promt vor den Sezer kömt, wie es verlangt wird. Ach! hätt' ich nur weiter keine Schererei, als die Autorschaft, so wolten wir in 14 Tagen mit noch einem Bande zu Markte ziehen. Aber eine Nacht bei diesem, die andere Nacht bei jenem Kranken wachen, mit Doctoren conferiren, dabei Amts- und Familien Schmierereien, das einem die Fäuste lahm werden möchten, das trilt Einen, wie einen Kreisel herum. Und dennoch plaudere ich mit dir so viel unnüzes Zeüg, du alter Hosenscheisserus? Das macht aber nichts anders, als weil ich dich seit der lezten L'hombrestripserei so sehr in Affection genommen habe. Ah! du bist ein scharmanter Verleger. Sieh, nun wil ich mich auch noch nicht aufhängen. Bei den jezigen schönen Sommertagen könte sich der Herr wol auf einen Klepper schwingen und anderweite 3 Louisdore herausbringen. Denn ich möchte mir gern zu dem Sattel eine Waldrappe kaufen.

Meine Frau, um von der doch auch was zu erwähnen, läst schöne grüssen, und Ihr soltet doch ein bischen aussaugen helfen. Um Flott zum Caffé brauch' ich jezt Gottlob! nicht verlegen zu seyn. — Die Christel könt Ihr meiner Zärtlichkeit versichern, gleichergestalt auch die Louise und die Friederike und alle Eüre Gebornen und Ungebornen; denn ich glaube, Ihr fangt nächstens noch einmal wieder Unfug in der Haushaltung an. Adies!

Verbleibe Eüer gnädiger, wohlaffectionirter Autor

GAB.

Dorette Bürger

Wißt Ihr nichts von Mathieus Auction?

N.S. Die Bogen sehen, trotzdem, was sie bei dem zu frühen Pressen gelitten haben, dennoch lieblich aus. Aber, liebster Dietrich, bald werde ich mit Eüch auch um die Kupfer anfangen zu heülen und zu wehklagen. Vor ein Paar Tagen erhalte ich einen Brief von meinem Freünde, dem D. Biester, der Sekretär beim Minister von Zedliz ist, aus Berlin vom $6^{\text{ten}}$ v.[origen] M.[onats] datirt, worin er mir die tröstliche Nachricht giebt, daß Herr Chodowiecky, damals noch nicht *einmal angefangen* gehabt, an unsern Kupfern zu arbeiten; und mir daher untern Fus giebt, ihn zu bombardieren, was das Zeüg halten wolte. Ich hätte Eüch das durch einen Expressen wissen lassen, wenn Ihr mir nicht seitdem gesagt hättet, daß wieder eine Bombe abgefertigt wäre. Werden wir nicht mit der Messe fertig, so besalvaveniar ich mich von unten bis oben. Wir armen Teüfel! Was wollen wir dann anfangen? Mit der Post die Exemplare zu verschicken ist eine verfluchte Sache; und bis zur Michaelismesse zu warten, ist eben so verflucht. Da möchte das Publikum mistrauisch werden. Dann ist guter Rath theuer.

O weh uns armen Korydonen!

Beikommenden Brief bitte zu besorgen.

Apropos! Wenn uns ja HE. Chodowiecky den tröstlichen Streich spielte, ginge es dann nicht an, die Exemplare durch Mesgelegenheit zu verschicken und jedem ein gedrucktes Avertissement bei zufügen, daß die Kupfer durch die Post nach folgen sollen? Das macht zwar die nehmliche Schererei, aber doch nicht so viel Porto, als wenn man die Exemplare auch durch die Post verschikken soll.

In der Angst meines Herzens, hab' ich noch einmal an Chodowiecky geschrieben. Ihr könts nun halten wie Ihr wolt. Das Brieflein entweder abschicken, oder den Ars drein wischen. Hier ist es!

10.

An
dHErrn Buchhändler Dietrich
in
Göttingen

W.[öllmarshausen,] den 6. Apr. 1778.

Da, Bursche, ist neues Mspt. Du wilst mich aber nur kuranzen. Denn das neuliche ist gewis noch nicht alle. Wenneher mus wieder frisches da seyn? Bald werd' ich den lezten ganzen Bettel schicken. Ich werde ohnehin nicht viel mehr als 20 Bogen Gedichte nehmen können. Vorrede, Verzeichnis und Subscribentenspectakel nimt gewis an die 3 bis 6 Bogen ein. Was übrig bleibt wird deinem ScheisAlmanach gut thun. Hange dich nur immer auf, Trompeter! Dann geh' ich zu einem andern Verleger. Wenn ich mich aber aufhänge, so fress' ich erst die andere Halbscheid vom Mspt auf. Wer bescheist den andern mit dem aufhängen am ärgsten? Ich sag's noch einmal schickt mir die Subscr. bald, denn es ist hohe Zeit das Verzeichnis, wozu gewis 14 Tage erfodert werden, in Ordnung zu bringen. Es sind bei mir seit einigen Tagen wieder nahe an 100 eingelaufen.
Die Frau Gevatterin u Pathe grüst, küst usw.
Adies GABmp.

11.

An
dHerrn Buchhändler Dietrich
in
Göttingen

W.[öllmarshausen,] den 9. Apr. 1778.

Hier ist der Revisionsbogen wieder. Der erste Korrector korrigirt doch ziemlich genau. Von eigentlichen Druckfehlern finden sich gemeiniglich nur wenige. Alle meine Revision betrift blos Feilerei und Klügelei. Unser Werkchen soll schon Aug und Herz kizeln, du alter Pantalone! Ach! die Kupfer! die Kupfer! Au! Au! Au! Au! Was Eüre Subscribenten betrift, so ist die Liste oft unvolständig, indem nicht angegeben ist, wo die Personen sich aufhalten. Dies könte ich aus eüren von den Kollecteürs eingesandten Briefen und Listen vielleicht suppliren. Schickt mir doch diese; sie sind bei mir vieleher unverloren, als in eürem Papierschwall. Nunmehro ersehe ich endlich erst mit Gewißheit, daß unsre Subscr. Zahl für jezt 1800 voll und schon etwas drüber ist. Du alberner Verleger hattest mir immer von Gott weis! wie viel mehrern vorgeschwazt. Du bist ein Windmacher von hinten und von forn. Wegen der Hinteraffären wünsche ich baldige Besserung; wegen des Vorderen Windes wird wol Hopfen und Malz verloren seyn.

Apropos Herr Verleger! haben Sie denn Lessings neüste theologische Streitschriften? Ich weis die Titel nicht genau: 1) *aber sind es Fragmente eines ungenanten, die er aus der Wolfenbüttelschen Bibliothek herausgegeben hat. 2) Eine Parabel, nebst einer kleinen Bitte und einem eventualen Absagungsschreiben. 3) Axiomata, wenn es deren in dergleichen Dingen giebt* u.s.w. Wenn sie vorhanden sind, so bitte ich sie mir aus.

Schickt mir hübsch Makulatur heraus um die Subscribenten Nahmen aufkleben zu können. Sie muß aber nicht so schlapp, sondern hübsch steif wie unser Zebedäus seyn. Vier Buch gehen leichtlich drauf. Fragt doch HE Steckern, wie viel Zeilen von der kleinsten engsten Schrift auf unsere Format Seite gehen werden? Ich möchte gern darnach den Überschlag des Raums machen, den die Subscr. Nahmen einnehmen.

Adio! Grüst und küst die Eürigen. Meine Frau befindet sich zwar sonst ganz wohl, leidet aber an der Brust ungeheüre Schmerzen, wenn das Kindlein saugt. Ich beharre

Meines wehrten Herrn Verlegers
wohlaffectionirter Autor
GAB.

12.

W.[öllmarshausen,] den 10. Apr. 1778.

O du verwegenster und frevelhaftester Salva venia unter der Sonnen! Harre! Harre! Ich bin recht aufgelegt heüte, dich zu kuranzen. Meine Galle ist noch in voller Bewegung. Denn so eben habe ich Mann und Frau ins Hundeloch stecken lassen, wo sie sich wieder vertragen sollen. — Kom mir nur heraus! du solst auch hinein und die Lästerungen gegen deinen erhabenen Autor bei Wasser und Brot büßen müssen. — Was? Wir beschißen die Welt mit Dem, was schon tausendmal gelesen wäre? Sieh, du unwissender Verleger, wie schlecht du in deinen eignen Verlags Artikuln belesen bist. In den bisherigen Bogen sind schon über zehn nagelneüe Stücke, die sich gewaschen haben; und die Alten an vielen Orten mit frischen glänzenden Firnis überzogen worden. Und wie despectirlich sprichst du das Wortlein *Tausend* aus! Meinst du daß die Welt genug haben werde, wenn meine Herrlichkeiten auch millionenmal gelesen worden sind? Nach zehntausend Jahren werden meine Werke noch zehntausend Verleger an Kutschen und Pferde verhelfen.

Was, du verwegener Spötter, ich hätte auf jedes Dörfchen Collecteürs gesezt? Einen alten Scheisdreck! der Ruhm deines Autors blühet dergestalt in allen Landen und auf allen Meeren, selbst oben in dem Monde, daß von selbst sich alles Schaarenweise, meiner Anmut und Weisheit zuzuhören, um mich her dränget. Der Mann im Monde, wird gewis unaufgefordert auch noch eine Liste senden.

Was, du alter Hosentrompeter, du hättest den Kupfereinfall, worauf du so dick und breit thust, zuerst gehabt? — Ich sage Dir aber, daß ich schon im Mutterleibe und schon in dem Zebedäo und den Lenden meines Vaters den Einfal gehabt habe. Deine Vermessenheit, du tolkühner Verleger, steigt vollends aufs höchste und verdient ganz gelinde mit der ewigen Verdamnis bestraft zu werden, wenn du meinst, daß du das Auge und Herz allein kizelst. Bons dies! Christeln magst du wol vor Jahren gekizelt haben, wiewol du nunmehro dazu auch zu ohnmächtig bist. Du magst mir ja wol kizeln! Bist des alten Kizlers Sohn. Versuch es doch einmal aus deinen AllmanachsArchiv den schönen Scheisdreck auf schönes weißes Schreibpapier, mit schönen Druck, mit Kupfern von Chodowiecky geziert, auf das herlichste herauszugeben und sieh zu, wie viel Herzen und Augen du kizeln wirst.

Die Ärse wirst du damit kizeln, wenn die schnelle Kathrine vorhanden ist!!! Wenn dein unsterblicher Autor dein Papier und deine Lettern nicht mit Geist beseelte, so würd' es dir schissern ergehen.

Kom nur mit deiner neüen Karbatsche! du solst nach dem Loche der Hunde damit gepeitscht werden. Hab' ich die Kupfer Idéen nicht früh genug hergegeben? Unterdessen hätte Chodow.[iecki].100 Platten verfertigen können. Was kann ich dafür, daß er so spät erst an die Arbeit geht?

Wenn der Text hübsch betrügerisch gesezt wird, so machst du ja den Betrug mit. Denn der Hehler ist so gut wie der Stehler. Aber was wilst du mit dem betrügrisch? Sind etwa die Werke des Geistes nach der Elle auszumessen und zu schäzen? Jedes Wort meiner unsterblichen Werke ist seinen baaren Reichsthaler werth. Ey seht doch mal! Du möchtest wohl gern, wie Herr Weygand, für den Bogen einen Ducaten gegeben und dann alles, das ganze Mspt mit Haut und Haar auf zwei Bogen geprest haben? Das ist Eüre Weise, Ihr Raubvögel! Wart, ich wil dir das betrügerisch anstreichen, daß die Haare Dir um die Perücke stieben sollen. O hätt' ich dich! Wie wolt ich dich! –

Wie gern möcht ich Dir noch mehr von meinem Eifer in die Perücke speyen! Aber Gedult! Ich werde dich bald coram unter meine Zunge kriegen. Dann soll meine Oration zwei Stunden lang werden. Indessen solst du doch schon dies Brieflein nicht ans Fenster stecken. Solst nicht einmal das Herz haben, ihn Christeln vorzulesen, du alter Schwachmaticus, du ausgekizelter Hosenscheißer, mit Nahmen und jezt in der That, du Hosius, du Pomposius! Du: saß hintern Ofen und schlief! Du: hatte sich das Hemd verbrant! Du: sah mans Perspectiv! Du! Du! Du! Du! — daß ich nur alles in eins zusammen fasse — Du Tausendsasa! Da! hast du Deinen Sentenz, daß du auf ein Weilchen genug hast.

Mspt kann ich heüte noch nicht mitschicken. Ich bin gestern Abend erst späth zu Hause gekommen und heüt hab' ich Gerichtstag. Ist doch noch zu dem J. und K. Bogen Vorrath da. Zeit genug, wenn Morgen was komt. Nur nicht drüber räsonirt!

Nicht gemuckst! Sondern dem Autor hübsch den Fus geküst! Ich will dich Mores lehren, du Tausendsasa!

Adio! Ich beharre
Dein
unsterblicher Autor
*Verleger Geissel.*

Vergiß nicht, drey Louisd'or mitzubringen. Der Herr kan sich auf Montag Vormittag herscheeren. Nachmittag hoffe ich nicht mehr auf ihn und gehe aus. Er kan auch des Nachts bei mir in meinem Bette schlafen, mus aber seine Trompete zu Hause laßen. Die schnelle Kathrine vollends. Dann will ich ihn notzüchtigen, daß ihm der A... wackeln soll.

## 13.

An
Herrn Buchhändler Dieterich
in
Göttingen

W.[öllmarshausen,] den 12. Apr. 1778.

Siehst Du, alter Knabe, kan man Dich zum Schweigen bringen? — Dich will ich noch [auf] einer Nadelspize herumtanzen lehren. — Hier ist der Rev.[isions] Bogen und Mspt; in einigen Tagen sol noch ein solcher Transport kommen und endlich — der Rest. Vermutlich kömt ja wol der Herr Morgen. Das Wetter scheint gut zu bleiben. Wenn Er nicht des Nachts hier bleiben will, so kan Er's ja bleiben lassen. Wer zwingt Ihn denn dazu? Wenn Er's aber drauf einrichtet, einen Beischlaf mit mir zu volziehen, so mus Er allein kommen. Wenns angeht, so schreiben Sie mir: ob Sie kommen oder nicht? — Welche Wonne, wenn Signor Verleger, die Kupfer Abdrücke im Schubsacke mitbrächte. — Vor allen Dingen die 3 Louisd'or!!!! Adies! Viel schöne Grüsse GAB.

14.

W.[öllmarshausen,] den 18. Apr. 1778.

In der That, liebwehrter Herr Verleger, nach und nach mus ich Dieselben zum Muster der Höflichkeit aufstellen, wenn anders der lezthin erhaltene Dank für gute Bewirthung nicht Spott seyn sol. Denn wahrhaftig! einem die Taschen bis aufs Trankgeld plündern, mit magerer Kost hinhalten und des Nachts in die Ruinen eines bodenlosen Bettes einquartieren, verdienet wol eben keinen sonderlichen Dank. Vielmehr erkennet sich meine Wenigkeit schuldig und gehalten, dem Herrn Verleger für die anmutige Geselschaft und die anmutigen Louisd'or, die Er mir Selbst überbringen wollen, auf das allerhöflichste zu danken. — Aber, du Tausendsasa! Nunmehro, da der Spektakel zum Hause hinaus ist, werde ich erst innen, was für schöne Zeit verludert worden ist. Mir ist darüber so angst und bange geworden, daß ich die schnelle

Catharine bekommen habe. Mein Überschlag war dahin gemacht, daß mit dem heütigen Tage alles, was zur Autorschaft gehört, fertig seyn solte, indem ich nach Ostern Kopf und Faüste zu den allernotwendigsten Familiengeschäften brauche. Ich wolte daß das böse Wetter den Sadrach, Mesach, und Abednego geholt hätte! Nachdem Ihr den andern Morgen abgesegelt waret, habe ich den andern beiden Herren ihr bisgen Gewinst auch noch wieder abgeholt. Ihr könt Eüch also freüen, daß Niemand, als Eüer vielgeliebter Autor, Eüre schönen Louisd'or erobert hat. Das ist noch der einzige Trost für den Verlust der schönen Zeit.

Gern wär' ich heüte mit Elderhorst nach Göttingen gekommen, um sie Eüch entweder wieder zu bringen oder noch mehr dazu zu holen. Aber wenn man des Altags junkerirt, so mus man des Festtags arbeiten. So geht es nun leider! unserer Wenigkeit. Indessen sol doch nächstens ein Abstecher gemacht werden. Adio! Ich grüsse und küsse Eüch und die Eürigen.

GAB.

15.

An dHerrn Buchhändler
Deederich
in
Göttingen

W.[öllmarshausen,] den 20ten Apr. 1778.

Prosit das heilige Osterfest
Ich muß entweder die *Frau Schnips* noch vor Donnerstags zurück haben, oder es erfolgt kein Mspt. Und solte

Bürgers Wohnhaus in Wöllmarshausen

mein liebwehrter Verleger aus Distraction den Ars daran gewischt haben, so wird das ganze Werk nicht vollendet werden. Sie haben es bei mir in die Tasche gesteckt um es dHE. Pr[ofessor] L[ichtenberg] zu zeigen. Vermutlich hat der Herr das alles vergessen. Adies!

GAB.

16.

Wöllmershausen, den 23. Apr. 1778.

Mein lieber Dieterich

Habe ich es Ihnen nicht hundertmal gesagt, daß die Briefe, die wir bisweilen an einander geschrieben, blos zu unserer eignen Ergözung, keineswegs aber für die Augen eines Dritten bestimmt waren? Denken Sie nun einmal, wie wehe Sie mir thun, daß Sie durch Vorzeigen derselben, mich dem Urtheile jedes Lumpengesindels Preis geben? Sie thun das freilich aus unschuldigen Herzen und denken, andre Leüte sollen sich ebenso drüber gaudiren, wie Sie. Aber das ist den andern Leüten nicht immer gemütlich. Sie haben darüber gewacht, daß ich allen meinem bischen guter Laune abschwöre, und niemals wieder anders als mit finstrer ernsthafter Miene vor Ihnen erscheine. Wenn es Niemand, als etwa unser lieber Lichtenberg wäre, dem sie einen meiner tollen Briefe oder meine Frau Schnips gewiesen hätten, so wolte ich nichts dazu sagen, wiewohl mir lieber seyn solte, wenn auch dies nicht geschehen wäre. Aber mir ist hinterbracht worden, daß Sie in großen öffentlichen Gesellschaften mich in naturalibus, worin ich mich allein Ihren Augen gezeigt zu haben glaubte, ausgestellt haben. Darüber soll ein holländischer Käse die stinkende Aüserung haben fahren lassen; *daß ich mich doch immer lächerlich machte, wie ich schon öfter gethan hätte.*

Sehen Sie nun mal, was für Verdrus Sie meinem Herzen machen, so daß sogar ein holländischer Käse dergleichen sich herauszunehmen untersteht?

Und gegen wen nimt er sichs heraus?

Gegen einen, der sich Manns genug zu seyn getrauet, ihn und alle seinesgleichen an den Schwanz seines Pegasus zu binden, und zum Gelächter der Welt und Nachwelt in die schöne große Ewigkeit mit fortzuschleppen.

Nein, lieber Dieterich, Sie haben nicht wohlgethan. Meine Frau Schnips solten Sie auch nur Lichtenberg allein weisen. Aber Göttingen ist nun, wie ich leider! höre, ebenfals vol davon. Mich wundert, daß Sie sie noch nicht der theologischen Fakultät gezeigt haben. Schicken Sie mir sie ja gleich zurück, daß ich sie verbrenne, und ihre Asche in die Luft streue. Diesmal was aus meinem Pulte vorgezeigt, und nie wieder!

Was bisher geschehen ist, das wil ich, insofern es Sie betrift, vergessen, indem ich wol so viel einsehe, daß Sie nicht aus bösem Herzen (aber doch allemal aus Unvorsichtigkeit) gesündigt haben. Aber das schwöre ich bei Gott, daß, wenn Sie künftig von dem Hokuspokus, der zwischen uns künftig schriftlich oder mündlich vorfallen könte, etwas laut werden lassen, so nehme ichs auf, wie vorsäzliche feindschaftliche Beleidigung.

Wenn Sie mich lieb haben, so verbrennen Sie diejenigen meiner Briefe, deren Inhalt nur für Sie allein war; und zu weiter nichts, als zum Lachen dienen solte. Hier erfolgt der Korrecturbogen und neües Mspt. Adio!

G.A.B.

17.

W.[öllmarshausen,] den 28. Apr. 1778.

Gottlob und Dank! daß nur erst etwas da ist. In höchster Eil, weil ich entsezlich viel Schererey auf dem Halse habe, habe ich die Stiche, die mir nicht überal allerdings behagen wollen, nur flüchtig betrachtet. Das fatalste ist mir der Harfenist in der Stuz- oder AlongenPerüque. Pfui dich an! Die Leüte, Gott weiß warum? stellen sich ohnehin unter mir einen alten bePerükten griechischen Pedanten vor. So sehr ich sonst abgeneigt war, mich in Kupfer stechen zu lassen, so wünschte ich doch wahrlich! nunmehr, daß ein ächtes Conterfey von mir den fatalen Eindruck weglöschte, den mancher vielleicht nunmehro sich von meiner Figur machen wird. Doch — scheiße was drein! — wenn nur das Herz gut ist.

Ich habe die Kupfer bezeichnet. Das eine, welches unbezeichnet geblieben ist, gehöret vor den *Bruder Graurock* und die Pilgerin, welche schon drinnen, aber noch nicht abgedruckt ist. HE. Stöcker wird schon wissen zu welcher Seite es kommen wird. Denn Er kan das besser überschlagen als ich.

Das Mspt soll mit Sonnabend vollends bey Ihnen seyn. Aber Freünd! Freünd! warum schreiben Sie so engen Plaz vor? Zwey Bogen Gedichte müssen es außer dem, was schon drin ist, schlechterdings noch werden. Die Vorrede kan nicht weniger als 1 Bogen einnehmen. Nun das Subscrib. Verzeichniß nahe an 2000!!!! Denkt Ihr das auf 3 Bogen zu bringen? Schlechterdings ohnmöglich!

Hättet Ihr mir den PapierFlaus nur eher entdeckt, so hätte ich mich anders eingerichtet, und ein oder andres minder beträchtliches Gedicht weggelaßen, nun aber muß ich wahrhaftig einige meiner stattlichsten zu Hause lassen Oh! Oh! Oh!

Morgen ein mehreres! Ich wünschte gern HE. Lichtenbergs ausführlichere Meinung über die Kupfer zu hören. Adio! GAB.

Gedichte 1778: Frontispiz

18.

An
HErrn Buchhändler Dieterich
in
Göttingen.

Niedeck den 29. Apr. 1778.

Sie haben Recht, Herr Verleger, daß je länger man die Kupfer ansieht, je mehr sie gefallen wollen. Ich erkläre sie nach und nach für treflich, bis auf den Harfenisten in der Stuz Perüque. Da hatt' ich dem Künstler einen *simpel aber modern gekleideten Sänger und Spieler* vorgeschrieben. Zuverläßig aber hat sich Ch[odowiecki] unter einem Amtmanne einen solchen Perüquenherrn vorgestelt. Das übrige des Blats ist treflich nach meiner Idee ausgeführt und mich dünkt, die Vorstellung, algemeiner populärer Poesie läst sich nicht verkennen. Die Geister Gruppe über Lenoren ist herlich und entspricht meiner Idee vollkommen. Nur sollten sie freilich etwas gräslichere Gesichter und minder schöne Umrisse haben. Kurz bis hieher bin ich, bis auf die Stuzperücke, wol zufrieden. Laß ja mit dem Abdruck saüberlich verfahren. Darauf verstehe ich mich nicht, ob den Platten die Jungferschaft schon genommen ist. Kan seyn! Aber Chodowiecky Stich ist immer flach! Die lezten von 2000 werden wol nicht zum statlichsten ausfallen. Hier kommt der Rev[isions] Bogen zurück. Ich bin mit Macht dabei das Mspt bis Sonnabend hin einzuliefern. Aber — aber! Plaz! Du Tausendsasa!

Adio! GAB.

Illustration zur „Lenore“

19.

Niedeck den 2. Mai 1778.

Morgen, mein liebwehrter Joannes Podex, auf Teütsch, Hans Ars, werde ich auf einem Rosse genant Zaremba vor Seiner Treppe erscheinen und Ihm dergestalt die Perücke zerzausen, daß Er sich verwundern soll.

Vielleicht komme ich noch eher, als der Bote.

Ihn sol ja Dieser und Jener — wo Er mir Schweinekäse macht. Ich kan mir gar nicht vorstellen, daß zu der Subscr. Liste nicht mehr Plaz als 2 Bogen übrig bleiben sollen, wenn auch die ganze Einrichtung nur auf 24 Bogen gemacht ist.

Der Vorschlag Nr. 2. den sie befolgen wollen gefält mir ganz gut, aber die Wohnörter wegzulassen, ist auch gar fatal. Wenn sie nur wenigstens durch Abbreviaturen angezeigt werden könten ZE. für *Hannover Hnvr.* Göttingen *Gttngn, Braunschweig* Brnschwg u.s.w. Oder laß lieber alle Vornahmen samt und sonders weg! Es läst sich auch noch vielmehr abbreviiren, als ich gethan habe zB. für *Geheimte Rath GhR.* Hofrath Hfr. *Geheimer Kanzleisekr. Gh. Kzl. Skr.* u.s.w. Auf diese und ähnliche Vortheile hat der superkluge Verleger gewiß noch nicht gedacht. Nun! wie gesagt, nur nicht zu hizig, ich komme!

Adio!
GAB.

20.

W.[öllmarshausen,] den 5$^{ten}$ Mai 1778.

Gott weis! was das mit dem Titul heist. Er gefällt mir durchaus nicht, und so wahr der Herr lebt! ich weis nicht: warum nicht? Immer kömts mir vor, als gehörte er vor eine Scharteke von schmierigen Druck, und keineswegs vor unser so lecker gedrucktes Werklein. Es fehlt weiter nichts drauf, als der Holzschnitt, der über Philadelphias Avertissement stand. Das Wort *Gedichte* steht viel zu dick und ungeschliffen da. Da ist deücht mir die rechte Schrift auf # Mein Namen hat auf keinem einzigen Blatte nach meinem Bedünken die rechte Schrift. Liebster Dieterich, thut mir den Gefallen und fragt Lichtenberg. Was der sagt, das soll gelten.

Von den vier lezten Kupfern bin ich herzlich schlecht erbauet. Die Adern meiner Schaam starrten vorher darnach, wie ein Ast. Nun aber heists mit mir:

Es ging ein Männchen hinter die Gardinen  
Und besach sinen  
„Wie bist du denn so schliff und so schlaff?  
Suß warst du ja ja so stiff und so staff u.s.w.

Pfui dich an! An den beiden elendesten, Signor, seyd Ihr selber Schuld. Denn die solten Vignetten werden. Als ganze Blätter nehmen sie sich überhaupt albern aus. Hättet Ihrs nur bei 6 St.[ück] gelassen. Es war genug. — Aber zum Henker! warum gehts denn so langsam? Ich dachte jezt alle Stunde eine neüe Revision zu bekommen. Adio!

21.

W.[öllmarshausen,] den 5$^{ten}$ Mai 1778.

Der bekränzte Titel ist ein Scheistitel, monsieur Superklug! Der mit diesem Zeichen # sähe viel gescheidter aus. Meinethalben, Du alberner Geselle! Um des Ducatens willen ersuche ich Herrn Stöckern nochmals an der Subscr. Liste das beste zu thun. Ich wünschte, daß die Einlage *(Entschuldigung)* hinter dem Subscr.Verz[eichnis] angehängt werden könte.

Die Kupfer kommen paginirt zurück. Ich höre von Sprengel, daß Ihr schon paginirt habt. Da solte Eüch der T. hohlen. Denn ich habe, um die Kupfer nicht alle auf einen Klump zu stellen, eines auf eine andre paginam verlegt, als wovor es anfangs als Vignette stehen solte. Zu pag.[ina] 29 schikt sich's sehr gut. Um Gotteswillen! macht mir auf die lezte keinen Schweinkäse.

Den Rev[isions]bogen will ich HE. Stöckern auch noch einmal bestens empfehlen, denn der wilde Sprengel macht mir so viel Spectakel, daß ich nicht weiß, ob ich einen Kopf habe oder nicht. Adio!

GAB.

22.

W.[öllmarshausen,] den 6. Mai. 1778.

Hier, mein lieber Dietrich, komt der Revis.[ions] Bogen zurück; auch erhalten Sie, wegen Versendung der Exemplare ein Directorium, so volständig und deütlich, als es mir bei meiner jezigen vielen Plackerei zu machen möglich gewesen ist. Zu allem Uberflus communicire ich Ihnen auch mein *Promemoria* über den ganzen nahmentlichen Subscribentenstatum. Sie können damit mein Directorium nochmals vergleichen und wenn ich mich etwa irgendwo in der Zahl der Exempl. geirrt hätte, solches darnach rectificiren. Für beständig aber kann ich mein Promemoria nicht missen, indem es das einzige ist, was ich habe und zu meiner Notiz wiederhaben mus. Ich wünschte daher, daß Sie mirs vor der Messe d.[as] i.[st] ehe sie abreisen, noch wiederschickten, indem ich nicht wissen kann, ob? und wie? ichs etwa in Ihrer Abwesenheit gebrauchen könte aber die erste Seite meines Pro Mem. weisen die lezten Nummern des Directorii nach. Um alle Unordnung aus Mangel zu verhüten; besorgen Sie also alle Versendung außer von 30 Exempl., die ich mir erbitte. Wenn Sie denn von Leipzig wiederkommen, so wollen wir uns berechnen.

Wenn die Zeit nicht mangelt, so wäre es sehr gut, jedem Paquet ein nahmentliches Verzeichnis für wen die Exempl. gehören, zu Verhütung aller Irrungen beigefügt werden. Wo noch eins und das andere, wegen Ubersendung der Gelder anzuweisen ist, da müssen kurze Briefe beigefügt werden. Ich hoffe daß wir lauter solche Leüte haben, die uns nicht um die Gelder prellen werden. Nahe an Einige 100 Reichstaler kan es betragen, was an mich eingegangen ist. Nun sey der Seegen des Himmels mit Dir, Du alter Tausendsasa! Kom mit einer braven Tasche vol Geld zurück, bringe mir aber ja das Geld nicht durch! Spiele mir ja kein *l'hombre,* als mit Deinem lieben Dich zwiebelnden Autor!

Um alles, was ich bitten kan, bitte ich nunmehr ja die Versendungen in gröster Ordnung zu veranstalten, damit sich keiner zu beschwehren Ursache habe. Denn wir brauchen das liebe Publikum beym Homer noch weiter.

Wenn wo noch Nachrichten der Deutlichkeit fehlen solten, so laß michs bei Zeiten wissen. Gottbefohlen alter trauter Knabe.
GAB.

Nehmt mir ja das Promemoria nicht mit nach Leipzig, denn wir habens hier vielleicht nötiger, als Ihrs zu den Versendungen von Leipzig aus habt. Last auch ja bestimmte gemessene Ordre für eüre Leüte hier zurück, damit die Versendungen nicht zu sehr auf bis zu eürer Rückkunft verspäthet werden. Solches disgustirt die Subscribenten gewaltig.

Bleibt auch nicht zu lange aus.

Meldet mir doch Eüre Gedanken: Ob ich für die Königin 1 Exempl. recht statlich einbinden lasse? —

## 23.

### Bürger an Johann Gottlieb Stöcker

W.[öllmarshausen,] den 21. Mai 1778

P.P.
Mein werthester Herr Stöcker
Mir ist bange, daß es mit Versendung der Exemplare von meinen Gedichten nicht alzu hurtig hergehe. Denn von verschiedenen Orten habe ich Briefe erhalten, woraus ich schließen muß, daß, daselbst noch nichts angelangt sey, wiewol es solche Orte sind, wohin die Versendungen meiner Meinung nach schon geschehen seyn könten. Als zB Hannover, Braunschw. Wolfenbüttel. Herrn Lieüt.[enant] Behm u.s.w. Ich bitte Sie recht inständig, mein lieber Herr Stöcker, erbarmen Sie sich der Sache,

daß wir bei Reputation bleiben, und das liebe Publikum für die Zukunft nicht disgustiren. Denn die Subscribenten werden es gewaltig übel nehmen, wenn die Exemplare eher in Buchläden erscheinen solten, als sie die Ihrigen erhielten. Ausser einem Schreiben von Herrn Schummel in Magdeburg, welcher wo ich nicht irre 37 Exemplare verlangte, und welches ich Ihnen neülich zu weiterer Beforderung an Herrn Dieterich übersandte, sind noch einige Schreiben eingelaufen.

Nehmlich

1) vom Kais.[erlichen] Adres Comtoir in Hamburg. Diesem habe ich bereits geantwortet, wie sich gehört; und ist, deücht mir, von solcher Armseeligkeit keine Notiz weiter zu nehmen. NB. Ist beigelegt.

NB. hergegen 2. von dem *Schauspieler Schröder in Hamburg* habe ich 10 Reichstaler erhalten, wofür mit der nächsten Post 10 Exemplare dorthin franco zu übersenden sind.

3. Ein Schreiben von Manheim von *Kleins* unterschrieben. Mich dünkt dieser Kleins ist Professor. Ich kenne die berühmten Leüte, wovon er sich einer zu seyn scheint gar wenige. Ich lege den Brief bei, und gebe Ihnen und demnächst Herrn Dieterich anheim, was sie darauf verfügen wollen. Den Brief bitte ich mir nach der Rückkunft dHerrn Dieterich wieder zurück. Er verlangt 4 Exemplare.

4. von Herrn Rath Bertuch in Weimar bin ich auch um die Exemplare gemahnt worden.

5) Desgleichen von Herrn Hagenbruch dem Älteren in Langensalza. Dieses seine Exemplare könten an Herrn Scharf abgegeben werden. Herr Dieterich wird Ihnen ja doch mein Promemoria und Directorium wenigstens in Abschrift zurückgelaßen haben. Wenn eher komt Herr Dieterich zurück.

An den Herrn Drosten von Uslar in Scharnebeck kommen, wo ich nicht irre 14 Exemplare. wenn diese noch nicht abgeschickt sind, so seyn Sie doch so gütig und lassen Sie von dem Buchbinder Heering 3 Exemplare davon in ganzledernen helbraunen Franzband sauber einbinden; und senden sie nebst den übrigen und der Buchbinder Rechnung *baldmöglichst* an dHerrn Drosten. Bis zur Bezahlung kan Herr Heering solche mir zur Rechnung stellen, wie ich denn immer für die Bezahlung einstehe. Sind die Exemplare aber schon abgeschickt, so ist wol diese Bestellung zu späth.

Ist es möglich, so ertheilen Sie mir kurze Nachricht von den Angelegenheiten die mir auf dem Herzen liegen und ob ich ruhig seyn kann, daß alles bestmöglichst besorgt werde. Ich käme gern selbst zu Ihnen, aber meine jezigen Geschäfte erlauben mir kaum in 14 Tagen eine Stunde abzubrechen.

Ist für den MusenAlm.[anach] nichts neües eingelaufen? Mit diesem sieht es noch herzlich betrübt aus.

Ich empfehle mich bestens. Sobald als möglich mündlich ein mehrers! Meine Empfehlung an die gesamte Dieterichsche Familie

Dero
ganzergebenster D[iene]r
GABürgermp

24.

W.[öllmarshausen,] den 1ten Jun. 1778.

Wilkommen wieder zu Hause, mein Hochzuehrender Herr Tausendsasa! Ich höre aber, daß der Herr schon wieder fort und in der weiten Welt umherschwärmen wil.

Das mag er denn nach Herzenslust und Gefallen thun, nur besorg' Er erst hübsch die rückständige Versendung der Subscr. Exemplare. Denn leider! vernehme ich, daß Du Bösewicht Ordre zurückgelaßen hast, vor Deiner Zurückkunft nicht zu versenden. Unterdessen bin ich bombardirt worden auf Mord. Wir werden uns hübsch stinkend machen vor dem Publikum, und auf den Homer wird man uns hernach was salva veniaen. Während Eürer Abwesenheit habe ich noch verschiedene Bestellungen erhalten, die ich zum Theil schon an HE. Stöckern geschickt habe zum Theil hier noch mit nachhole.

Also erstlich

1) Laut Anlage A. will Herr Siedenburg Licentiatus in Lübeck 20 Exemplare haben.

2) Daß der Schauspieler HE. Schröder für 10 Exemplare 10 Reichstaler an mich gesendet, habe ich, wo ich nicht irre, Herrn Stöckern schon notificirt, und ihn gebeten diese 10 Exemplare auf das baldigste zu befördern.

3) Laut Anlage B. u. C. habe ich von dHE. Kandidat Fick 13 Reichstaler erhalten. Von dessen seiner Collectur werden Sie in meinem Subscribenten Manual Nachricht finden. Ich bitte dessen Schreiben B. u. C. zu beherzigen und darauf zu verfügen was Rechtens.

4) Dienet zu wissen, daß HE. Dr.med.Winter zu Borken über Münster 10 Reichstaler 16 Groschen an mich gesendet wofür er 12 Exemplare haben mus. Es findet sich in meinem Subscr. Manual Nachricht von seiner Collectur auch ist sein Brief sub D. angeschloßen.

5) Habe ich laut Anlage E. von HE. Joh. David Nicolai in Bremen 1 Louisd'or erhalten; Auf deßen Brief bitte ich ebenfalls zu verfügen was Rechtens.

6) Lege ich noch sub. litt. F. einen Brief vom Postsecr.[etarius] Rothhausen in Aurich bei, worauf gleichfals zu verfügen ist, was Rechtens.

Die Communicata dürfen nicht verlohren gehen. Ich erwarte selbige demnächst zu meinen Acten zurück. Gerne hielt ich eine kleine mündliche Conferenz mit Euch, ehe Ihr nach Hamburg abmarschirtet. Vielleicht komme ich auf den Mittewochen oder Donnerstag wenn Ihr alsdann noch nicht weg seyd.

Mit dem Almanach sieht es noch Gottsjämmerlich aus. Lauter Scheiszeug noch zur Zeit. Adio! Ich küsse euch alzusammen. GAB.

25.

An
dHErrn Buchhändler Dietrich
in Göttingen

W.[öllmarshausen,] den 12ten August 78.

Schick mir Aushängebogen Du alter Hosentrompeter daß ich sehe, wie das Ding wird; und ob noch so viele Druckfehler passiren. Ubrigens habe ich ja neülich schon geschrieben, daß Dohm für 2 Exempl. Geld an mich geschickt hat, und gebeten, ihm die 2 Exemplare zu übersenden. Nun läst mir der alte Trompeter doch antworten: Dohm stünde nicht auf der Liste. Auf der Liste steht er freylich nicht, aber in meinen nachherigen Briefen. Also halt's Maul, oder Dich soll Dieser und Jener " " " Ich wolte heüt hinein kommen, aber der Teüfel hat wieder Unkraut dazwischen gesäet. Wenn nur der Herr Verleger hübsch artig wäre, so besuchte er mich armen geplagten Autor. — Schaft mir doch die Lessingischen und Götzischen Streitschriften pro und contra. Ich weis nicht was alle dazugehört. Ihr müßt aber einen der der Händel kundig ist fragen. Adio

GABmp

26.

W.[öllmarshausen,] den 15. August 1778.

Salve!

Na? Na? Gnade! Gedult! Langmuth! Barmherzigkeit, mit einem armen Krüppel der seit 14 Tagen hier Brunnen und Bad brauchen muß, um gesund zu werden und doch nicht gesund werden kann. Ihr Brief vom 1ten dieses ist mir hierher nachgeschickt; und damit die fürchterliche Drohung wegen des Laufzettels nicht in Erfüllung gesezt werden möge, so muß ich nur gleich vorlaüfig antworten, daß der Brief mit der Berechnung und Ldoren (die leider Gottes schon wieder durchgebracht sind) richtig eingelaufen ist.

Von den übrigen Inhalt aber und was sonst zu erwiedern seyn möchte, weis ich auswendig nicht ein Wörtchen.

Gedult! Gedult! Du ungeduldiger Laufzetteldroher bis ich wieder zuhaus seyn werde, welches innerhalb 8 Tagen seyn wird.

Hofgeismar den 10ten Aug[ust] 78.

Indessen Fave et Vale
GABürgermp

27.

An
dHErrn Buchhändler Dieterich
in Göttingen

W.[öllmarshausen,] den 17ten Aug. 1778.

Da ist wieder ein Tröpfchen Mspt. Nun habe ich die Ehre und das Vergnügen, zu berichten, daß ich am Ende und der Verzweifelung nahe bin. Ihr kont annehmen, daß ich die meisten der bis hieher abgedruckten Stücke, so gut als selbst gemacht habe. Aber aus dem übrigen allerweltsteüfelszeüge läst sich nicht einmal was machen. Indessen wil ich sehen, daß ich diese Woche noch einen oder 2 Bogen zusammen stoppele. Daran mögt ihr bis zu meiner Wiederkunft von Hannover, die auf den 29ten dieses fallen wird, kauen. Ich bin jezt so allenthalben geschoren, daß ich selbst wenig oder nichts zu Markte bringen kan. Wenn der Alm.[anach] nicht das scandaleüseste Ding von der Welt werden soll; so zweifele ich beinahe, daß er zur Messe fertig werden kan. Über 10 Bogen ist ohnehin auf keinen Fall Rechnung zu machen.

Aber — nach und nach hätte ich schier Lust im Ernste böse zu werden. Nicht einmal meine Schwester die Amtsprocuratorin Müllner in Langendorf bei Weissenfels hat ihre Exemplare bekommen. Sie schreibt mir einen sehr empfindlichen Brief: daß ihre Subscribenten Ursache haben zu glauben, wie entweder sie, oder ich ihr wehrter Bruder das schon praenumerirte Geld unterschlagen hätten. Was soll man endlich dazu sagen? In allen Buchläden sind Exemplare zu haben. Nur die Subscribenten, die armen Subscribenten! Die guten Tröpfe, denen wir das Beste zu danken haben, die zuerst befriedigt hätten werden sollen, müssen noch darnach seufzen. Ein andermal werden sie uns was sch..., und ich muß mich schämen, nur jemals auf Subscription wieder was anzukündigen. Mit jedem Posttage fürchte ich mich vor Unlust.

Künftigen Sonnabend oder Sontag denke ich bei Ihnen abzutreten, wenn Sie mich bis zum Montage, da ich mit der Post nach Hannover abzugehen gedenke, beherbergen können und wollen. Bis dahin verspare ich den zweiten Theil meines Textes; und beharre in meinem Grimme p

p

p GAB.

Ich höre und sehe ja noch keinen Beitrag von Kästner. Sprecht ihn doch fein demüthig darum an. Last ja immer so weitläufig, wie möglich, drucken.

28.

W.[öllmarshausen,] den 22. 8. 1778.

*Wehe! Wehe! Wehe! Ach und Wehe!*

Endlich, endlich, lieber Dieterich, reisst mir über den Druckfehlern die Gedult aus. So wahr ich lebe! Ohrfeigen könnte ich Euerem Korrector geben und ihn ein Rindvieh ins Angesicht hinein schelten, und wenn er auch ein Professor, oder gar Prorector wäre, ja wenn Ihr da Gott für sey! wenn Ihr, den ich doch sonst so lieb habe, selbst der Korrector wärdt. Grosser Gott! wo hast du noch auf deinem weiten Erdboden ein solches Rindvieh, ein solches ausgemachtes Rindvieh, ein solches GeneralfeldRindvieh, als dieser Korrector ist? —

Man lässt ja wohl Druckfehler stehen. Dem Allerbesten begegnet das! Ich habe hierüber, seitdem ich selbst über die leichte Möglichkeit Erfahrung gemacht, um ein gut Theil billiger denken gelernt. Aber welcher Korrector, der nicht ein solches Rindvieh ist, lässt wohl einen solchen Druckfehler, wie p.[agina] 77 stehen?

Das Wasser rint *immer* bergan.

O du Ochse aller Ochsen! Rint denn das Wasser *immer* bergan? *Nimmer! Nimmer! Nimmer* rint es bergan. Gesezt ich hätte mich auch (welches doch sicher nicht geschehn ist) im Mspt. verschrieben, so musstest du doch so viel Augen und Verstand im Kopfe haben, daß es *nimmer* heissen müsse. — Kurz und gut! Ich mus ein für allemal ein Exempel statuiren, und Euch und Euern Leuten einen Denkzettel wegen der vermaledeyeten Druckfeler anhängen. Wofern dieser Bogen nicht in Makulatur geworfen und umgedrukt wird; so gebe ich nicht eine Zeile Mspt. mehr her, Ihr mögt auch anfangen, was Ihr wollet.

Signatum Wolmershausen, den 22. Aug. 1778. Noch spät Abends um 11 Uhr in meinem gerechten Grimme

GABürger.

29.

An Herrn Buchhändler Dietrich
in
Göttingen
P.[er] Expr.[eßboten]

W.[öllmarshausen,] den 15ten Septbr 1778.

Mein lieber Dietrich!
Mit Kummer und Noth mus ich mitten unter tausenderlei Spectakel beikommenden Transport von Mspt. zusammen packen. Das sol mir mal ein Andrer nach thun! Vom Protokol zu Versen! Von Versen zum Protokol! Wenn kein Mensch Ars und Friedrich zusammen reimen kan; so kan ichs; weil ich nun leider! mus.

Last sogleich das Mspt. überschlagen, wie viel es aus macht; damit ich vollends binnen hier und Donnerstag den Rest zusammen mache. Denn es kommen noch einige Stückleins von meiner Wenigkeit. Ihr werft mir vor, daß so wenig von mir komme? Als wenn unter Jedem Stück von mir mein Name stehen müste! Als wenn ich nicht drei Viertheile des Almanachs so gut, als selbst gemacht hätte! Was thut der Namen, wenn nur die Sachen gut sind! Adio.

GAB.

In höchster Eile!

Das Almanächle sol, denke ich, doch so klaatrig nicht ausfallen, als ich Anfangs fürchtete. Die beigehenden Melodieen last von D. Weiß prüfen: Ob sie des Aufnehmens wehrt sind. Ich bitte mir fordersamst alle Aushängebogen von Anfang aus, damit ich den Index der Druckfehler machen könne.

30.

An
den Herrn Buchhändler Dietrich
in
Göttingen.

W.[öllmarshausen,] den 19. Septbr. 1778.

Da, Monsieur Verleger, hat Er den lezten Transport von Gedichten, samt der Vorrede! Und nun lass' Er mich ungeschoren und lecke mich Creüzweis im " " "

Ich habe Ihm noch zu guterletzt ein Stücklein gemacht, das sich gewaschen hat, und alle Versaümnis wiedereinbringt. Er mag sich hie und da darin spiegeln und in Acht nehmen, daß es Ihm Madam Fortuna nicht eben so mache, als in der Strofe, die sich anfängt: *Fuselbrenner* pp. gelehrt wird; eben so, als wir uns in Acht nehmen, daß auf uns nicht zutreffen die Worte: *Viel Poeten aber sind schon Affen* p. L'hombre aber spiele ich nun mein Tage nichte wieder. Denn nachdem ich Fortunen so ausgehunzt habe, möcht es mir nächst dem Sattel, den Flox selbst kosten. Das Register kan der Herr drinnen durch Jemand verfertigen lassen! Ein Verzeichnis der Druckfeler, soweit ich die Bogen habe, erfolgt hierneben. Dieses ist hinten anzuhängen und, weil doch keine Zeit seyn wird, mir die übrigen Bogen erst herauszuschicken, so mag der Herr Korrector das Verzeichnis weiter fort führen. Aber hübsch accurat! Fürs erste hätten wir nun ja weiter nichts zu erinnern. Künftigen Mittewochen komme ich nach Göttingen und esse vielleicht *Mittags* bei Eüch. Aber ohne alle Komplimonien und Cärimente! Adies!

GAB.

Wo in mein Gedicht und meine Vorrede Drukfehler kommen, so sol eüch der T.. holen.

Weil so eben heüt den 18^ten^ unvermutet Gelegenheit nach der Stadt geht, so kann ich das Druckfeler Verzeichnis nicht schicken; aber Morgen!

31.

W.[öllmarshausen,] den 4. Febr. 79.

Alter Herumschwärmer
Ich wäre gestern gern nach Göttingen gekommen, wenn mein A— nicht für gut befunden hätte, das Thor zu verschließen und mir ganz abscheüliche Kopfschmerzen und Schwindel zu verursachen, welches sich auch heüte noch nicht gelegt hat. Indessen hoffe ich doch nächstens hineinzukommen. Unsre Musenalmanache, die Ihr uns verehrt habt, haben wir schon längst Ehrenhalber

Illustration zu „Bruder Graurock und die Pilgerin“

verschenken müssen. Es waren aber nur zwei, welche der Herr noch dazu aus Galanterie meiner Frau und Schwägerin geschenkt, mithin seinen theüren Autor leer hat ausgehen lassen. Nun muß ich noch ein Paar Ehrenhalber verschenken und einen möchte ich selbst doch gern haben. Ich bitte mir also etwa 4 Stück aus, die ich zum Aequivalent der SchildkrötenPastete annehmen wil. Sie brauchen nicht in Samt, Gold, oder Seide, sondern nur in Pergament gebunden zu seyn.

Die Medisançe sagt, du alter volblütiger 60jähriger Knabe woltest noch einmal taufen lassen. Das wäre denn doch wol ein Artikel in die Chronik. Tausend Grüsse an Weib und Kind von

Eürem
getreüen
GAB.

32.

W.[öllmarshausen,] den 20ten März 1779.

Musje Dietrich.
Hat Er Geld? Hat Er keins, so ist Er ein eben so großer Scheiskerl, als ich; und dann kann er mich . . . Hat Er aber was, so sol er mir was borgen. Denn sieht Er, ich size ein klein fein wenig alleweil im Schisse und vor künftige Johannis nehme ich nichts ein, was der Rede wehrt wäre. Kan Er mir also seinen Beutel borgen, so ists gut. Wonicht, so borge Er mir Seine Zunge, zu dem bewußten Gebrauche. Aber wieviel? — Ja das weis ich selbst nicht alle. So viel, als ich brauche, wird Er mir doch nicht geben können. Denn da Seine Louisd'ors so hübsch sicher in der weiten Welt umher stehen, so ist Er wol bisweilen

ein ebenso schäbiger Hund, als ich. Gesezt und Caso nun, ich seze den Fal, posito: Er hätte einige Scheffel Louisd'or vorrätig, so sage Er mir, wie viel Er mir borgen kan und wil? Aber unter 20 Ld'or komme Er nicht an. Merke Er sich das! Auf den Fal, daß es nicht wenigstens 20 L. seyn können, borgt Er mir lieber die Zunge. Aber über 20 kan Er steigen, bis auf tausend. Hat Ers verstanden, Monsieur Hosen Trompeter?

Zum K.A. sind schon gute Aspecten. Es sind schon einige artige Beiträge in meinen Händen.

Apropos! Wenn ich nur wüste, wie hoch meine Bücherrechnung bei Ihm wäre. Ich dächte die durch das vorigjährige Almanachs Honorarium quit zu machen. Wie ists nun? Kriegt Er was heraus? oder mus ich was heraushaben?

Doch dem sey wie ihm wolle, ich mag schuldig bleiben, oder kriegen, so müst Ihr mir (NB. wenn ihr *könnt,* denn sonst ist der Knittel bei den Hund gebunden) jezt aus der Not helfen. Braucht Ihr das Geld wieder, so kan ichs Euch auf künftige Johannis wieder geben.

Warum komt der Herr nicht einmal heraus? Mich hält der Teufel mit tausend Plackereien ab, zu Euch hinein zu kommen.

Da habe ich gestern einen Brief mit erhalten, der dem M.[usen] A.[lmanach] nichts angeht. Hier ist er wieder.

Ich wolte mir wol die neuerlich herausgekommene Suite der alg.[emeinen] deutsch.[en] Biblioth.[ek] ausbitten. Giebts sonst nichts neues. Adios! Grüst Frau und Kind von Frau

und

G.A.B.

33.

Mosje Podicius

Heüte könte ich nicht kommen, und wenn Ihr auch 100 Ldor für mich liegen hättet. So gehts, wenn man vorher ludert, so mus man hernach den Ars Tag und Nacht wieder anleimen. Indessen ist mirs lieb, Mosje, daß du die 20 Pistolen parat hast. Nach dir frage ich alleweile just so viel nicht. Ausser, wenn du sie bringen wilst, so wil ich doch auch von dir sagen, daß du ein Kerl bist, der seine 20 L. unter Brüdern wehrt ist. Na! Bursche, du solst Hoch leben. Gieb acht, ob dir nicht bald eine Stimme vom Himmel zurufen wird: Dietrich! Dietrich! Diese That, daß du dem Bürger, 20 Pistolen schaffest, sol dir, Hol mich der Teüfel! nicht unbelohnt bleiben.

Aber zum Henker! auf Eürem Briefe steht Per Expressen den ich doch wohl billig bezalen müste, und doch sehe ich keinen. Der Brief wird mir von Niedeck heruntergeschickt.

Wil der Teüfel den Sprengel denn gar so bald holen? Sagt ihm er wäre und bliebe ein Hund aller Hunde, wenn er fortginge, ohne mich noch einmal zu sehen. Wenn eher reist er denn ab? Diese Woche kan ich nicht Hinein kommen. Aber künftige Woche reise ich nach Wrisbergholzen. Da können wir uns en passant sprechen.

Apropos! Bursche, alter Sünden Bock, was für ein feines Mädchen † † † meint er denn? Das Kindermädchen, oder die dicke Küchenmagd? Du kanst ja verdamt verblümt seyn, Bursche! Was für *gewisse Ursachen* sind es denn wol, die mirs zu Hause angenehmer machen? Du verblümter Galgenvogel! *Ich verstehe Deine Satanische Bosheit wol! Aber geschissen ist nicht gemalt, und 20 Pistolen geborget, ist nicht bezalt.* —

Weil Er mir denn 20 Pistolen borgen wil, die ich diese Woche abholen lassen werde, so muß ich Ihm denn auch sagen, daß ich von dem diesjärigen Alm. bessere Hofnungen, als dem vorigen habe. Es sind schon ganz artige Sachen eingelaufen. Wenn Er mich nur mit seinen Invitationen jezt ungeschoren läst, daß ich alle meine Amtsgeschäfte auf die Seite arbeiten kan, so kan ich hernach desto bequemer über Seinen Musenscheissereien auf den Sommer brüten. Versteht Er?

Für heüte schliesse ich mit dem Apostolischen Grusse: *lik mi im A ...*

W.[öllmarshausen,] den 22.März 1779.

N.S. Sol ich denn meine Bücherrechnung gar nicht haben? — Wenn Er sie mir schenken wil, so verlange ich sie freilich nicht weiter. Wo aber nicht, so möchte ich denn doch wol vor meinem seeligen Ende noch einmal wissen, was ich in der Welt alle schuldig wäre. Du Lausewenzel! meinst Du ich hielte nicht Wort, wenn ich Dir auf Johannis die 20 L. wiederzugeben verspreche? Und wenn ich Dir 10mal mehr honorariumsrechnungen dagegen machen könte, so würde ich Deinen Ars doch wieder wischen, nachdem Du den meinigen gewischt hättest.

## 34.

An
dHErrn Buchhändler Dietrich
in Göttingen

W.[öllmarshausen,] den 25ten März 1779.

Mein scharmantes *Geld*männchen
Laß nur die 20 Pistolen solange für mich liegen, bis ich künftige Woche selbst hinein komme. Hörst du?

Verschleüdere sie aber unterdessen nicht wieder, sonst wird der lezte Betrug ärger, als der erste. Bist auch mein scharmantes *Geld* Hähnchen; und ich bin

Dein
Scheishähnchen
GAB.

Die Fortsezung der alg.[emeinen] Deütschen Bibliothek. —
Bücherrechnung pp

p
p
p
p
p
p
p
p

35.

W.[öllmarshausen,] den 28. Mai 1779.

Du Verführer des Volks, besonders der Weiber! Bleib mir mit den Geschenken aus dem Hause! Du wirst noch machen, daß meine Frau, wie Potifars Weib, hinter dir keuschen Josef herläuft und bettelt: Schlaf bei mir! Ich muß schon allerlei vorspukende Reden vernehmen. Denn da ist kein galanterer und scharmanterer Mann, als Herr Dietrich. Alles wird an ihm gelobt. Seele und Leib, ob er schon graue Haare unter der Perükke trägt. O du Verführer! Mein einziger Trost ist nur noch, daß du so keüsch und züchtig bist, sonst würde mir wirklich vor dir alten 60 jährigen Knaben noch bange werden.

Ich wil es wohl bleiben lassen, alle die lieblichen Lobeserhebungen, Danksagungen und Einladungen, die mir Madame aufträgt, hierher zuschreiben. Die kan sich der Herr selber abholen! —

Ich wil hoffen, daß du Tausendsasa Boien nicht allein herausreisen lassen wirst. Mich verlangt von Herzen, dich einmal wieder ein bissel zu zerzausen. Es ist ja wol Jahr und Tag, daß ich mein Gaudium mit dir nicht gehabt habe. Wenn ich abkommen könte, so würde ich in dieser Woche schon gekommen seyn. Aber ich habe alle meine Tage besezt, um menschmöglich vor Johannis mit meinen Amts- und andern Plackereien soweit fertig zu werden, daß ich hernach den übrigen Theil des Sommers an den Almanach spendiren kan. Eher wird mit dem Druck wol schwehrlich anzufangen seyn. Ich habe ein gewaltiges Gedicht auf dem Ambos, womit der Anfang gemacht werden sol. Es ist ganz unbeschreiblich, was ich für eine Menge Schofel schon wieder eingelaufen ist, und ich werde auszumisten haben, daß mir die Schwarte knakken mögte.

Wegen des Ossians wollen wir reden. Wenn es viel Geld ist, so ist auch die Waare darnach. Fragt einmal Boien. Im nächsten Stück des Museum komt eine Probe davon. Ich hoffe, die Übersetzung soll so seyn, daß in den nächsten 50 oder 100 Jahren jedem Christenmenschen die Lust vergehen sol, eine bessere Verdolmetschung zu machen.

Hat Eüch etwa Himburg von dem Ossian was gesagt? Bei Gelegenheit, da ich ihm einige Pränumerations Gelder auf den Gilblas zusendete, horchte ich bei ihm ins Haus, da Ihr mir keine rechte Lust zum Ossian zu haben schienet. Er hat mir zwar directe kein Gebot gethan, weil er erst die Forderung von mir erwarten wolte, allein so viel, dünkt mir, läst sich indirecte aus seinem Briefe lesen, daß er leicht ein Paar Ducaten für den Bogen gäbe. Siehst du, alter Tausendsasa, du kriegst mein Tage eher nicht Lust, mich zu heüraten, als wenn du erst siehst, daß mich andere auch heüraten wollen. Na! wir wollen davon sprechen. Gesezt, ein Andrer böte mir auch gerade zu einen Thaler mehr, so würde ich doch lieber bei dir alten Knabuni bleiben. Denn du bist doch ein guter ehrlicher Kauz. Wie ich wieder zurük von meiner Reise kam, erschrak ich, als ich hörte, daß Ihr verreiset wäret, und dachte, nun würde mir der Hund die 20 Pistolen, worauf ich gerechnet hatte, scheißen. Aber siehe! der alte Bursche war doch besorgt um mich gewesen. Das hat mich sehr gefreüet. Ich wolte nur, daß ich Eüch recht viel zu Gefallen thun könte.

Wenn ich nicht so ein Lumpenhund wäre, und von meinem Amte leben könte, so wolte ich Eüch fürwahr alles umsonst thun.

Boie hat mir nur kurz geschrieben, daß er ein Project hätte, die Almanache zu vereinigen. Worin das bestehe? weiß ich noch nicht. Soviel aber kanst Du glauben, Alter, daß ich Dich auf keinerlei Weise verraten, oder verkaufen werde.

Adio! Der Bote eilt. Tausend Grüsse und Küsse an die Eürigen! Komm doch, Alter, wenns möglich ist, mit Boien heraus.

Meine Frau — ne! — nichts davon! GAB.

36.

W.[öllmarshausen,] 26. August 1779

Hier komt Manuskript. Ich bitte mir zu melden, wie viel Bogen es füllen kan. Die Musicalien wollte ich, daß sie der Teufel holte. Ich habe genug; aber die Texte dazu sind keinen Schuß Pulver wehrt.

Meine Frau wil die bisherigen Meß-Geschenke nicht für nichts und wieder nichts erhalten haben; und hat daher auch ein Liedlein zum Almanach geliefert; und warhaftig sie hat's eben so gut selbst gemacht, als Nantchen die ihrigen.

Morgen, wenn nichts dazwischen komt, werde ich wol wieder angewandelt kommen.

Kann ich nicht die vorig abgedruckten Bogen erhalten?
Adieu GAB.

37.

An
dHErrn Buchhändler Dietrich
in
Göttingen.

W.[öllmarshausen,] den 20. 7br. 1779.

Hochedler Herr Buchhändler
Hier empfängt Er den Rest des Mspts, welches nach meinem Überschlage mit dem was noch da ist, ohngefähr den 10ten Bogen vol machen wird, so daß nun das Register auf den 11ten Bogen kömt. Das Gedicht d[es] HE[rrn] P[rofessor] L.[ichtenberg] komt, nebst der Grabschrift zwischen meinen beiden zu stehen, und das von Seckendorff macht nebst dem Anhange den Beschluß. Nun lasse Er mich fürs erste ungeschoren.

Hiernächst, hochedler Herr Buchhändler, empfängt Er den Quark des Hochedlen Herrn Schoneyan zurück; weil der Hochedele Herr denselben wieder haben wil.

Die fernere Einlage nebst dem Gedicht *Der große Mann,* bitte ich dHE. P.[rofessor] Lichtenberg einzuhändigen.

Sobald nun sämtliche Bogen ausgedruckt sind, so bitte ich sie mir wieder aus.

Adio, hochedler Herr Buchhändler!

G.A.B.

*Der große Mann.*

Du, Geist der Wahrheit, sag' es an:
Wer ist, wer ist ein großer Mann?
Daß ich des Dünkels spotten kann.

Der, dessen Sinn die Weisheit klärt,
Ihn Größe, Bild, Verhalt und Werth
Und alle Kraft der Wesen lehrt;

Deß weit umfassender Verstand,
Wie einen Ball mit hohler Hand,
Ein ganzes Weltsystem umspannt;

Der weiß, was Großes hie und da,
Zu allen Zeiten, fern und nah,
Und wo, und wann, und wie geschah;

Der Mann, der die Natur vertraut,
Gleichwie ein Bräutigam die Braut,
An allen Reizen nackend schaut

Und warm an ihres Busens Glut,
Vermögen stets und Heldenmuth
Und Lieb' und Leben saugend, ruht;

Und nun, was je ein Erdenmann
Für Menschheil gekonnt und kann,
Wofern er will, desgleichen kann;

Dabei in seiner Zeit und Welt,
Wo sein Beruf ihn hingestellt,
Durch *Thun* des *Könnens* Wage hält:

„Der ist ein Mann, und der ist groß!
Doch ringt sich aus der Menschheit Schooß
Jahrhundertlang kaum *Einer* los.“ —

*Postskript.*

Du spannst die Seiten hoch hinan:
Doch weiß man, jeder Schulsultan
Heißt durch die Bank auch: *grosser* Mann.

*Zweites Postskript.*

Da kommt mir noch ein Apropos:
Ein Versler, für sein buntes Stroh,
Heißt alle Tage eben so.

38.

[Wöllmarshausen, 7. Oktober 1779.]

Monsieur Dietrich.

Aldieweilen ich mit meiner Frau, Schwägerin und Schwager künftigen Montag mit dem allerfrühesten nach Coppenbrügge zu reisen gesonnen bin und mich notwendig Sontags Nachmittag schon zu Göttingen einfinden muß; so frägt sichs, Monsieur Dietrich, ob Er solche vier Personagen eine halbe Nacht beherbergen kan? Kan Er es nicht, so sag Ers bei Zeiten, und so ists eben so gut. Kan Ers aber, so schicke Er sich auf so vornehme Gäste bei Zeiten. Aber ohne Scherz! Es bedarf keines Anschikkens. Die beiden *Vozen schlafen in dem Bette;* und *die Schwänze strakeln* sich die Paar Stunden auf das Canapee. Denn um 3 Uhr, weil Mondschein noch seyn wird, seegeln wir in aller Stille von dannen.

Solten nicht gegen die Zeit einige gebundene Musen- und TaschenCalender zu haben seyn? Adies! Monsieur Dietrich,

GAB.

Ich wolte mir wohl ausbitten, meine Briefe, worin von Vozen und Schwänzen gehandelt wird, nicht an dHE. Pr.[ofessor] L.[ichtenberg] zu zeigen. Schießen kan man nach erstern wohl; aber davon zu reden und zu schreiben, schickt sich nicht anders, als, wie hier, im Falle der höchsten Notdurft.

Dieterichs Wohn- und Geschäftshaus, Gotmarstraße 1

39.

An
dHErrn Buchhändler Dietrich
in Göttingen.

W.[öllmarshausen,] den 1. Novbr. 1779.

Monsieur Dietrich
Wenn mich noch ein Mensch manchmal von Herzen zu lachen macht, so ist Ers; sonderlich wenn Er Seine Calenderklage anstimt. Ich mögte wol wissen, was mein lezter Brief für Merkwürdigkeiten enthalten hätte, daß Er ihn auf heben, und mich zu seiner Zeit damit aufs Maul schlagen wil. O Du alberner Hans Peter! Wart, ich wil dir schon Ordre zum Aufheben schreiben. Verstehst du mich, lockerer Zeisig? —

Um indessen dem alten Bär allen Anlas zum Brummen zu benehmen, so sey Ihm hiermit kund und zu wissen, daß der M.[usen] A.[lmanach] auf 1781, bis Ostern 1780 fertig seyn sol. Gleich in continenti kan mit dem Druck angefangen werden. Und wenn Ers verlangt, Monsieur, so sol alle Monat einer fertig seyn, so daß Er auf 12 Jahre versorgt ist. Dann wird Er ja doch einmal zufrieden seyn. HE. P[rofessor] Lichtenberg wil ich bitten, daß er's eben so macht, damit das alte Kind aufhören mus, zu nökern.

Vorige Woche besuchte mich ein Lieut.[enant] Rothman aus Münster, der sagte: daß Herr Dietrich sich in Münster wenigstens um 150 Exemplare dadurch Schaden thäte, daß seine Calender schon so früh und nicht erst am Schlus des Jahres erschienen. Er erklärte mir das Ding auch ganz natürlich.

Durch eben diesen Rothman hat mir Pfeffel einige recht allerliebste Beiträge zum künftigen Alm.[anach]

zustellen und sich bestens entschuldigen laßen, daß er sich zum diesjährigen verspätet habe.

Diejenigen, die wirklich dies Jahr Beiträge im Alm.[anach] haben und ihre Namen genant, müssen wol billig ein Exemplar sowol von dem Musen Alm.[anach] als dem Taschen Calender und zwar *gebunden,* weil sie ja doch sonst kein Honorar bekommen, haben. Bei den Übrigen die ich aufs künftige begrüßen wil, ist ein ungebundener M.[usen] A.[lmanach] hinlänglich. Ich wil euch nächstens eine Partie Briefe zusenden, die Ihr dann weiter besorgen möget.

Den dicken Amtman Scheufler zur Wittmarshof und meine Wenigkeit solt Ihr als Subscr. auf das Lichtenbergsche Journal mit anzeichnen.

Wenn das 4[te] Heft der physiognomischen Reisen vorhanden ist, so schikt mirs auf meine Rechnung. Sind die neuen Meßwaaren schon da?

Leb wol alter Brumbär und

[Es folgte hier im Original eine obszöne Zeichnung mit der Umschrift:] Sapere aude.

40.

An
den HErrn Buchhändler Dietrich
in Göttingen.

*Angst- und Nothschuß um Hülfe.*

A.[ppenrode,] den 15. Jun. 1780.

Mit Zittern und Beben, alter Knabe, schreibe ich diesen Brief; und mit noch mehr Zittern und Beben werde ich deine Antwort erbrechen. Erbrechen? — Nein das wage ich so geschwind nicht. Ich Gucke erst verstolen irgend wo durch eine Rize, ob ich mir Leben, oder Tod weissagen kan? Ists Leben, so tanze ich auf einem Beine; ists todt, so sind die Pistolen schon geladen, und du kannst dich nach einem andern Autor umsehen.

Aber ich mache noch Hocuspocus, da mir das Wasser an die Seele geht. Kurz und gut, ich size mit Ehren zu melden in der Sch... bis über die Ohren, und wenn du mich nicht heraushelfen und rein waschen helfen kanst, so sey mir Gott gnädig. Bei Verlust meiner Ehre muß ich binnen Hier und Johannis 500 Reichstaler schaffen und auszahlen. Gegen 300 Reichstaler habe ich zusammen. Das übrige, wenns mir Gott nicht durch ein unmittelbares Wunderwerk giebt, weiß ich auf keine Art zu schaffen, als so gott will, durch Dich. Nun urtheile, Pursche, von meiner Angst! Denn da das Schicksal mir seit einigen Monaten her mehr denn einen fatalen Streich gespielt und mich in der sichersten Erwartung betrogen hat, so habe ich alle fast allen Mut alle Hoffnungen verlohren.

Kom doch bald heraus, lieber Alter! Ich bin ganz allein und balge mich mit meinen Grillen herum. Es ist doch wenigstens Erleichterung wenn man einem theilnehmenden Freünde klagen kan, wo einem der Schuh drückt. Kom bald! bald! wenn du mich lieb hast.

GAB.

41.

An
dHErrn Buchhändler Dietrich
in Göttingen.

A.[ppenrode,] den 23[ten] Jun. 1780.

O du erhabner Prophet Habacuc

Stelle dir vor, was für einen Teüfelsstreich ich beinahe begangen hätte. Weil ich seit einiger Zeit mehr denn jemals von den göttingschen Musensäuglingen, die ich oft mein lebenlang nicht mit Augen gesehen, noch mit meinen Ohren nennen gehört habe, heimgesucht werde, so hatte ich bereits Bescheid ertheilen laßen, daß ich nicht zu Hause wäre. Augenblicklich aber fiel mirs auf, daß es vielleicht der große Habacuc mit seinem Brei selbst, oder doch einer seiner Jünger seyn könnte. Ich visirte also verstolen durch die Fensterscheiben, und siehe da! wie gedacht, so war's. Ich rathe dir bei dieser Gelegenheit, mein lieber Alter, wenn du künftig einmal selbst kommen soltest, daß du dich nur nicht gleich abweisen lassest, sondern deine helle Tenorstimme durch die ganze alte Burg erhebest, damit ich in dem Winkel, wo ich etwa stecke und den Athem an mich halte, innen werde, wes Geistes Kind der angekommene Gast sey.

Nun, du scharmanter Knabe, solst Du meinen wärmsten Dank für Deinen freündschaftlichen Beistand haben. Ich zweifle zwar, daß ich von K[ästner] was erhalten werde, indessen wil ich ihn doch wirksamer tribuliren, als Du gethan haben magst. Du kanst lebenslang auf meine Treüe rechnen. Nun mir das Herz ein bischen leichter wird, soll es auch mit allem Ernst über den

M.[usen] Alm.[anach] her gehen. Sorge nicht, daß er wieder so spät fertig werde, wie vor dem Jahre. Allein troz allen Avertissements schicken die guten Köpfe dennoch immer ihre Beiträge nicht früh genug ein. Die Schofellieferanten, die da fürchten den Jahrmarkt zu versaümen sind immer früh genug bei der Hand. Allein soll man denn mit diesen so früh anfangen und sich hernach ärgern, wenn man was besseres an die Stelle hätte sezen können? Wie gesagt: Sorge für nichts! Ich habe nun Luft.

Künftig[en] Sontag hoffe ich dich weiter zu sprechen. Ich habe immittelst einen Interimsschein ausgestellt, der hier einliegt.

Leb wohl, lieber Habacuc

Dein getreüer GAB.

42.

A.[ppenrode,] den 20. Jul. 1780.

Damit er nun nicht länger spectakelt und brummet und griesgramet, so habe ich nur hier einstweilen eine kleine Ladung zusammen gemacht, damit der Anfang gemacht werden könne. Meine Absicht war, das ganze Mspt auf einmal abzuliefern; weil er aber die Zeit nicht abwarten will, so muß ich wol mit dem Rest noch zurückbleiben. Indessen soll er erfolgen, ehe man mit diesen fertig ist.

Je eher je lieber wünsche ich zu erfahren, wie viel Bogen das übersandte einnehmen wird, damit ich mich theils mit meinem übrigen darnach richte und ohne Not nicht zuviel mittelmäßiges aufnehme, theils auch von diesen noch eins und das andre zu rechter Zeit zurücknehmen könne. Wenn es angeht, so wünsche ich auch die Revision zu haben; wo nicht, so bitte ich nur, daß sie keinem andern, als HE. Gaßpari vertrauet werde. Denn der ist der richtigste unter allen.

Zu dem holdseeligen Liede, *der Jüngling den ich liebe, das ich ja mit aufnehmen soll, weil es so sehr gefält,* habe ich in der beliebten Manier des Verfassers einige Zusätze gemacht, die Euch und allen Eüren Mitkennern, denen alles geschissene gemalt heisset, nicht minder gefallen werden.

Wer hat die Arsback ausgestopft,
Die sich so prall' anfühlt und klopft? —
Der große Satler hat's gethan,
Der Pferdelenden polstern kan;
Der hat die Arsback ausgestopft,
Die sich so prall' anfühlt und klopft.

Wer hat gemacht das mit Gewalt
Sein Furz vom Arse donnernd knallt?
Das hat der Kanonier gethan
Der Feüerberge laden kan!
Der hat gemacht daß mit Gewalt
Sein Furz vom Arse donnernd knallt.

Wer hat den Ars mit Pelz geziert
Und den mit Klunkern ausstaffirt?
Der große Kürschner hat's gethan,
Der Hermeline schwärzen kan;
Der hat den Ars mit Pelz geziert
Und den mit Klunkern ausstaffirt.

Wer pflanzt ihn, mir zum Zeitvertreib,
Den schönen Stengel vor den Leib?
Der große Gärtner hat's gethan,
Der dicken Spargel treiben kan;
Der pflanzt' ihn mir zum Zeitvertreib,
Den schönen Stengel vor den Leib.

Wer weidet um den Zebedeus
Zahlloser Morpions Geschmeis?
Der große Schäfer hats gethan,
Der Millionen weiden kan;
Der weidet um den Zebedeus
Zahlloser Morpions Geschmeis.

Wer ist es, der genähet hat
Den Wunderbeütel ohne Naht?
Der große Beütler hats gethan,
Der solche Künst' allein nur kan;
Der ist es, der genähet hat
Den Wunderbeütel ohne Naht.

Wer drechselte, fürwahr nicht klein!
Die Eier voller Dotter drein?
Der große Drechsler hats gethan,
Der StraußenEier drechseln kan!
Der drechselte, fürwahr nicht klein
Die Eier voller Dotter drein.
u.s.w.

Seht, passen der große Satler, der große Kanonier, der große Kürschner, der große Gärtner, der große Schäfer, der große Beütler, der große Drechsler, nicht gar scharmant zu dem *großen Färber,* dem *großen Juwelirer,* dem *großen Lackirer, Emaillemacher* u.s.w. des beliebten und belobten Herrn Verfassers? —

Aber nun Scherz bei Seite! Das Stückchen hat ein Paar gute Strophen. Der größte Teil aber ist abgeschmackt und lächerlich. Wenn es mit in den Alm.[anach] solte, so müste ichs ganz umschmelzen, und ich habe bereits für dies Jahr so viel umgeschmolzen, daß ich's satt bin.

Adio! Zeigt doch die schönen Zusäze Lichtenbergen.

GAB.

43.

An
Herrn Buchhändler Dietrich
in
Göttingen

A.[ppenrode,] den 10ten Aug. 1780.

Ach! wie wird der alte Sadrach, Königl.[icher] und Churf.[ürstlicher] Universitäts Buchhändler und Buchdrucker in Göttingen fluchen und sacramentiren, daß heüte das Mspt noch nicht komt, das schon am Dienstage kommen solte! Gut, daß ich in meinem Appenrödischen Schlupfwinkel nichts davon höre. Und wenn Er mir seine Flüche etwa schreiben will, so kan er sie nur mit roter Tinte schreiben, daß ich sie ungelesen laße. Verfahre nur gnädig und barmherzig mit mir, liebes altes Männchen! Sonst wärme ich auch die bewuste Ananas wieder auf, die neülich so herlich schmeckte. Aber im Ernst, diese

Woche ist der Teüfel ganz wieder losgewesen. Ich habe noch etwas unter meinem berühmten Namen in der Mache, das ich gern hinein haben wolte! Und — außer diesem sinds ja noch *Sieben* volle Wochen bis zur Messe. Also halt's Maul, Brumbär!

Gottlob! daß nur L.[ichtenbergs] Buch wieder zuGange ist! Ich solte wol an ihn schreiben und mich entschuldigen; aber so sehr ich mich auch krümme und winde, so wil mir doch nichts gescheidtes abgehn. Also legt das Büchlein nur in aller Stille unter L.[ichtenbergs] andre Bücher. Wir wollen ihm nachher weiß machen, er hätte es schon vor einem halben Jahre wieder bekommen.

Die Assignation und Brief an R. erfolgt angeschlossen. Schreibt doch bald einen andern Brief und gebt ihn directe an R. auf die Post; die Assignation aber versteht sich an mich. Machts aber recht dringend, und sagt, ich fräße Eüch die Ohren, bald vom Kopfe. Sobald ich nun weiß, daß der tröstliche Vorläufer bei R. eingegangen ist, will ich denn mit dem Nachläufer mich auch bei ihm einstellen.

Es ist vor nicht gar langer Zeit ein Buch *Von den Krankheiten der Haut* herausgekommen. Des Verfassers Namen ist mir entfallen. Habt Ihrs, so schickt mirs doch mit heraus.

Mein Schw... und meine V... empfelen sich Eürem Schw... und eüren V... bestens, danken schöne für die lezthin erwiesene Güte und sehen einem baldigen anderweitem Besuch entgegen, so wie sie mich tribuliren den neüen Wagen doch hübsch bald einzufahren. Adio!

GAB.

Ist der Weygandsche Alm.[anach] der deütschen Musen 1780. nicht da?

44.

[Appenrode, 1. Januar 1781]

[Auf S. 1 eine rohe Federzeichnung Bürgers: oben in Wolken „Himmel“, aus dem eine „Stimme“ herabspricht: „Hol mich der Teufel, Dietrich, das soll dir nicht unvergolten bleiben. Du solst Titulär-Vicelieber-Gott seyn und Köhler heiliger Vice-Gabriel.“ Unten auf der „Erde“, mit Stockdegen, Wanderstab, und einem Pack auf dem Rükken geht „Dietrich“ — „Verte.“]

Schreibt mir, auf was für Conditionen Ihr die 100 Reichstaler laßt, und ob ich für Eüch oder einen andern Namen den Schein ausstellen soll? — Und N.B. wenneher es wieder bezahlt werden muß? Denn ich werde nicht so eine Erzbestie seyn und Eüch in der Klemme laßen, wenn diese Zeit kommt, da wieder bezalt werden muß. Die 100 Reichstaler sind mir demohngeachtet so lieb, als geschenkt. Ich war gestern zu einem Schmause. Es schmeckte mir aber weder Essen noch Trinken. Um 1 Uhr diese Nacht kommen wir erst zu Hause. Diesen Morgen, als an dem lieben Neujahrs- und meinem Geburtstage erwachte ich sehr schissernen Mutes. Aber so bald ich erfuhr, daß Engel Gabriel Köhler gestern dagewesen wäre, sprang ich ohne Hose aus dem Bette und hüpfte wie ein junges Reh auf der Weide. Da besorgte ich denn gleich, daß die Stimme aus dem Himmel rufen muste, wie auf voriger Seite zu ersehen ist. Nun prosit das neüe Jahr! Nicht allein dieses, sondern auch noch viele folgende!

Und wer uns was zuwiderspricht
Dem scheißen wir ins Angesicht
Und lachen noch dazu,
Und lachen noch dazu.

Nun, Knäbchen, solst du mal sehen, was für geseegneten Einfluß die 100 Reichstaler auf Tausend und eine Nacht haben werden! Meine poetische Ader fließt wieder so dick als die Leine. Nun leb wohl, du König aller [Verleger], oder viel mehr aller Freünde, m[it allem] was an dir bummelt und bammelt! GAB.

45.

A.[ppenrode,] den 5. März 1781.

Die Zeit her, mein guter Verleger, sah es um den wichtigsten Teil deines Autors sehr fatal aus; und wenn der kalte Brand dazu gekommen wäre, so wären die herlichen Werke, die noch hervorgebracht werden sollen, hingewesen und du hättest an die Landstraßen und Zaüne auswandern müssen, um einen andern so qualificirten Autor aufzutreiben. Stelle dir den Jammer vor! Alle vom 1ten Januar 1748 an begangene Sünden meines Madensacks brachen in einem ganz infamen Geschwür gerade über der Pulsader meiner rechten Hand hervor. In kurzem war meine Hand und Arm so dick, wie meine Lende, und ich konte die Hand nicht so viel rühren, um nur einen Buchstaben zu machen. Vorige Woche war die ärgste Marter Woche meines Lebens, das Geschwür ist endlich aufgegangen und bald wird der Schade wieder heil seyn.

Wenn ich hätte schreiben können, so hätte ich Euch einliegenden Brief der Frau Philippine schon eher communicieret. Ihr werdet Eüch drüber gaudiren, daß ich so sehr ihr Geheimer Rath bin, dem so gar die Geheimnisse

Untergut Appenrode, Bürgers Wohnhaus

des Ehebetts anvertraut werden, die außer ihr und ihrem lieben Eheherrn noch Niemand weiß. Das Lachen will ich Eüch nicht wehren, aber ausplaudern müst Ihrs denn doch nicht, daß ich Eüch den Brief gezeiget habe. Sie hat mir daneben eine ganze Ladung Avertissements wegen ihrer Gedichte geschickt, womit ich aber in meinem Appenrode nichts anzufangen weiß. Es überkomt eins zur Probe, wiewol ich vermuten kann, daß es eüch bekant seyn werde, da es bei Eüch gedruckt ist. Nun sagt mir, was ich der holden Seele auf ihre Fragen antworten soll? Wollt Ihr Eüch auf gewisse Weise mit ihr abgeben, oder wollet Ihr sie samt Christophen, der in der Eile gleich, ohne an weiter was zu denken, das Avertissement drucken laßen, ihrem eignen Schicksal überlaßen? Darüber gebt mir Nachricht. Wenn ich ihr melden werde, wie viel Chodowiecky für ein Blatt zu meinen Gedichten genommen, so fürchte ich, sie kriegt die Schürken und es geht ihr mit der theüren Leibesfrucht unrichtig. Ich solle doch denken, wenn Ihr Eüch ohngefehr auf die Form, wie mit mir, mit ihr einließet, daß es nicht mißlingen könte, da ihre Muße doch ziemlich viel Verehrer noch hat, wiewohl sie mehr haben würde, wenn sie nicht so ins Gelag hinein reimte. Es käme also drauf an, wieviel FreiExemplare für ihre Subscribenten Ihr ihr accordiren woltet? —

Ich habe auf der Post 333 Reichstaler 8 Gutegroschen liegen, weil ich die nun nicht gern blank und baar durch den Boten herausbringen laßen wolte, so bitte ich Eüch, selbige gegen einliegenden Schein abfodern zu laßen und mir, etwa in ein Paquet Bücher eingeschlagen, [zu schicken], dazu könnt Ihr das Pferdebuch nehmen, welches von Bereüter Koch aus dem englischen übersezt, wo ich nicht irre, in Eürem Verlage herausgekommen ist, welches ich, wenn es brauchbar für mich ist, behalten will.

Nun muß ich Eüch zu guter lezt noch einen Verdruß klagen, worüber ich schier das Gallenfieber hätte kriegen mögen. Am Sonnabend erhielt ich von Königl.[ichen] und Churfürstl.[ichen] Hochgröblichen PostAmt in Göttingen einen so ungezogenen groben Mahnbrief, als ich in meinem ganzen Leben noch keinen erhalten habe. Ich bezahle nehmlich mein Porto alle Jahre um Neüjahr aus. Seit 8 Jahren habe ich jedes Jahr längstens einige Wochen darnach, wenn das Jahr herumgewesen ist, meine Porto Rechnung berichtigt und den Postschlingeln ein Neüjahrsdouceur von 1 Duc.[aten] gegeben. Nur dies einzige und erste Jahr hat sich die Berichtigung seit Neujahr bis hieher verzogen; Weil mich der Teüfel noch nie so sehr, als seit einiger Zeit, mit verzögerten Einnahmen und auf den Hals geführten Ausgaben chicanirt hat. Selbst die jezt erst angekommenen 333 Reichstaler 8 Gutegroschen hätte ich schon vor 4 Monaten haben müssen. Dazu kömt noch, daß ich im Betracht gewisser Hofnungen, die aber unerfüllt geblieben sind, für eine fremde Portoschuld caviret und um Neüjahr zu bezahlen versprochen habe. Nun war ich eben im Begriff meine eigne Portoschuld vom vorigen Jahre abzutragen, mich höflichst wegen des bisherigen Verzugs zu entschuldigen und wegen der fremden noch bis Monath Mai um Gedult zu bitten, als ich den PostKnecht- und pferdemäßigen Mahnbrief erhielt. Nunmehr kann es nichts helfen; Es muß der ganze Post[en] der zusammen 77 Reichstaler 6 Gutegroschen 7 Pfennige C.[assen] M.[ünze] beträgt in continenti bezahlet werden, worneben ich denn aber die PostSchlingel mit einem solchen Briefe regaliren werde, der verdienen soll in Verse gebracht und in den Alm[anach] gedruckt zu werden. Allein incommodiren thut mich die Bezahlung, sonderlich des ganzen, ganz teüfelmäßig, indem ich diese Woche meinen ganzjährigen PachtTermin von 450 Reichstalern praenumeriren muß, wozu ich auch das mit der Post angekommene Geld mit der grösten und ängstlichsten Ungedult erwartet habe. Denn eher wolte ich dem Satan selber, als meinem theüren HE. General v. U.[slar] nur einenTag über die Zeit etwas schuldig bleiben, weil ich mir dann gewiß keine ruhige Stunde im

Hause versprechen könte. — Aber wozu erzähle ich das meinem HErrn Verleger so lang und breit vor? Einestheils um mir das Herz zu erleichtern, anderntheils, weil es doch wohl seyn könte, daß er mir ohne seine große Incommodität zu Hülfe käme. Stehet Ihr nicht in Rechnungen mit der Post, aus denen Euch baarer Überschuß heraus gebühret? Köntet Ihr nicht wenigstens einen Theil meiner Schuld übernehmen? Und wie viel etwa? Gebt mir doch davon nur ganz kurz Nachricht mit Ja oder Nein. Wo es Euch nur im geringsten beschwerlich, oder mißfällig ist, so schlagt mirs getrost ab, ohne im geringsten unsre autorliche Ungnade zu besorgen. Denn ich müste der unverschämteste ungenügsamste Mensch seyn, wenn ich nicht an den mir schon so mancherlei bewiesenen Proben Eurer ächten Freündschaft mich begnügen wolte. Eher wolte ich, daß ihr mir alle Laster, als Unverschämtheit oder Undankbarkeit gegen Eüch zutrautet. Wenn es auch manchmal scheinen solte, als ob ich mit autorlicher Impertinenz über deine Verleger Perükke herführe und sie ein wenig zerzauste, so bitte ich dies für nichts anders, als unschuldigen Muthwillen zu halten. Im Grunde des Herzens bin ich doch nur alzu sehr dein de- und wehmütiger Autor; und ich glaube, weder Hölle noch Tod, weder Engel noch Fürstenthum, könte mich von dir holdseeligen Knaben scheiden.

Nun, lieber Knabe, sey nur nicht unwillig über meinen Antrag. Denn da es in der vollkommensten Wilkühr deines Herzens beruhet, mir zu willfahren, oder mirs abzuschlagen, ohne daß weder Hund noch Hahn nach dem leztern krähen soll, so hoffe ich nicht, [dich] durch meine Bitte in Verlegenheit zu sezen. Indessen wolte ich doch, daß ihr auf beide Fälle, bei Abholung des Geldes auf der Post sagen ließet, diese Woche noch würde ich, sowol den erhaltenen Brief beantworten, als meine Portoschuld berichtigen. Doch, was hinderts, daß ich dies nicht in 2 Zeilen selbst thue? —

So bald meine Hand wieder besser ist komme ich zu Euch hinein, welches vielleicht noch diese Woche geschehen kann.

Lebewohl Alter! Grüße und Küsse von pp an pp

Ewig der Eürige GABürger.

46.

An
dHErrn Buchhändler Dietrich
in Göttingen

A.[ppenrode,] den 24. März 1781.

Freilich, Herr Verleger, wird Er sich nun zu etwas mehr Respect gegen uns verstehen müßen, nachdem uns regierende Herzöge nicht nur zur Tafel ziehen, sondern um des großen Bürgers willen sogar eine räucherige KamtschadalenHütte zu Appenrode nicht verschmähen, sondern daselbst freündschaftlich einzukehren, über zwei Stunden daselbst zu verweilen und mit einer Theekollation vorlieb zu nehmen geruhen. Von hier aus waren wir zwar nur Willens Ihr Durchlauchten bis an die Gränze zu begleiten, allein Dieselben baten uns auf das gracieuseste, bis nach Heiligenstadt mit zu reiten, und daselbst in Ihrer hohen Gesellschafft zu übernachten, welches denn auch geschehen ist. Nicht leicht ist wol irgend ein anderer großer Herr fähig, eine so liebenswürdige Herablaßung zu zeigen. Gleich in den ersten Minuten verliert man alle Beklommenheit und Zurückhaltung und glaubt mit einem braven Kerl seinesgleichen umzugehen. Wir haben bald von ernsthaften Dingen gesprochen, bald geschäkert, und überall hat Er sich mir verehrungs- und liebenswürdig gezeiget. Ganz erstaunlich und unbegreiflich ist mirs daher, wie man ehedem von dem Betragen dieses vortreflichen Fürsten so infame Historietten hat aussprengen können. Denn bei aller seiner unglaublichen Bonhommie und Herablaßung ist mirs nie vorgekommen, daß er seine wahre Würde verleügnet hätte. Sein Verstand scheint mir eben so aufgeklärt, als sein Herz überaus gut und edel zu seyn.

Ich war eigentlich nach Reinhausen auf den Nachmittag beschieden, um ihm da vorgestellt zu werden. Vormittags um 10 Uhr fiels mir ein, es wäre wol besser, wenn ich mich auf nach G.[öttingen] machte. Ich kam kurz vor dem Essen an, stieg gleich in der Krone ab, wo ich mitspeisen muste. Nach dem Essen giengs gleich fort. Daher konte ich ohnmöglich zu Eüch kommen. Ich habe überhaupt keinen einzigen Göttingischen Bekanten gesehen und gesprochen. —

Daß die hiesige Gegend halb toll über diesen Vornehmen Besuch geworden, das versteht sich am Rande. Der Noblesse wird es ein Ärgernis und den Bauern eine Thorheit seyn. Mit Göttingen ist der Herzog großentheils, vornemlich aber mit Lichtenberg sehr wol zufrieden gewesen. Er rühmte zu verschiedenen Malen die gute Art, mit welcher ihm L.[ichtenberg] einige physicalische Experimente vorgemacht hätte. Vornemlich wurde es nicht unbemerkt gelaßen, daß L.[ichtenberg] gar keine Pedanterei gezeigt hätte.

Von dem Aufenthalt dH. Zimmermann, der schon einigemale Beiträge zum M.[usen] A.[lmanach] eingesendet hat kann ich, wenn er zu Marburg nicht anzutreffen ist, keine weitere Auskunft geben. Sein Brief ist dorther datirt gewesen. Vielleicht hat er dort studirt und nun die Universität verlaßen. Man muß warten, von welchem Ort aus er dies Jahr was einschickt.

Was die Ideen zu den Kupferstichen betrifft, so habe ich nicht geglaubt, daß es so eilig seyn soll. Ich will mich daher nun dran machen und künftige Woche sollt Ihr sie haben.

Aber zum Henker! Signor, wie kan er mich wohl alle Augenblicke drüber aushunzen, daß ich nicht fleißig genug an ihn denke? Es vergeht fast kein Tag, da ich nicht in Diensten meines gnädigen und hochgebietenden Herrn Verlegers wenigstens etwas arbeite. Die Ehre mit Herzögen zu conversiren ist zwar ein ganz feines Ding; aber traun! Die Louisdors des Verlegers sind auch nicht zu verachten. Vor der Hand, mein holdseliger Knabe, sey also ohne Sorge, daß der Herzog dich bei mir ausstechen werde. Vielmehr bist und bleibst du

„Mein Herzogthum, mein Bier, mein Schweinebraten".

und hiermit Gott Befohlen!

G.A.Bürger mp.

47.

An
Herrn Buchhändler Dietrich
in
Göttingen.

A.[ppenrode,] den 14. Apr. 1781.

Zu den Pferden hätte ich allerdings wohl Lust, wenn ich nur dagegen auch schon zwei von den Meinigen loos-wäre. Ich füttere ohnehin schon jezt 2 Reitpferde und 2 Fohlen überhin. Zwei übrige Ackerpferde auch noch zu füttern dürfte der Haushalt nicht abwerfen. Es sind vor einigen Wochen Pferdemärkte in Duderstadt und Heiligenstadt gewesen, wo ich einen Versuch gemacht haben würde ein Paar looszuwerden, wenn ich dagegen die Ihrigen sogleich wieder in die Stelle gehabt hätte. Denn zu jeziger Zeit kann ich zwei Pferde keinen halben Tag entbehren. Gleichwol verstand ich neulich von Euch, daß Ihr Eure Pferde vor Ostern nicht abgeben könntet. Noch ein Bedenken habe ich, so gut und tüchtig auch Eure Pferde seyn mögen. Meine Pferde sind nun insgesamt der sauern Appenröder Arbeit gewohnt. Dagegen müsten es Jene nun erst gewohnt werden an den hiesigen Bergen herumzuklettern und das schwehre Kleyland umzureißen. Doch — wir sprechen auf den 2[ten] Festtag uns hierüber noch weiter.

Wenn Er doch nur bisweilen nicht so steif und feierlich schriebe, *Sr. Wolgeboren dienstwilliger Herr Diener!* Wozu nüzt wohl aller der Unrath? Im Herzen betrachtet Er mich ja doch als Seinen unterthänigen Vasallen. Nun ists zwar freilich wahr, daß unsereiner dem Herrn Principal zu zeiten ein bischen auf der Nase spielt, indessen muß man dagegen doch genug wieder zu Creuz kriechen. Also und demnach, ohne alles *„wollen Sie uns erlauben“*, ohne alle „Verbittung der Incommodität“, und s.w. wird der Herr Principal mit Seinem ganzen Gefolge, den Hamelsbraten nicht ausgeschlossen, uns herzlich willkommen seyn. Noch erfreulicher würde es uns seyn, wenn Dero verwöhnte Glieder auf wenigstens 8 Tage mit einer nächtlichen Streu vorlieb nehmen wollten, indem die Besezung meines Hauses eine andre Art von Nachtlager verbittet. Wofern sich aber die hohen Herrschaften nicht halten lassen wollen, so reißt die verehrten Ärse nur fein früh aus den göttingischen Federn, damit Ihr hübsch früh hier seyd und man was von Eurem Besuche hat. Ihr müßt wenigstens um 5 Uhr früh schon ausfahren, so seyd

Ihr um 8 Uhr hier und dann läßt sich bis Nachmittag um 5 Uhr noch viel närrisches Zeug treiben.

Um der famösen AltenGleichen willen, die nach alter Sitte und Gewohnheit von vielen Menschen am ersten Ostertage für nichts und wider nichts besucht zu werden pflegen, werde ich Morgen das Haus ziemlich voll kriegen. Nun mögte ich gern 1/2 Duzend Bouteilen rothen Wein haben. Ich erinnere mich, daß der Eurige sehr gut ist. Könnt Ihr mir — *nicht umsonst, das versteht sich am Rande* — 1/2 Duzend überlaßen? Aber macht mir keine Complimente! Wo es Euch im geringsten genirt, so gebt beiliegenden Zettel dem Boten, daß er sie von Ruhländern mitbringet.

Adio! Der Himmel erhalte uns das gute Wetter! Wir grüßen Euch alle herzlich. Bitte übrigens zu *glauben daß beständig seyn werde*

Euer *Wolgeboren*
*Dero*
*dienstwilliger*
~~J. C. Dieterich~~ wolte
schreiben
GABürger.

48.

An
dHErrn Buchhändler Dietrich
in
Göttingen

A.[ppenrode,] den 9. Mai 1781.

Sieht Er, Herr Verleger, wie rasch ich auf den Strümpfen bin! Hier ist die Ankündigung, wie sie etwa in die Zeitungen kommen kan. Die in das Magazin, wird durch einen ohngefähr noch einmal so starken Anhang weitlaüfiger.

Indessen laß unsern guten Lichtenberg zu allem sein videtur erst geben. Er kan davon ausstreichen, was ihm beliebt. Meint er aber, daß das Ding so bleiben kann, so laß es abschreiben, damit ich ein Exemplar zur Erweiterung ins Mag.[azin] hierbehalte. Was zu erinnern seyn mögte, das laß mir durch meinen morgenden Boten wissen, damit K.[ünftigen] Freitag alles fertig seyn möge.

Was das merkantilische in der Ankündigung betrifft, so müst Ihr das selbst hinzuthun, weswegen ich auch Lücken gelaßen habe.

Was zankt der Herr übrigens mit mir? Al[s w]enn Voß nicht aller Wahrscheinlichkeit nach den Einfal[l viel] eher gehabt haben müste. Wars doch erst vorigen Winter, daß wir drauf kamen. Inzwischen mein guter Foß, die Wörtlein neu und nach eigner Weise — bald in Prosa, bald in Versen — erzählt von Gottfried August Bürger sollen dir schon in der Geburt den leidigen Tod anthun. Laß Er sich, mein Herr Verleger, das Ding nicht gereüen. Desto besser nehmen wir uns nun zusammen. Adio.

GABürgermp.

49.

An
HErrn Buchhändler Dietrich.
in
Göttingen

[Appenrode, Anfang Juni 1781]

Moßje Dietrich
Schönen großen Dank für das rauchende, riechende, bleierne und ziemlich stumpfschneidende Meßpräsent.

Wofern er mir aber nicht fordersamst mit ein Tausend Stück der allerbesten Hamburger Schreibfedern und einigen Ballen des lieblichsten SchreibPapiers gehorsamst aufwartet, so werde ich Tausend und eine Nacht mit der Bleifeder auf Hobelspänen geschrieben liefern. Da auch das schöne wolriechende Siegellack zu Ende geht, so wird man sich genötigt sehen die nächstkünftigen Briefe an Euer Excellenz in der Geheimen Cammer Canzlei wohin die Thür linker Hand im Winkel führet versiegeln zu laßen, wofern Derselbe nicht gleichergestalt mit einigen Centnern Siegellacks, welches besser, als das geheime Canzleilack riecht, gehorsamst wieder aufwartet.

Übrigens kömt sichs ja das Gott erbarme! nach Göttingen, wenn man nicht so viel Geld hat, um nur das Trinkgeld zu bezahlen, geschweige denn in die Comödie zu gehn, oder einen Block l'hombre zu spielen.Wie bei so einer dürren saft- und kraftlosen Zeit Tausend und eine Nacht gedeihen werde, das mag der Himmel wissen. Der Froschmäuseler erfodert nun vollends, wie ein guter Theil seiner Helden, viel Feüchtigkeit, also hat Mosje Dietrich nicht zu besorgen, daß der ihm vorgezogen werde.

Einliegender Brief an Fr.[au] Prof. Baldinger.

Adio! Unsere allerseitigen Grüße sowol an die dortigen Hausgenossen als Gäste!

Das Sächsische Mädel nicht zu vergessen!

GAB.

## 50.

## Bürger an J. C. F. Köhler

An
Herrn Köhler
in der Dietrichschen Buchhandlung
in
Göttingen

A.[ppenrode,] den 18. Jun. 1781.

Mein lieber Herr Köhler
Weil Ihr Herr Schwiegervater gesonnen ist, sich auf den alten Theil zu sezen, sich künftig als ein alter abgelebter zahnloser Leibzüchter den Brei von Ihnen vorkauen zu laßen, die Nüsse der Autoren gar nicht mehr aufzuknakken und sich überal mit ihnen nicht schriftlich mehr einzulaßen, sie mögen nun mit Dinte oder Bleifedern an ihn schreiben; so werden wirs nun wol künfftig allein mit einander zu thun haben und den alten Isengrim im Lehnstuhl hinterm Ofen brummen und f..... laßen müssen so viel ihm zu seiner Leibesnotdurft gut dünkt. Ich habe also freündlich vermelden sollen und wollen, daß vermutlich K.[ünftigen] Donnerstag eine Caravane zu Fuß von Appenrode abgehen und zu rechter früher Tageszeit bei dem alten Leibzüchter in Göttingen eintreffen wird. Wenn es nun angeht, so wird gedachte Caravane mit einem schlechten Nachtlager und dem, was Gott sonst bescheert, vorlieb nehmen und Freitags wieder von dannen ziehen. Um nun von dem alten Leibzüchter nicht alzuviel Unrath aufriechen zu müssen, werde ich beflissen seyn, die KupferIdeen zu T.[ausend] u.[nd] eine N.[acht] und was sonst zu seiner Gesundheit und Frieden dienet, mit-

zubringen. Übrigens bitte ich den alten meiner herzlichen Freüde zu versichern, daß es mir gelungen ist, ihm ein Päcklein Papier, ein Bündlein Federn und 4 Stangen Siegellack abzuluchsen, wiewol Gott sey Dank! der Mangel an diesen Artikeln noch so arg nicht war, als er vorgespiegelt werden muste, um dem MeßPräsente für einen Autor seine gehörige Vollständigkeit zu geben.

Unter vielen und mancherlei Grüßen an die Leibzüchterei empfehle ich mich bestens

Der Ihrige
GABürgermp

51.

A.[ppenrode,] 4[ten] August 1781.

Juchhei, Herr Bruder! Hier komt Maaaaaaaaanuscript! — Aber ehe wir hier von weiter schreien und juchheien muß ich dir sagen, daß mich dein abgeschmackter Hochmut schier verdrossen hat. Freilich bin ich nur ein armseeliger Autor, der kaum ein armseeliges Truthühnchen zu verschenken hat, indessen sein großachtbarer und wohlfürnehmer Herr Verleger mit stattlichen Tabatiern u.s.w. um sich werfen kan. Daß aber der wohlfürnehme Herr sich schämet, ein armseeliges Truthuhn um sonst anzunehmen, ist wahrhaftig gar nicht brüderlich. Oder sollte es so viel sagen: Sieh da; Herr Autor! Künftig schäme dich auch hübsch, die Dosen u.s.w. von mir so ohne alle Complimente hinzunehmen! — Gut, ich werde mirs zu Lehre dienen lassen. Pfui! Herr Bruder! Bei meiner Frau hat Ers auch schier verdorben. Daß Er genereus ist, wissen und glauben wir doch wohl, und er könnte unsre ganze Heerde Truthühner, Enten und Gänse mit eingeschlossen, wenn sie ihm angeboten würde, getrost umsonst annehmen, ohne daß es uns einfallen würde, ihn für einen Knicker zu halten. Wenn er aber für so eine Armseeligkeit gleich 4. Boutl. Wein zurückschleudert, so übertreibt er die Genereusität und spielt den wahren und wahrhaften — — — *Prahlhans!* Es fehlte nun weiter nichts, als daß ich die 4 Bouteil. Wein wieder zurückschickte um eine wahre und ächte Bocksbeutel Comödie vollends auszuspielen. Da, da ruck an, Herr Bruder Prahlhans! —

Um wieder auf das Maaaaaaaaanuscript zu kommen, so möchte ich wohl wissen, wie viel Bogen es anfüllen könne? Der zweite Transport, soll *gewiß* ehe dieser erste aufgebraucht ist, auch erfolgen. Wie sieht's aus mit Kästner's Beiträgen?

Uebrigens dient ihm zur Nachricht, daß trotz allem Achselzucken oder Widersprechen, Frau Schnips diesmal mit gedruckt werden soll. Mit dem Confisciren hats keine noth. Und würde auch der Alm.[anach] confiscirt, so hilft dirs nur ein Paar hundert Exemplare mehr absezen.

Adio!
GAB.

Wenn ich das schöne Mspt. auf der Hand wiege, so fürchte ich beinahe, daß wenig oder nichts fehle, um für 12 Alm.[anach] Bog. hinreichend zu seyn. Um so eher muß ich wissen, wie viel Plaz mir für dasjenige, so nach kommen soll, übrig bleibe? Und zwar ehe mit dem Abdruck zu weit vorgerückt und mir unmöglich gemacht wird, eins oder das andere wieder aus Reihe und Gliedern zu stoßen. Um Compositionen, Herr, mag Er sich selbst bekümmern. Es sind einige sehr artige der Composition fähige Lieder darunter die Herr — heißt er nicht *Breda?* — leicht herausfinden wird.

Das Wangenheimsche Mspt. kommt auch durchcorrigirt zurück. Am Stil selbst habe ich, außer an einigen wenigen Stellen, nichts ändern mögen. Die wirklichen Sprachfeler aber hoffe ich sollen gehoben seyn.

52.
Dieterich an Bürger.

Dem Herrn Amtmann Bürger
in Appenrode

Liebster Herr Bruder
Du solst doch der brave, und Ehrliche Mann seyn und bleiben, ob Du mich gleich geängstiget, und geQuält hast. —

Mit Kästner will ich noch einmahl Sprechen. Wegen Frau Schnips will ich noch mahls bitten aus dem Almanach zu lassen, denn würd der Callender einmahl in Catol .[ischen] Ländern, und in Cour. Sachsen verbothen, so gilt solches für alle Jahr und Schadet, beym Confisciren hat der Verleger keinen Vortheil, wohl aber der verKäuffer so solche in Commission hat. — Nim es lieber mit in Deine Sammlung von Gedichten, oder laß es mich apart drucken wie die Princessin Europa.

Wie kanst Du mich daß übel nehm? daß ich ein Paar Bout. Wein geschickt.k Ich habe die Truthühner mir für Geld ausgebethen, es ist eben als wann ich die Bücher so Du verlangst, auch Schencken solte, ich habe sie gefordert, und muste sie bezahlen. Sie leben noch, da aus dem Besuch nichts wurde, die Casselaner gingen fort, und Böhm reisete mit seinen Bruder nach Cassel, ist gestern wieder gekommen, künfftigen Mittewoch abend aber sollen Sie gespeist Werden, und würd Lieut.[enant] Böhm mit seinen Bruder bey mir Eßen. wilst Du herrein kommen, so bist Du mir wilkommen, und der angenehmste Gast dabey, gefrohrnes so Deinen Gaum Kühlt, solst Du haben. Grüße, und Küße Deine Frau, und Sage Ihr Sie solte mir nichts übel nehm, ich wüste ja daß Ihr Wein jezo im Keller Fehlte, und Sie mehr Puter und Endten und Hühner auf dem Hoffe lauffend hätte, als Bout.[eillen] Wein im Keller. Auß Stoltz ist es wahrhafftig nicht geschehen, darin Kenst Du mich nicht. Schencke mir nur mahl ein Manuspt, Du solst Sehn, ob ichs nicht annehme mit Freude und Danck.

Der Wein ist verschrieben von Brem[en]. Daß gesandte Manuspt gibt 8 1/2 Bogen ohngefehr.

Für daß corrigirte Manuspt dancke. Steht Dir nichts an von dergleichen, und waß wohl?

Komm Mittwochen herrein und glaube daß ich lebenslang bin

Dein getreuer

*Göttingen,* den 6. Aug. 1781. Dieterich.

53.

A.[ppenrode,] den 9. Aug. 1781.

Ich war gestern schon mehr als halb entschlossen, zu kommen, als ein Besuch erst von HE. Forkeln und dann von HE. Abt mich zurückhielt. Meine Weibsleüte sind aber so erpicht drauf, noch einmal in die Comoedie zu gehen, daß ichs gar platterdings nicht ändern und wehren kan, Eüch künftigen Montag mit Sack und Pack übern Hals zu kommen und vielleicht gar auch den Dienstag

Molly Bürger

auf dem Halse liegen zu bleiben. Dafür will ich denn aber auch noch Maaaanuscript aus meiner selbst eignen land- und weltberühmten Fabrik zum M.[usen] Alm.[anach] mitbringen, das sich an Händen und Füßen gewaschen haben soll. Herr Forkel hat mir beiliegende Composition auf mein Menschenfresserlied zugestellet, welche, um doch wenigstens etwas Musik in dem A[lmanach] zu haben, wol wird aufgenommen werden müssen. Weil meine Sachen gemeiniglich vor vielen Andern das Glück zu haben pflegen, mit Druckfehlern, die einen ganz verkehrten Sinn abgeben, zu prangen, so wolte ich hierdurch bei Zeiten erinnern, daß in der 3ten Zeile der ersten Strophe meines Liedes nicht, wie Herr Forkel geschrieben hatte, ebenfals anstatt *hoch über das Riff hin* etc. hoch über das Schiff hin etc. gedruckt würde. Dergleichen Verjohannballhornungen sind troz meinem Mspt um so leichter zu befürchten, weil nicht Jedermann weiß, was ein Riff ist; und es läßt sich von einem Johann Ballhorn nicht erwarten, daß er bedenke, wie auch nicht jeder Neüseeländer ein Schiff kenne.

Hiermit Gott befohlen!

G.A.B.

54.

A.[ppenrode,] den 19. November 1781.

Du bist doch wohl nicht böse, altes liebes Männchen? — Es ist wahr, eine Zeit her habe ich mich um dich gar im geringsten nicht bekümmert. — „Und warum denn nicht?“ — Um mich hernach wieder desto mehr, desto ungestörter wieder um dich bekümmern zu können. Denn du weißt wohl, du bist und bleibst mein Herzogthum, mein Bier, mein Schweinebraten.

Ich habe eine Zeitlang mich mit nichts, als juristischen Welthändeln beschäftigt, weil ichs beinahe bei mir beschworen habe, allen alten Sauerteig von der Art rein auszufegen, damit das armselige Advocaten Geschmeiß endlich einmal aufhören möge, den Göttersohn über sein Liegen lassen zu verlästern. Es ist zwar eine fatale Sache, an so vielerlei Nichtswürdigkeiten kauen zu müssen; indessen will ichs machen, wie jener Bauer, der seine ausgekozte Purganz wieder zurückschlang: du sollst zum rechten Loche hinaus, oder — — —

Ist der neue Bücherkatalogus noch nicht fertig? Oder giebt es sonst keine Neuigkeiten von der Messe, wenigstens zum Lesen für das Weibsvolk. Denn das pauct mir die Ohren so voll bei diesem elenden Wetter, daß mir der Kopf vollends verrückt darüber werden möchte.

H. Cammerr.[at]. v. Hardenberg R.[eventlow] hat mir geantwortet: daß, da er den hiesigen Dienst quitirt hätte, er nun bei der Sache weiter nichts thun könnte. Man sagt ja: der Ehrenmann käme wieder zurück, und es fiele alles gut für ihn aus.— Adio! grüß die deinigen

dein getreuer
GAB.

55.

A.[ppenrode,] den 3. Dez. 1781.

Es ist ganz unglaublich, mit was für Plackereien ich seit einiger Zeit umfangen gewesen bin. Es ist beinahe, als wolte mich das Schicksahl ermüden, um die ganze Pastete auf einmal zum T.. liegen zu laßen und davon zu gehen. Es nimmt auch gar kein Ende; kränklich und elend bin ich dazu.

Dein Vorschlag, einen Gehülfen zu mir zu nehmen, der noch Geld dazu geben will, ist daher so übel nicht, wenn ich nur wüste, ob es ein Kerl nach meinem Geschmak wäre. Auf den ersten Anblick läßt sich das nicht immer gleich beurtheilen; dennoch will ich sobald, als möglich persönlich zu Dir hinein-kommen. Außer dem ist noch ein Umstand. Vor Künftigen Ostern kann ich ihn noch nicht füglich beherbergen. Mündlich von allem diesen ein mehreres. Den französchen MusenAlm.[anach] würdest Du schon heüt wieder erhalten, wenn ich nicht noch gern verschiedene Stücke excerpiren laßen wollte, um sie künftiges Jahr deütsch gekleidet in den unsrigen zu verpflanzen. Ich habe diese Arbeit meiner Frau aufgetragen. Der Schwäbische MusenAlm.[anach] ist wahrhaftig nicht übel. Wenn Sprache, Versification und Ausdruck hin und wieder richtiger wären, so wüste ich nicht, ob ich ihn nicht allen unsern sächsischen, unser eignes liebes Söhnchen mit eingeschlossen, vorzöge. Der Schwickertsche ist hergegen wie gewöhnlich nicht viel wehrt.

Unsere Lockvögel fangen schon an Wirkung zu thun. Den[n] der Herr von Döring in Wolfenbüttel hat mir sehr verbindlich geantwortet und versprochen, sich gegen Ostern mit Beiträgen einzustellen.

Die Dümontschen Bücher sollen, sobald ich einen Expressen Boten mit dem Korbe abfertigen kann, wieder zurückgesandt werden. HE. Dümont muß wirklich ein sehr vornehmer Mann seyn, daß er sich keine Ehre und Vergnügen draus machen kann, mir ein Buch zu leihen. Unumgänglich notwendigen und schleünigen Gebrauch kann ich mir doch bei ihm nicht denken. Mithin ist sein Brummen kindisch. Dies brauchst Du ihm aber nicht gerade wiederzusagen.

Wenn Du den franz.[ösischen] M.[usen] Alm.[anach] nicht noch diese Woche entbehren kannst, so schreibs mir nur mit 2 Worten. Dann soll er morgen wieder zurück seyn. Dagegen hat denn aber auch das Excerpiren ein Ende.

So arg ist der Bauerndreck nicht, daß nicht mein Freünd Dietrich auf einem seiner großmächtigen Hengste einen Ritt herausmachen könnte. Ich würde mich sehr freüen, den alten Knaben einmal hier zu sehen.

Halt! noch eins! Mein voriger Bedienter, Namens Johann Jürgen Lüers, oder vielmehr seine *hübsche, rasche, junge Frau,* die Du kennest, hat mir gesagt, Du würdest auf Ostern Deinen Hackfeld mit allem Zubehör abschaffen. Dabei hat sie mich denn gebeten, sie und ihren Mann in Vorschlag zu bringen. Ich weiß nun zwar nicht, ob die Abdankung Hackfelds gewiß sey, und ob Du nicht schon ein andres Subject engagirt hast. Indessen melde ich Dirs, mit der Bitte, mir ein Paar Worte drauf zu antworten. Von dem Kerl kann ich soviel sagen, daß er grundehrlich und gutherzig sey. Das Weib ist, wie gesagt, rasch, jung, hübsch, et caetera, et caetera.

Ich glaube beide würden sich recht gut zu Aufwärterleüten in Dein Haus schicken.

Meine Weibsleüte empfelen sich Dir und allen Deinigen von Herzen. Ich aber bin Zeitlebens

Dein getreüer Br.[uder]
GABürgermp.

56.

An
dHErrn Buchhändler
Dietrich
in Göttingen

A.[ppenrode,] den 31. Dec. 1781.

Holdseeliger Herr Bruder
Herzlichen Dank für die schönen Austern und Schellfische! Gestern ist schon der Anbiß gemacht. Ärgerlich ists nur, daß der Bote so früh fort muß und ich daher nicht das Roß meiner Dankbarkeit recht ausgallopiren laßen kann. Der Almanachler ist ein schnakscher Patron. Ich

dachte ich hätte sollen das Zipperlein kriegen als ich nicht nur den Herrn, sondern auch Madam Bürger erblickte. Der Kerl schreibt, was ihm in den Schnabel komt.

Ich wolte Dir heüte wol den französischen M.[usen] Alm.[anach] mitschicken, da er aber für Boien bestimt ist, so wolte ich gern darüber mit an Boie schreiben. Das Männlein wird ihn immer früh genug bekommen und heüte würde er doch noch nicht fortgeschickt werden.

Noch eins! Kannst Du mir nicht unverzüglich die hannoverschen Intelligenzblätter zwischen Martini und Weihnachten d.[ieses] J.[ahres] sogleich schaffen? Sonderlich diejenigen, wo die zwischen dieser Zeit gestandenen hannöverschen Kornpreise eingerückt sind. Könnte ich diese auch nur extrahirt bekommen, so brauchte ich die Blätter selbst nicht. Ich muß Jemanden eine Rechnung darnach formiren.

Sobald mir nur immer möglich seyn will, komme ich hinein. Ich habe die Zeit her ganz unendlich viel zu schaffen gehabt.

Ich umarme Dich u. Eüch alle

Dein getreüer
GABürgermp.

57.

A.[ppenrode,] den 14. Febr. 1782.

Hier, mein holdseeliger Herr Bruder, erfolgt nicht nur der Almanac des Muses sondern auch das Schlittenzeüg. Einige Mottenlochlein ausgenommen, ist es wirklich noch in ganz ansehnlichem Stande. Ein Kopfbusch fehlt und ist nirgends zu finden, wie wol ich mich zu erinnern glaube, daß er da gewesen sey. Es scheinet so eingerichtet zu seyn, daß auf ein Pferd ein Sattel gelegt werden muß.

Dann werden nemlich vor einen Rennschlitten die Pferde hinter einander gespannt und auf einem sizt der Vorreiter. Es ist die Frage also, ob Du es brauchen kannst, wenn nemlich Deine Pferde neben einander vor einen großen Schlitten gespannt werden und nicht von den Pferden ab gefahren werden solte. Es steht Dir frei, ob Du es behalten willst oder nicht. Mir kostet es, wo ich mich recht erinnere, 2 Louisdor. Profit will ich nicht an Dir machen, wiewohl das Werk wohl nicht unter 5 Louisdor angeschafft und die Mottenlöchlein ausgenommen (die man doch im Gebrauch wohl nicht gewahr wird) noch ganz wohl behalten ist. Honoris causa brauchst Du Dich nicht zu zwingen, es zu behalten, wenn Dir es sonst nicht ansteht. Wir sind ja, meine ich, eben von keinen sonderlichen Complimenten unter einander.

Übrigens befinde ich mich sehr schissern. Die verdammten Verkältungen.

Die Meinigen grüßen Dich und die Deinigen herzlich.

Lebewohl
Dein Getreuer
GABürgermp.

58.

[Appenrode,] den 28. Febr. 1782.

[...] und nun, Freund, verkauft, was das Zeug halten will! So gut und so theuer Ihr könnt! Schickt das Geldlein! Denn warlich der Herr bedarf sein in diesen erbärmlichen Zeiten [ ....]

Wahrhaftig, ich glaube das Getreide ist blos meinetwegen so wolfeil, weil ich gepachtet habe. Was gilt's, wenn ich erst wieder kaufe und nicht vorher verkaufen sollte, so würde es gleich in die Höhe schlagen.

59.

A.[ppenrode,] den 23. März 1782.

Hier, Freünd, ist ein Manuscript, wonach du doch immer so seüfzest, wenn dir es anders anständig ist, wovon du mich *gleich* benachrichtigen mußt. — Was denkst du drann zu wenden? — Mit dieser sonst unverschämten Frage würde ich dir nicht zu Leibe gehen, wenn mir nicht an einer gewissen Stelle, die du leicht errathen kannst, der Schuh ganz übermäßig drückte. Ich muß jezt meine Talente zu Gelde machen, wo ich nur weiß und kann; und ich bin in einem solchen Zuge, daß wenn es so fort geht, ich dir bald mit mehr Manuscript übern Hals kommen werde, als du vielleicht verlangst. Aber noch einen Vorschlag! — Diesen Macbeth, der dir troz allen andern Macbeths auf Erden, gewiß nicht zu Maculatur werden soll, will ich dir rein weg schenken, wenn du etwas kannst, woran ich aber leider! verzweifle. — Und was wäre denn das? — O ich mögt' es auch lieber bald gar nicht einmal sagen, weil ich doch vorhersehen kann, daß es nichts giebt. Ja, wenn du das Geld zu tausenden im Kasten hättest, dann wüste ich wol, du ließest mich nicht zu Schanden werden. Indessen man klagt ja einem treüen Freünde wohl seine Noth; und so will ichs auch dir thun, wer weiß wozu es doch gut ist.

Ich dachte von meiner lezten Hannöverschen Reise Geld mit zu bringen; allein dadurch, daß ich den bekannten Leonhartschen Proceß gewonnen und dabei die JustizCanzlei nicht wenig gekämmet habe, ist man mir so spinnefeind geworden, daß man mich lieber im Meer ersäufte, wo es am tiefsten ist. So bald jene Sache die glückliche Wendung vor dem Tribunal in Celle genommen hatte, soll man sich dort die Acten aus gebeten, und die Annehmlichkeiten, die ich eingerührt hatte in vollen Zügen geschöpft haben. Die erste günstige Folge für mich war die, daß man mir Knall und Fall bei 30 Reichstalern Strafe die Vormundschafts Rechnungen binnen einer Frist abfoderte, binnen welcher es gar nicht möglich war ein so weitlaüfiges Stück Arbeit fertig zu machen; vollends da mein Schwager dazwischen hingestorben war, welches die Sache noch schwieriger machte. Die Frist war kaum herum, als ich in die 30 [Reichstaler] Strafe condemnirt und die vorige Auflage binnen einer andern kurzen Frist bei Verlust der Vormundschafft wiederholt wurde. Ich appellirte dagegen; allein man kehrte sich an nichts, sondern wie die Frist auch herum war, hat man pumps! einen andern Curator gesezt, ohneracht die meisten Kinder schon wirklich majorenn und die minorennen es in einem oder zwei Jahren auch vollends sind. Vom Tribunal habe ich zwar so viel erhalten, daß die 30 Reichstaler Strafe aufgehoben sind, im übrigen aber ist es auf eine Weise, die sich gar nicht reimen läst, bei der neüen Vormundschafftsbestellung geblieben. So sehr mich dies nun auch anfangs crepirte; so kann ich mich doch drüber zufrieden geben, weils mich großer Last entledigt, wofür ich nichts einzukommen hatte. Die Hundsvötterei davon ist nur die, daß ich nun leicht noch Jahr und Tag hingehalten werde, ehe ich meiner majorennen Frau Erbtheil herausziehe und in die Faüste bekomme. Dies bringt mich nun alleweile so in die Klemme, daß ich die besten 100 Pistolen schwinden laßen wolte, wenn ich gleich jezt hätte, was mir gebührt. Ich habe Bären, die mich zu prostituiren drohen, und wenn ich sie auch alle besänftige, so mißlingts mir doch mit dem ärgsten, der billig vor allen andern Raison annehmen solte, ich meine mit meinem General v. U[slar]. Dem bin ich nun aufs vergangene keinen rothen Heller schuldig; allein ich muß in diesem Monate den ganzen Pachttermin aufs nächstkünftige Jahr praenumeriren, oder er hat das Recht, mich auf den ersten Aprill vom Gute zu werfen. Bei Gott ist Gnade; aber bei dem nicht. Die verfluchte Pachtung bringt mir zwar keinen Vortheil; sondern Schaden genug; allein wenn ich sie auf eine prostituirliche Art verlieren soll, so kannst Du mir sicher glauben, ich bleibe im Bezirk von 20 bis 30 Meilen nicht länger. Dann magst Du sehn, woher Du einen andern Bürger kriegst. Dann laße ich alles im Stiche und laße hinnehmen, wer hinnehmen kann und darf. Ich bin dieser Grillen und Sorgen, die wie Vampyre an den besten Kräften meines Leibes und meines Geistes saugen und nagen, von Herzen satt und überdrüßig. Ich mag hernach am Wege, oder im Bette verrecken, oder das Glück mag mir anderwärts wieder anlachen, das soll mir alles gleich viel seyn.

Früchte habe ich noch nicht verkauft. Sie gelten nichts; und was das ärgste ist, so kann ich sie nicht einmal loswerden. So viel steht aber auch nicht einmal zu verkaufen; um die Pachtpraenumeration draus zu lösen.

Nun sag, wie mit zu rathen und zu helfen steht! Könnte ich ein Kapital auf Interesse geborgt kriegen, so solte sich meine Frau mit verbürgen und verschreiben. Allein wer hat gleich 4 oder 500 Reichstaler die es wenigstens seyn müsten? Und wenn sie wer hat, wer borgt sie gleich her, wenn er nicht durch zwanzig Gerichtssiegel und zehnfache Sicherheit in liegenden Gründen überzeügt wird? hergegen besteht die Masse, wo meine Frau ihren Antheil (der wenigstens nach Abzug aller Schulden noch über 3/m Reichstalerrbetragen muß) dran hat, gröstentheils in ausstehenden Capitalien. Sicherheit wäre also reichlich vorhanden, wenn sie schon nicht wie ein liegendes Rittergut mit einem großen Schlosse in die Augen leüchtet.

Wie gesagt, den Macbeth sollst du geschenkt haben, wenn du mir ein solches Capital verschaffen kannst. Aber vix credo! Also adieu! Wer weiß wenneher wir uns wiedersehen, du müstest mich denn vor oder in diesem Feste noch einmal besuchen, welches mir ein wahres Labsal seyn solte. Ich selbst kann mich nicht überwinden, nach Göttingen zu kommen. Denn ich denke, alle Jungen auf der Straße sehens mir an, welch ein Hundsvott ich bin. Ich hab auch die Zeit nicht. Was ich noch in Ordnung bringen kann, das muß ich. —

Laß doch einen Extract machen, wie wir zusammen stehn. Dich kann ich endlich noch mit schwarz auf weiß befriedigen. Aber dazu gehört eine ruhigere Lage, als diese Tortur, in welcher ich endlich, wenns noch lange so geht, den Geist aufgeben muß.

Sag Köhlern, er mögte den Herrn Medicinern sagen, wenn sie mir 100 Louisd'or geben wolten, so wolte ich ihnen ein recht leckerhaftes Gedicht auf Baldingern machen. Für die Hälfte thäte ich es schon nicht. Denn die könnte mir doch nicht helfen; oder wenigstens nicht genug helfen.

Laß diesen Brief nur nicht nach deiner löblichen Gewohnheit auf deinem Tische umher poltern. Auf dem Markte läg' er sonst eben so gut. Es ist auch gar nicht nötig, daß du ihn jeder Taube, die auf deinem Schlage täglich aus und ein fliegt vorliesest. — Meinen Macbeth aber kannst du *Lichtenbergen* wohl weisen. Was du für diesen, im Fall du ihn nicht geschenkt kriegen kannst, geben kannst und willst, das überlaße ich dir. Gott befohlen B.

Wenn du den Macbeth behälst, so wünschte ich, daß er mit zur Messe fertig würde. Aber hübsches Papier; hübscher Druck! — Kannst meine Arbeit gegen andre

Macbeths, die du im Laden haben wirst, halten und so ein Rhinoceros wirst du ja nicht seyn, um nicht einen kleinen Schiedunter zu bemerken. Beim Druck behalte ich mir die Revision vor.

60.

A.[ppenrode,] den 28. März 1782.

[...] Aber, Du Hans Affe, was frägst Du wohl nach einem Helden-Gedicht (den Homer meinst Du doch?) da Du mir auf meine neüliche Anfrage gar nichts Bestimmtes geantwortet hast, wie denn nun auch der Teüfel daraus klug werden mag, was Du mit dem Macbeth vorhast. Das weiß ich wol und traue es Dir vollkommen zu, daß Du mir allen Profit allein ließest, aber das mag ich nicht, und wäre unverschämt von mir, wenn ichs annähme. Ich wolte, daß ichs auf den Rippen hätte, Du soltest einen ganz andern Kerl an mir finden. Dann thäte ich alles honoris et amicitiae causa; und wir wolten ganz was anders beschicken, als so, da einen Gram, Grillen u. Sorgen zu Boden schlagen. Es muß aber und soll anders werden. Es reiße, oder breche in Stücken. Entweder Codille verloren, oder gewonnen!

61.

A.[ppenrode,] den 4. Apr. 1782.

Weil ich dir denn doch so zu Herzen gehe, daß du meinetwegen nicht schlafen kannst und deinen dicken Bauch verlierst, so muß ichs dir wol melden, daß ich glücklich 400 Reichstaler aufgestöbert habe, die ich in 14 Tagen erhalten soll. Damit wäre dann die ärgste Noth gestillet. Alle übrigen Creditores und unter andern auch mein Freünd Dietrich mögen mich im — wenn sie nicht Gedult haben wollen, bis mehr Zeit und Rath komt. Ich kriege noch gerade wieder ein bissel Muth und denke, die Zeit ist doch noch nicht da, da ich mit Haut und Haar ein Hundsvott werden soll, ob mir gleich der Satan bald hie, bald da einen ScheisClack an den Leib wirft. Ich werde alles ganz ruhig wieder abwaschen und thun, als ob mir gar nichts wiederfahren wäre. Mach du nur den Macbeth so gut wie möglich zu Gelde. Ich habe bald wieder ein Schauspiel und *zwar ein Original* fertig. Der Henker weiß, wie mir die Lust zu Schauspielen so auf einmal angekommen ist. Ich glaube, die 50 St. Louisd'or, die du dafür erobern willst, begeistern mich. Ach, du armer Peter, wenn du statt 50 Louisd'or nur erst 50 Reichstaler hättest. Die Herren Schauspiel Directores sizen eben sowenig voll Louisd'or, wie wir. Ich bitte dich nur, prostituire mich nicht bei den Komödianten umher. Will einer kurz und gut unter Vorbehalt des Mspts was dafür geben, so ists gut. Wo nicht, so laß den Bettel drucken. Was du mir dafür gut thun kannst, das weiß ich thust du ungefodert und mehr verlange ich nicht. Es ist hinlänglich, daß du meine Schubbejackerei weißt; auf dem Theater braucht sie ja noch nicht bekannt zu werden.

Über dein Laus Deo bin ich mächtig erschrocken. Ich hätte nicht gedacht, daß ich so hoch in Deiner Kreide wäre. Aber die verfluchte Post Rechnung, die jedoch mich en particulier kaum zur Hälfte angeht, macht es.

Das angesezte Honorarium ist von den Posthengsten unverschämt. Das musten sie, wie seit mehrern Jahren immer auf meine Willkühr ankommen laßen. Ich habe immer bald mehr bald minder gegeben. Über dem machen die beiden Leonhartschen Posten keine vollen Jahre. Einer ist kaum von 1/4 Jahre. Inzwischen, wer will sich mit den Kerls darüber aufnehmen? Mir ist es jezt lieb, daß ich kein Contobuch seit länger als Jahr und Tag mehr halte. Überhaupt ist es der wahre Stein der Weisen, wie ich merke, daß man keine Rechnungen macht, sondern bei Heller und Pfennig gleich baar bezahlt und lieber darbet, wenn man kein Geld hat. Das soll, sobald mich Gott aus dem bisherigen Schiß heraushilft, auch meine Maxime werden und bleiben. Kriege ich eher Geld, als ich deine Foderung abarbeiten kann, so bezale ich dich baar, um hernach desto besser in einem neüen Leben wandeln zu können. Solte ich auch Salz und Brod fressen müssen, so will ich das doch lieber als Schulden haben, die wahre Krebsschaden an Leib und Seele sind. Will ich alsdann Austern oder Schildkröten Pasteten essen, so wandre ich zu meinem Verleger und sage: Tische auf! Und kömmt der Verleger zu mir, so wird er nicht angenommen, wenn er nicht den Hamelsbraten voraufgeschickt hat. Ach! wären wir doch erst auf diesem gebenedeieten Fleckchen! Ehe wir dahin gelangen werden wir noch wol in manchen Scheißhaufen treten müssen.

Aber, Signor, warum ist Er denn nicht in dieser Woche gekommen. Tagtäglich habe ich, da doch das Wetter noch so ganz artig ist, dir entgegen gesehen. Komm doch! Ich wolte mich so gern einmal an deiner Drolligkeit, welche wünscht, *daß sie mich nie gekannt hätte,* ergözen. Oder denkst ich kann den Aufwand, den Du mir machen wirst, nicht mehr ausführen? Nein! so arg bin ich noch nicht auf dem Hunde. Hoffe auch nicht dahin zu gelangen. Der Boden ist noch voll Korn, der Keller voll Wein, die Vorrathskammer voll, Fleisch, Speck, Schinken und Würste, die Pötte voll Butter, Schmalz, Eier, der Hof voll Puter, Hühner und Enten, die Setten voll Milch und

Flott, der Kartoffeln, Wurzeln u.s.w. nicht einmal zu gedenken. Dich mit allen deinen Leüten könnte ich noch ein ganzes Jahr davon ernähren. Nur in der Geld Casse siehts nicht zum besten aus, dennoch beseichen mich die Hunde noch nicht. Ich habe mehr Geld noch, als ich nur einmal weiß. Denn ich hüte mich jezt wol es zu zälen. Es ist aber doch noch immer auch Gold drunter. Siehst Du also, bankrot bin ich noch nicht, sondern nur das was man in unserer Sprache *im Schiße seyn* nennt.

Leb wohl, alter närscher Knabe, und behalt mich lieb, oder, welches ja wohl in deiner Sprache eben so viel heist, fahre fort zu wünschen, daß du mich nie gekannt haben mögest.

GAB.

So eine schnurrige Prise, wie ich bin, ist dir doch wol auf deiner Wanderschafft durch das Leben noch nicht vorgekommen?

62.

An
dHErrn Buchhändler Dietrich
in
Göttingen

A.[ppenrode,] den 14. Junii 1782 spät Abends nach meiner Zuhausekunft von einem Spaziergange um die Welt.

Wenn ich wüste, Signor, daß Er mir 100 Louisd'or einzuhändigen hätte, so wolte ich Seinen Befehl wol heüt Abend noch respectiren. Aber dergleichen ist es nicht, sonst wär' ich ja wol schon gestern citiret worden.

Gestern scheint also das notwendige, was Er mit mir zu sprechen haben will, noch nicht geboren gewesen zu seyn. Mithin muß mein Schnupfen entweder außerordentlich stark seyn, oder ich rieche, troz der geheimnisreichen Miene des Briefes, dennoch den ganzen Braten. Zuverläßig ist irgend ein wandernder HandwerksGeselle eingetroffen, mit welchem ich mich beriechen soll. Weil Er nun weiß, daß in dergleichen Begebenheiten, eben keine besonders scharfen Stacheln, mich aus meinem Neste aufzupurren, zu liegen pflegen, so will Er mich nun mit der geheimnisvollen Miene locken. Sey Ihm aber der Himmel gnädig, wenns nicht der Mühe wehrt ist, was Er mir zu sagen, oder zu zeigen hat! Denn so sehr mich auch verlanget, Sein Antliz einmal wieder zu sehen und alle Seine Abentheüer, die Er seit Jubilate bestanden hat, zu vernehmen, so incommodirt mich dennoch das Kommen morgen und übermorgen nicht wenig. Weil ich indessen seit einigen Tagen alle Morgen um 4 Uhr auszugehen und mich in der Garte ohnweit Diemarden zu baden pflege, mithin beinahe die Hälfte Weges nach Göttingen ohnehin mache, so dürfte mirs wohl gelüsten, Morgen oder Übermorgen vollends bis nach Göttingen hinein zu schleichen. Er kann sich also nur hübsch auf grüne Erbsen, Spargel, junge Wurzeln u.d.gl. schicken, damit wenn etwa meine Neugierde nicht befriedigt werden solte, doch mein Magen nicht drunter leiden möge.

Wornach man sich zu achten und uns mit dem Hut unterm Arm auf der Haustreppe gebührend zu erwarten und zu empfangen hat!

GAB

Zum Theil entschließe ich mich um deßwillen zu kommen, damit Er mir nicht wieder vorwirft, daß er Sein Botenlohn umsonst ausgegeben hat.

63.

A.[ppenrode,] den 30[ten] Jul. 1782.

Liebster, bester Dietrich, was für traurige Nachrichten muß ich von Deiner armen Frize vernehmen! So sehr mich aber ihr Zustand selbst beunruhigt, so ängstlich mir das Herz klopft, vor Warten der Dinge, die sich ereignen mögen, so muß ich dir doch ein Wort der Ermunterung zurufen. Glaube doch, deine Tochter und wir alle sind in Gottes Hand. Ist es ihr und Dein Gewinn, so sey fest überzeügt, daß du sie behältst, das Lebensfünkchen mach auch jezt noch so schwach glimmen. Nimmt sie dir aber Gott weg, nun so kannst Du auch sicher glauben, daß es weder zu ihren noch deinem und der deinigen Besten gereichte noch länger zu leben. Du kennst mich wohl keinesweges, als einen Kopfhänger und Andächtler. Aber desto sicherer kannst Du mir zutrauen, daß ich an die obige Wahrheit fest und männlich glaube; und wie oft hat mich ihre innige Beherzigung nicht schon getröstet und wieder aufgerichtet! Laß dich daher deinen Schmerz nicht zu sehr hinreißen und überwältigen. Sei ein Mann! Und bedenke, daß Du noch mehr eben so liebe wehrte Kinder hast, für welche es Pflicht ist, dich so lange als möglich zu schonen. Durch deinen noch so heftigen Schmerz, durch alle deine Thränen und Wehklagen, ja durch deine Verzweiflung selber kannst Du den ewigen Rathschluß der Vorsehung nicht um ein Haar breit verrücken. Und dieser Rathschluß, wozu kann er anders, als zu Deinem Besten dienen? Fasse dich, sey ruhig und heiter! Ueberlaß alles dem Willen eines Vaters, der seine Kinder mit der unendlichsten Liebe liebt. Hilft er deiner Tochter wieder auf, so ist [es] ein unverdientes Geschenk seiner Huld. Nimmt er sie aber hin, so dank ihm dennoch aus freudigen Herzen, weil ers so am besten,ja wahrlich am besten! gemacht hat. Stelle dir deswegen die Zukunft nicht so öde und traurig vor. Die Zeit wird gewiß deinen Schmerz mildern und endlich ganz heilen. Und sie wird es noch geschwinder thun, wenn du ihr zu Hülfe kömmst. Schmeichle deinem Herzen jezt nicht mit zu viel Hoffnung. Denn die so leicht mögliche Nichterfüllung derselben wird dir dein Schicksal hernach nur desto bittrer machen. Wenn du Gott alles anheimgestellet hast, so erwarte in ruhiger männlicher Gelassenheit, was er zu thun für gut finden wird. Hefte dabei unverwandt deinen Geist auf die ewige Wahrheit: Es ist alles das Beste, was er thut!

Wenn das zu deinem Troste was mit beitragen kann, daß deine Freünde dein Schicksal innigst mitfühlen, so sey versichert, daß keiner mehr Antheil daran nimmt als

Dein
GABürger.

64.

A.[ppenrode,] den 1ten Aug. 1782.

Deine jezigen Leiden, lieber Alter, rühren mich unbeschreiblich, und du kömmst mir keine Stunde aus den Gedanken. Mein Herz ist eben so sehr um dich und deine Frau, als um deine Tochter bekümmert. Denn ich glaube in der That, daß ihr bei dem Anblick der Kranken öfters noch mehr, als die Kranke selbst leidet. Sie leidet doch nur im Cörper, aber du leidest auch so viel in der Seele, welches gewis noch weit härter angreift. Ich bitte dich

Friederike Dieterich

aber kämpfe gegen deinen Schmerz, wie ein Mann! Ich fürchte, du richtest deine Gesundheit zu Grunde, und sezest dadurch deine Angehörigen und Freünde in noch viel schwerere Bekümmernisse. In den heftigsten Paroxysmen, da uns der Kranke wie auf eine Folter gespannt zu seyn scheinet, fühlt er meistens weit weniger als wir glauben; denn er ist sich seiner dann selbst nicht bewust. Es hat mir mit Hofnung geschmeichelt, daß die arme Frize noch so einen heftigen Paroxysmus hat haben können, als du mir schilderst. Es scheint mir wenigstens ein Zeichen von einem noch ansehnlichen Vorrath an Kräften zu seyn. Überhaupt war sie ja ein junges rüstiges Mädchen. Glaub nur, eine solche Natur kann viel abhalten. Wir brauchen also wohl an ihrem Wiederaufkommen noch gar nicht zu verzweifeln. Dennoch aber must du dich möglichst gefaßt halten, den harten Verlust mit männlicher Gedult zu ertragen, wenn ihn dir Gott zugedacht hat. Es wäre zwar wohl vergebliche Mühe, dir deinen Schmerz und deine Thränen wegzuräsoniren, da ich wohl weiß, wie lieb du das Mädchen hast, und es selbst aus meiner Erfahrung weiß, wie es einem thut, ein geliebtes Kind zu verlieren. Indessen kann man doch, wenn man nur will, ein großes zu geschwinderer Genesung von seinem Herzeleid beitragen. Man muß nur nicht gegen die Vorsehung, die gewiß und wahrhaftig zu unserm besten über uns waltet, das unartige eigensinnige Kind spielen, und absolut drauf bestehen: dies will ich haben, dies will ich behalten! Man braucht es ja gar nicht gerade für eine Strafe und Züchtigung von Gott anzusehen, wenn uns was schmerzliches widerfährt. Warum könnte es denn nicht auch Wohlthat sein? Wir blinde MaulwurfsGesichter können das gar nicht beurtheilen.

Du magst immer lächeln und sagen: Wie kömmt Saul unter die Propheten? wenn du mich so moralisiren hörst. Ich versichere dir doch aufrichtig, daß, so ein leichsinniger Fittich ich auch scheinen mag, ich doch von Herzensgrunde an jene Wahrheiten glaube, und manchen Trost, manche Beruhigung schon daraus geschöpft habe.

Quäle und härme dich nur nicht über die Maaße ab. Mir deücht gewiß, du treibst es zu weit mit deinem Tag und Nacht vor dem Krankenbette hocken. Ein andres ist, alle mögliche Sorgfalt, die der lieben Kranken einige Hülfe und Erleichterung schaffen kann, anwenden, und wieder ein andres ist, für nichts und wider nichts, aus ungestümen und heftigen Trieben, sich abkasteien. Es wird ja auch noch andre gute Leüte geben, die dich ablösen, daß du dich zwischen durch entweder zerstreüen oder durch Ruhe und Schlaf wieder erholen kannst. Man ist nach einer solchen Erholung wieder ein ganz andrer Mensch und fühlt die Last weit erträglicher und leichter, die einen vorher bei hingesunkenen Leibeskräften fast erdrücken wolte. Was drängst du dich so sehr hinzu, ein Zeüge von allen Leiden der Kranken zu seyn, da du es doch durch deine beständige Gegenwart nicht besser machen kannst? Folge mir hübsch, ich will dir auch einmal wieder folgen. Nimm auf deine eigene Gesundheit Bedacht. Das bist du dir, deinen Angehörigen und Freünden schuldig. Du brauchst dir deswegen keine Vorwürfe irgend einiger Versaümniß zu machen. Geh hübsch, wenn dirs zu übel zu Sinne wird, vors Wochenbette und ergöze dich an dem 12 pfündigen Enkelchen. Warum woltest du dich durch alzu heftig übertriebenen Schmerz an Gott versündigen, da er dir die eine eben so liebe Tochter aus der grösten Gefahr gedoppelt wiedergeschenkt hat? Gottlob! das diese eine Gefahr glüklich überstanden ist! Aus den Ängsten der Andern wird dich der Himmel auch erretten. Er legt dir gewiß nicht mehr auf, als du tragen kannst. Sei also getrost! heüle dir nicht immer die Augen so dick und roth, wie meine Boten mich immer benachrichtigen, daß du thust.

Doch ich muß wohl einmal aufhören mit meinen Ermahnungen. Es mögte dir auf einmal alzuviel werden. Wolte doch Gott, daß sie dich in so glücklichen und verbesserten Zustande heüte träfen, daß du über die fromme Trostgeflissenheit deines Autors lachen müstest. Gern käme ich selbst, um dir deinen Kummer wegzuschwazen, wenn ich nicht zu viel zu thun hätte.

Für den abgeschickten neüen Hering danke ich schönstens. Er war ganz vortreflich und besser, als ich einen in diesem und dem vorigen Jahre gegessen habe.

Einer Correctur habe ich gestern vergeblich entgegen gesehn. Doch vielleicht hast du dich auch in dem Datum deines Briefes geirrt.

Lebewohl! Gott sey mit dir und allem, was dir lieb ist! Ist mir je ein Wunsch von Herzen gegangen, so ist es dieser. Tausend Grüße an alle deine Lieben.

Dein getreüer
GABürger

65.

An
dHE Buchhändler Dietrich
zu Göttingen

[Appenrode,] den 1. Aug. 1782.

Lieber Dietrich, in Deinem Briefe stand nichts, daß ich gestern schicken solte. Der Kerl fragte mich, ob er wieder hinein müste? Ich sagte; Ich weiß nichts davon; denn im Briefe steht nichts. Davon sagte mir aber der Hans Ars nichts, daß Du ihn wieder hinein bestellt hättest.

Die gegenwärtige Korrectur erhalte ich erst zwischen 6 und 7 Uhr. Ich expedire sie gleich zurück, ob ich schon Besuch habe.

Herzlich freüe ich mich, daß ich Dich in Deinem Briefe so ruhig sehe, wiewohl mir es selbst so bitterlich wehe des lieben Mädchens wegen ums Herz ist. Gott sey mit Eüch allen und mache es aufs beste! Das wird Er ja wohl! —

Dank Dir, gutwillige Seele, für die Heeringe! Ich glaub' es wohl, daß sie dir jezt nicht schmecken. Indessen würden sie mir fürwahr auch besser schmecken, wenn ich Dich aus Deinem sovielen und großen Kummer gesezt wüste.

In Eil
Dein getreüer
GABürgermp.

66.

A.[ppenrode,] den 3. Aug. 1782.

Anbei erfolgt die Korrectur zurück. Mit mehr Mspt werde ich mich zu gehöriger Zeit einstellen. Es geht mir jezt recht hart, da mir viel Amts- und andre Arbeit in die Queere komt. Gott weiß, wenn und wie ich meine Beiträge, womit ich den Alm.[anach] aussteüren wollte, fertig bringen werde. Ich size mich ganz krumm und lahm.

Deines lieben Mädchens wegen habe ich jezt wieder recht viel Mut und Hofnung. Warum? das kann ich selbst nicht sagen. Kurz, ich fühle, daß ich Mut und Hofnung habe. Die weibliche Natur kann unermeßlich viel aushalten. Herzlich verlanget mich nach der Bestätigung meiner Hofnung.

Der Himmel laße dich, du Lieber, doch bald wieder zu Ruhe und Athem kommen von allen diesen Drangsalen. Du liegst mir so schwer auf dem Herzen, daß ich sogar fast alle Nächte von dir und deinem Hauskreüz traüme, und selbst im Traume Thränen vergieße. Diese Nacht traümte mich, ich hätte ein Arcanum gehabt und das Frizen eingegeben, wovon sie gesund geworden wäre und du warst darüber so voller Freüde, daß du mich aufhucken und um den Wall herumtragen woltest. Dabei muste ich deinen rothen StallmeisterRock anziehen und deine Perücke aufsezen. Du machtest es beinah wie der König Ahasverus, wenn er einen recht hoch ehren wolte. Übrigens wars tolles verworrenes Zeüg durch einander. Große Freüde und Spectakel aber herschte durch den ganzen Traum.

Der Himmel laße uns doch bald nur halb so jubelfroh seyn, als wir zusammen in dem tollen Traume waren! Vor allem aber, wenn er dennoch den schmerzlichsten Fall über dich beschlossen haben solte, rüste er dich mit Mut und Standhaftigkeit aus.

Sey übrigens meiner herzlichsten Theilnahme an allen deinen Schicksalen versichert.

Dein
GABürger.

N. S. Was solte ich doch wohl mit dem Carmen auf den Herzog Ferdinand machen, das dieser Correctur in deinem Briefe mit beigefügt war? Ich hätte es beinah mit einem bon mot wieder zurückgeschickt, wenn es mir nicht fast vorgekommen wäre, als sey es Hrn. Stöckers Hand. Halt! dachte ich der Teüfel könnte sein Spiel haben, und der könnte wohl gar selbst Verfasser seyn. Ist ers, so laß dir ums Himmelswillen, nichts von dieser Aüserung merken. Denn so viel ist gewiß, daß der Herr Verfasser zwar wol *gewollt,* aber nur leider! nicht *gekonnt* hat, wie denn das der Fall bei gar manchem poëtischen Adamskinde ist.

67.

A.[ppenrode,] den 12. Octobr. 1782.

Es scheint freilich wol etwas ungeschicklich, daß ich so lange gethan habe, als ob kein Johann Christian Dieterich in der Welt wäre, indessen wird mirs gedachter Ehrenmann gern verzeihen, wenn ich ihm sagen soll, wie und warum das so gekommen ist. Meine bewuste Rechnungsgeschichte, die mich so geraume Zeit ganz allein geschoren, hatte wieder meine andern Geschäfte so angehäuft, daß ich kaum zu Athem kommen konnte. Jene habe ich indessen Gottlob! nun vom Halse und was diese betrift, so läuft der Strom auch nachgerade in seinen alten Ufern.

Ich hätte dir schon gestern geantwortet und den Revisionsbogen vom Macbeth zurück gesandt, wenn ich nicht die Calenderliste endlich einmal hätte mit beifügen wollen. Zudem war gestern mein Schnupfen so heftig, daß ich von meinen fünf Sinnen nichts wußte. Heut überkommt nun alles, außer einigen Briefen, die ich aber heut Morgen auch noch schreiben will. Das must du mir zur Freündschaft thun, daß du mir jedesmal die Revision von Macbeth zukommen läßest. Denn du weißt, wie sehr mir alle Freüde an dergleichen durch Druckfehler versalzen wird. Und die giebts doch allemal dick und fett, wenn man nicht noch einmal hinterherfeget.

Der Einfall mit den *Poëtischen Annalen* ist so unrecht nicht. Aber so leicht, du guter Schlucker, als du das Project ansiehst, ist es wahrlich nicht. Es erfodert so viel Lesens, Prüfens, Kopfbrechens, und wieder lesens, prüfens und Kopfbrechens, daß das Honorarium gewiß nicht *für nichts und wieder nichts* seyn wird. Du denkst immer, es werde einem alles so leicht, als ein Solo mit 5 Matadors zu spielen. Wenn das wäre, so glaube mir, du wärest längst in Maspt. von aller Welt Ecken und Enden her erstickt.

Ich denke mit allernächstem hineinzukommen und deinen Einfall mit L.[ichtenberg], denn der deinige ist es doch wol nicht, weiter zu beherzigen. Aber! — Aber! — wenn wir uns nur nicht bald, wie Kuhdreck von Butter scheiden müssen. Dann wirds mit meiner Autorschafft so wol als deiner Verlegerschafft aus seyn. Es liegen jetzt *große wichtige* Schicksalswürfel für mich auf dem Tische. Es könnten leicht Augen für mich geworfen werden, von denen du dir ganz gewiß nichts träumen läßest. Weiter kann ich dir noch nichts sagen. Auch bist du bisher noch der einzige, dem ich nur dies wenige sage. Ich bitte dich aber um unsrer ewigen heiligen Freundschaft willen, laß dir noch gegen keine Seele was davon merken. Ich habe mit letzter Post einen Brief von dem Groß Canzler von Carmer in Berlin bekommen, der *auf Befehl des Königs von Pr.[eußen], selbst,* geschrieben ist. Fürs erste hast du hieran genug. *Nochmals aber, du bist mein Freünd nicht, wenn du dich was hiervon merken läßest.* Mit der Zeit sollst du mit der erste seyn, der alles erfährt. —

Ist mir kürzlich recht wahres Epigrammensalz vor die *Nase* gekommen, so sind es die beiden Lichtenbergischen Einfälle. Ach, daß er doch nicht mehr dergleichen giebt! Denn sie kommen ihm warlich nicht saurer, als das Ausspucken an, und so oft er des Tags ausspuckt, so viel hat er auch solcher Einfälle. Das ihm zugeschickte über die Königin ist ganz offenbar und unzweifelhaft von *Gleim,* weil es nicht nur dessen Hand, sondern auch dessen Manier ist.

Herzlich freüet es mich, daß sich Lichtenberg nach gerade wieder ein bischen zu genießen giebt. Er ist auch lange genug seinen Freünden abgestorben gewesen.

Grüß ihn von mir schönstens. Daß ich das bewuste Buch so spät aber doch nun heüt *endlich* einmal überschicke, bedürfte wohl der aller sinnreichsten Entschuldigung. Allein beim Schnupfen pflegt man eben nicht sinnreich zu seyn. Also schicke das Buch nur mit dem Vermelden hinauf, daß die Entschuldigung nachkommen solle. Ich werde mich aber hernach wohl hüten, davon wieder anzufangen.

Deiner Frau Christel danke ich von Herzen für die gütige Besorgung der Leinwand. Sobald ich hineinkomme, will ich sie bezahlen. Erinnere mich nur hübsch dran, und nicht immer ans fressen und saufen, worüber man bei dir immer alles andre vergißt.

Neüliche Nacht, da du dich so meschant davon geschlichen hattest, sind wir hier recht lustig noch gewesen. Du hattest der ganzen Gesellschafft und sonderlich den Sennickerödern recht wol gefallen. Du wunderst dich bisweilen, wo mirs sitzt, daß mich die Weibsleute gern haben mögen. Ich mögte mich wohl desselbigen gleichen über dich Maulaffen wundern. Denn es geht doch so wunderselten ein kluges Wort aus deinem Munde.

Apropos! Ich muß wenigstens ein Duzend gebundene MusenAlmanache zum Verschenken haben. Ein Paar kannst du mir wohl als ein Kleckschen Zugabe verehren, die übrigen aber zur Rechnung schreiben.

Schändlich werde ichs wohl versäumet haben, dich zu bitten, mir ein Paquet Zeüg an meine Schwägerin bei Weißenfels durch Leipziger MeßGelegenheit zu besorgen. Denn sie bleibt diesen Winter noch bei meiner Schwester. Ist es noch Zeit, so melde mirs doch.

Solte ich die versprochenen Briefe zu den Calendern nicht binnen hier und Dienstag liefern; so schick die Calender nur so fort. Entschuldige mich kurz bei HErrn und Damen mit meinen Geschäften und laß ihnen das Maul mit dem Versprechen schmieren, daß ich *nächstens* d.[as] i.[st] über 10 oder 20 Jahre, wohl einmal schreiben würde.

Adio! Daß mir ja kein Druckfehler durch den kleinen Zusatz in der Vorrede zum Macbeth passirt! An einem ganz infamen Bock wäre ich beinahe selbst Schuld gewesen, da ich *Zeichniß* anstatt Zeügniß geschrieben hatte. Wäre dieser Schnizer stehen geblieben, so wäre er ein Nagel zu meinem Sarge gewesen. Wie gut ist es daher, nochmals zu revidiren.

Dein getreüer
GAB.

68.

A.[ppenrode,] den 1. Novbr. 1782.

Mein sehr naseweiser,
satyrischer, kecker, verwegener
übermütiger u.s.w. Herr Verleger!

Wenn Sie den Nachbar Seip mit in Ihren Brief geschlossen haben, so habe ich ihn auch wohl ohnstreitig erhalten. Ob Sie Maulaffe übrigens wissen, wie er mir gefallen hat, oder nicht, daran ist der Republik wohl wenig gelegen. Solte aber HE. L.[ichtenberg] nach diesen Umständen fragen, so können Sie schuldigst anzeigen, ich hätte geschrieben: Sehr wohl! Und er mögte nur fein mehr Seipios und Thaides fabriciren.

Auf das übrige nächstens mündlich! Nur so viel vorlaüfig, daß die Abreise auf den 11ten auch schon verdammt kurz angera[u]mt ist. Hab' ich dir denn nicht geschrieben, daß ich den 10ten d. die verdammte PfaffenIntroduction habe? Es will sich keine Seele zu Übernehmung des Introductionsschmauses (der freilich wohl, aber ohne sonderlich Profit, bezahlt wird) verstehen und am Ende werde ich wol Amts und Pflichten halber der Packesel seyn müssen. Nun komme ich davon so gleich nicht wieder in Ordnung um schon den Tag darnach mit dir abreisen zu können. Es kann auch seyn, daß ich die Pastöre des Nachts auf dem Halse behalte. Aber die Woche nach dem 10ten kanns fortgehen. Ich will sobald expediren, wie möglich.

Ist Köhler wieder da? Ist der Kanaster da? Sind Federkiele da? Ist Siegellack da? Ehe das Alles nicht da ist, rührt der gnädige Autor keine Feder wieder an. Sei froh, du Knicker, der du mich nicht einmal wegen der Spesen für die alten zahnlosen Weiber frei halten willst, daß ich nicht nach noch mehreren Dingen frage. Adio

GAB.

Sieh, du Großpraler, ich schicke Morgen ein Fuder Frucht zu Markte. Das kann ich!!! Kannst du das auch, du Lumpenhund? Davon will ich die alten Weiber doch wohl bezahlen, ohne dich. Willst du indessen die Dienste der alten Weiber verrichten (denn du hast ja doch wol auch keine Zähne mehr) so will ich Dir den Profit gern gönnen.

69.

An
Herrn Buchhändler Dietrich
in Göttingen
Hierbei eine Teer Schachtel

A.[ppenrode,] den 7. Febr. 1783.

Alles wohl, richtig und zu vollkommensten Dank erhalten; nur den Correcturbogen nicht. Was für Liebesgrillen mögen dich wohl so zerstreüet haben, leztern zu vergessen? —

Deinetwegen und um heüte den Rest des Mspts fertig zu machen, bin ich nicht ausgegangen, ohngeachtet ich gebeten war. Morgen sollst du alles erhalten. Kannst du die Correcturbogen ohne Schaden vergessen; so kann ich auch wohl einen Tag länger saümen.

Die Austern sind noch herrlich und gut. Ich freüe mich, daß dir das Präsentchen angenehm ist. Wie ich verschenke, so verschenkt sichs noch wohlfeil genug. Freilich kostet mirs " " " " " " " Aber für seinen Freünd muß man nicht allein Gut, sondern auch *Blut* aufopfern können.

Morgen kan Niemand von uns kommen. Ob auf den Dienstag Nachmittag? das stehet dahin. Ich für meine Person will indessen sehen, wie ich mich bei Prof. Roques Gegenwart auf einen Tag abmüßige.

Meine Leüte sind heute nach Gieboldschehausen.

Adio! Mich friert, wie einen Schneider. Die Hände sind mir ganz verklomt.

Nochmals schönen Dank für die freündschafftliche Bewirthung.

Ewig der Deinige
GAB.

70.

An
HErrn Buchhändler Dietrich
in
Göttingen.

A.[ppenrode,] den 17. Apr. 1783.

Männchen, so einen rauhen bestialischen Wind, als gestern und noch diesen Vormittag herrschte, kann meine Schwachheit nicht ertragen. Sollte sich die Unfreündlichkeit der Witterung diesen Nachmittag oder Morgen Vormittag noch legen, so komme ich, um dich dagegen auf das Fest mithieher zu nehmen. Doch du must auf alle Fälle die Wallfarth auf die Gleichen am 1ten Ostertage mit unternehmen, wie du es ja auch schon versprochen hast.

Ubrigens bist du wohl nicht klug, wenn du glaubst, daß mir M.[onsieur] P[au]er. 300 Reichstaler schickt. Hast dich verkuckt, mein Herzchen. Denn es ist eben das Geld von Willhelmi in Hannover, worauf mir Msr. Pauer Assignation gegeben. Hast Hann für Hamburg gehalten. Wollte nur es wäre wahr. Meine LiebesMeriten wären noch wohl 300 Reichstaler wehrt.

Meine Frau und Leüte schwören Stein und Bein, daß du nicht nur immer alle alte Bouteillen wiederbekommen hast, sondern auch die lezten male von hier aus immer Bouteillen zu Wein hinein geschickt worden wären. Also lärme und handthiere nur nicht weiter. Oder vielmehr Louisa Kö[h]ler lärme und handthiere nicht weiter. Wie viel fehlen Bouteillen, die du nicht wiedergekriegt haben willst? Sag her! Ich will sie stracks baar bezahlen. Denn ich habe 300 Reichstaler in der Tasche und bin also, so lange als es währt, impertinent. Mit einem Menschen, der

300 Reichstaler im Sacke hat, muß man saüberlich und höflich umgehn. Versteht Er das, Monsieür? Nur nicht viel Flausen gemacht, oder Er kriegt den Geldbeütel an den Kopf.

Adelungs Magazin behalte ich. Denn ich habe das erste Stück ja auch schon. Auch ferner will ichs halten. Denn der Adelung ist wahrlich keine Katze. Dennoch aber will ich auch gegen ihn zu Felde. Da will ich mich aber besser rüsten, als seine bisherigen Gegner, die in ihren kurzen Nachtjäckchen gegen den geharnischten Mann aufgetreten sind.

Adio! Komme ich nicht hinein so antworte ich Lichtenbergen künftigen Sonnabend.

GAB.

71.

An
dHErrn Buchhändler Dietrich
in
Göttingen

A.[ppenrode,] den 12. Mai 83.

Männchen, warum schreibst du denn so pazzig? Kann ich denn etwas für deinen alten schlaffen Zebedäus, mit welchem sich weder Cabeljau noch Hummer angeln laßen? Gieb dich indeßen nur zu frieden! So lange durch deines getreüen Bruders schönen Angelbißen noch etwas zu erobern steht, so lange sollst du dein Portiönchen davon haben. Es erfolgt also anbei ein Hummer, welchen Du Dir wohl schmecken laßen mögest, ehe er verdirbt. Hättest getrost schon gestern die Kiste aufmachen und nach

Belieben heraus nehmen mögen. Kannst es auch künftig thun. Meinest du denn, daß ich dir es nicht eben so gern, als mir selbst gönne? Meinst du nicht, daß ich mich auch zu Sacrifiziren im Stande bin? Mußt auch übrigens nicht denken, daß ich ein Lumpenhund bin, der sich aus einem Botenlohn was macht. Gestern war ich nicht zehause, und konnte also meine Schuldigkeit nicht beobachten. Hier aber ist ein halber Gulden für den gestrigen Boten.

Wenn du übrigens bald Mspt zum M.[usen]A.[lmanach] haben willst, so müßen die Beiträge erst dicker, als bisher einlaufen. Alle unsere Matadors sind noch zurück.

Sobald ich kann, besuche ich Dich. Du hast aber auch eben so nahe zu mir, als ich zu dir.

Mit der elenden Pauerschen Assignation von 250 Reichstaler habe ich Ärger genug erlebt. Wenn mir der liebe Gott nicht ohne das beistünde, so wäre ich auf gutem Wege, zum Hundsvott zu werden.

Adio, liebes Männchen!
GAB.

72.

An
den Herrn Buchhändler Dieterich
in
Göttingen

A.[ppenrode,] den 24. Mai 1783.

Ehegestern, liebes Männchen, da deine Citation einlief, war ich in AmtsVerrichtungen aus. Gestern hatte ich Gerichtstag und muste mich fast bis um 4 Uhr mit allerlei liederlichen Gesindel herumplacken. Da gab es

HundelochsSchauspiele mit Musik von Ach und Weh und Cetermordio. Heüte habe ich mit dHErrn Gericht-Sch.[ulzen] Compe zwischen Obernjesa und Siebolds-hausen eine Feld- und Gränzbesichtigung. Solte ich früh genug damit fertig werden, so kann es seyn, daß ich noch zum Mittagsessen zu dir komme. Doch hast du weder auf mich warten, noch deine Kochegeister sich mit den sonst schuldigen Delicatessen sich bemühen zu lassen. Nachmittag komme ich aber nach aller Wahrscheinlichkeit. Ich kann aber nicht länger, als höchstens bis Morgen nach Tische bleiben. Sollte mich je ein unversehener Vorfall dennoch an dem heütigen kommen hindern, so werde ich mich doch Morgen wenigstens um 4 Uhr schon auf die Beine machen und dich aus dem Bette hohlen. Ubrigens wird auf Morgen Mittag hiermit eine extrafeine KrebsSuppe, samt Spargel ganz ausdrücklich und ohne allen Mangel beordert. Die übrigen Delicatessen werden zwar deiner Wahl überlassen, allein sie müssen demohngeachtet alle von der Beschaffenheit seyn, daß sie dermalen in Göttingen und Viermeilen auf die Runde nicht besser zu haben sind. Wornach du dich also zu richten und vor großer Ungelegenheit zu hüten hast.

Wenn du keine Paquete von besserm Inhalte, als das lezte, zum M.[usen] A.[lmanach] zu schicken hast, so siehts immer noch sehr übel aus. Das meiste bisherige ist nicht nur Stroh, ohne alles Korn, sondern noch dazu mulstriges Stroh, welches zu nichts weiter, als ins DüngerMagazin dienet.

Adio, mein Söhnchen! Ich bleibe Dir in Gnaden gewogen. Grüße vorlaüfig den trauten Ldor

GAB

73.

An dHErrn Buchhändler Dietrich
in Göttingen.
Der Bote ist bezahlt.

A.[ppenrode,] den 9. Jul. 1783.

Männchen, ich sage dirs nochmals und ein für allemal, du kannst die Körbe immer getrost aufmachen und herausnehmen, was dir beliebt. Meinst du denn, daß das mein Ernst nicht ist? So kennst du mich wirklich noch lange nicht ganz. Hättest du nur hübsch von den frischen Heeringen, so sehr delicat, aber auch nur 6 Stück waren, einige herausgenommen, so hättest du doch nun auch was davon genossen und ich hätte mich darum nicht schlechter gestanden. Nun aber sind sie alle im Arse. Denn ich hatte gestern Mittag Mitesser, welchen sie ein wenig allzugut schmeckten; auch muste ich Ehrenhalber ein Paar nach Sennickerode schicken. Der diesen Morgen angelangte Korb enthält einen Steinbütte, welcher noch ganz frisch und delicat scheinet, daher ich dir denn die Hälfte davon wieder durch deinen Boten zurückschicke.

Ich denke nun in den nächsten Tagen zu dir hinein zukommen, indem ich nach und nach meinen alten Mist über die Seite kriege. Ich bin seit einigen Wochen arbeitsamer als in 3 Jahren gewesen. Mir wurde das Herz nicht mehr froh; ich mußte mir endlich einmal den Plunder vom Halse arbeiten. Bald bald bin ich nun ganz und gar mit Haut und Haar wieder

Der Deinige
GABürgermp.

Wenn du den Steinbüttenkorb hübsch aufgemacht hättest, so könntest du mich auch von der besten Zubereitung unterrichtet haben. Nun wissen wir aber hier weiter nichts, als Senf und Butter. — Von den Heeringen höre ich so eben, daß noch einer da ist. Den sollst du doch haben, mein Goldkäferchen, damit du siehst, daß ich dich doch auch lieb habe.

Eiligst.

74.

Bissendorf, den 16. Aug .1783.

Ach Goldkäferchen, Goldkäferchen, wenn ich an dich denke, so muß ich gleich vor Angst auf das Stühlchen, so angst und schissern ist mir vor deinem Donner und Hagelwetter zu Sinne. Ich lasse mich auch wahrhaftig in diesem Jahre nicht wieder vor dir sehen. Die Ohren klingen mir den ganzen Tag. Das kommt ohnstreitig blos davon, weil du jezt meiner so oft in liebe und Ehren gedenken magst. —

Aber, Goldkäferchen, laß dichs jammern! Zu dem bestialischen L'hombre wird man hier von dem frühsten Morgen an bis in die späteste Mitternacht, ja öfters durch die ganze Nacht durch, ordentlich wie ein Galeeren Sklave par forçe angehalten. Der Erz Gauner Pauer liegt die ganze Zeit hier und mit dem ist platterdings nichts andres anzufangen, als l'[h]ombre zu spielen. Ich kann nichts dafür, Goldkäferchen, daß ich dich so lange aufgehalten habe, mit dem Mspt. Ich habe sogar an meinen interessantesten Hauptangelegenheiten bisher noch nichts gethan; kann daher auch morgen mit deinem Wagen noch nicht wieder zurück reisen, wie ich mir vorgenommen und mit Mellen vor einigen Tagen in Hannover abgesprochen hatte. Indessen werde ich doch, da ich morgen nach Hannover reise, durch Signor Mellen gegenwärtiges endlich zwischen tausend Spectakel und Zerstreuungen zusammengelesenes und angeordnetes Mspt. an dich mitschicken. Denn ich habe den ganzen Musendreck mit auf die Reise genommen und war willens mich sogleich bei meiner Ankunft in B.[issendorf] drüber herzumachen. Allein da Pauer hier war, so wurde mir die L'hombre Charte schon in der Hausthür beim Absteigen praesentirt. Hätte ich nicht noch zulezt in H. v. Münchhausens Quartier meine Zuflucht genommen, so wäre gar nicht daran zu denken gewesen etwas für den M.[usen]A.[lmanach] allhier zu beschaffen.

Künftige Woche vermutlich Mittewoche werde ich wieder durch Göttingen kommen. Ich fahre von hier aus mit Gesellschaft bis Eimbeck und von da lasse ich mich mit meinen Pferden abhohlen. Wenn du mich nicht von ohngefähr in Göttingen auffängst, so wage ich es wahrhaftig nicht zu dir zu kommen. Denn im ganzen Ernst ich schäme mich vor dir, weil du Recht hast über mich zu brummen. Aber glaube mir, dir wäre es nicht besser gegangen, wenn du mit hier gewesen wärest. Wahrhaftig man hätte über dem l'hombre die Zeit zur Bekehrung sogar zu seiner ewigen Seeligkeit versäumen sollen, wenn auch das Sterbestündlein noch näher als die leipziger Messe gewesen wäre. —

Gott gebe, daß dies Mspt. eine ziemliche Strecke hinreichen möge. Die Correctur mag besorgen, wer da will. Nur vernünftige ordinäre Orthographie. Auf Ein Paar Druckfehler, wenn sie nicht gar zu arg sind, kommts auch nicht an.

Gott befohlen! Mir ist der Kopf so wüste, wie einem liederlichen Studenten, und Gott mag wissen, was für Zeug ich da alle hingeschnaddert habe.

Ganz der deinige
G.A.B.

75.

An
HErrn Buchhändler Dietrich
P.[er] Expr.[eßboten]
in
Göttingen.

A.[ppenrode,] 28. Augst. 1783.

Gold Zuckermännchen
Sieh, wie ich bei der Hand bin, um dich nur wieder gut zu machen. Dein Brief mit dem Revisionsbogen trifft mich bei Tische an. Essen und Trinken stirbt mir gleich im Munde und ich eile, den Boten auf Morgen zur allerfrühsten Auswanderung abzufertigen. Ich dachte es wohl, daß ich meinen Treffs von dir kriegen würde. Nun du bist doch mein Goldwürmchen, daß du es noch so gnädig machst. Ich stellte mirs viel ärger vor und ließ daher durch Göttingen jagen, was das Zeug halten wollte. Aber darüber wundere ich mich, daß du das Mspt. so spät erhalten hast. Es ist der That kein Kannengießerpfiff, daß mein Brief vom 16[ten] d.[ieses] datiert ist. Den[n] er ist wirklich an diesem Tage geschrieben und ich habe ihn am 18[ten] zu Hannover an den Küper auf Londonschenke abgegeben um ihn deinem Melle einzuhändigen, wenn der, wie die Abrede war dieser Tag dort wiederkehren

würde. Nachmittags gegen 3 Uhr fuhren wir zurück nach Bissendorf und noch hatte sich kein Melle sehen lassen, sonst würde ich ihm den Brief selbst eingehändigt und dabei gesagt haben, daß ich noch nicht mit zurückreisen könnte. Unterwegs nach Bissendorf sprach ich von ohngefähr im Wagen davon, daß ich wohl wissen mögte: Ob Dietrichs Kutscher den Tag noch zurückgekommen wäre. Da drehte sich Elderhorsts Kutscher auf dem Bock um und sagte: Er habe Signor Mellen nicht nur gesehen, sondern auch gesprochen. Dieser aber sey seiner Hengste wegen in einen andern Gasthof eingekehrt. Siehst du also, Männchen, daß ich nicht dran Schuld bin, wenn du meinen Brief nicht eher erhalten hast. Der ganze Fehler liegt an dem höchst nachlässigen Gesindel auf der Londonschenke, wo jetzt die Aufwartung ganz erbärmlich ist.

Wenn Prof. Roques kömmt, so will ich dich besuchen. Denn alsdann nimmst du doch vielleicht Anstand mich auszuhunzen. Ich mache es wie die blöden Kinder, die, wenn sie was ausgefressen haben, sich nicht gern eher wieder vor Papa und Mama in der Stube sehen lassen, als bis etwa fremde Gäste drinn sind.

Adio, Goldmännchen! Uebermorgen, neml[ich] Sonnabend, ein mehrers. Von allen noch mitgeschickten Gedichten, ist Lichtenbergs Cantate das beste, worüber ich herzlich gelacht habe.

Der deinige
GAB.

76.

An
Herrn Buchhändler Dietrich
in Göttingen.
P.[er] Expr.[eßboten]

A.[ppenrode,] den 5. Sept. 1783.

Wenn heüte mein Wagen noch zu rechter Zeit fertig wird, so kommen 1) meine Frau 2) Schwägerin 3) Schwager und 4) Ich hinein zur Comoedie. Du sollst aber durchaus keine Zurichtungen machen. So wie du gewöhnlich bist und frißt und pißt und sch... so sollst du auch alles laßen, damit du mir Deiner Zubereitungen wegen keine Vorwürfe machst, wenn wir nicht kommen. Denn wir hängen vom Wagen ab. Ich würde dich um deine Halbschäse bitten, wenn ich nicht fürchtete, daß die Bestellung schon zu späth wäre. Sollte es noch angehen daß du mir die zeitig genug schicken könntest, so schicke sie und alsdann kannst du *gewiß* auf unser Kommen rechnen. Sie müßte aber wohl notwendig so zeitig hier eintreffen, dass man nach vorgängiger Fütterung der Pferde hochstens um 2 oder 1/2 3 Uhr von hier wegfahren könnte.

Für die Weintrauben meinen schönen Dank. Nun darf ich aber mit keiner Bestellung an dich wiederkommen, ohne wahre ächte Pracherey zu verrathen.

Adio! GAB.

77.

An
Herrn Buchhändler Dietrich
in Göttingen
Hierbei eine ledige Schachtel

A.[ppenrode,] den 8. Septbr. 83.

Ich verwunderte mich, als mir Dein Factor sagte, daß das erste Mspt schon an die 12 halbe Bogen betragen würde: Nun aber sehe ich, daß die numerirten schon mit dem $9^{ten}$ fast ausgehen, denn auf so viel Epigrammenzeüg hatte ich nicht gerechnet. Es wird dessen beinahe zu viel. Deine heüte nachgesandten numerirten werden also noch vollkommen hinreichenden Platz erhalten können. Sollte dies wider Verhoffen nicht seyn, so laß von den Epigrammenzeüg insofern ich es nemlich nicht besonders notabenirt habe (als welche beibehalten werden müßten) so viel wie möglich wieder wegnehmen und mit den größern numerirten Stücken fortfahren.

Für die unerwarteten Weintrauben danke ich schönstens. Ich hatte es heüt schon in der Feder, wieder um welche zu prachern. Ich dachte aber: Es ist wohl zu unverschämt! Aber siehe! Du bist doch noch ein Mann nach meinem Herzen, der Du auch ungebeten meinen Wünschen zuvorkommst. Kannst mir nun nur immer drauf losschicken, so oft Dirs einfällt. Denn sie bekommen mir so vortrefflich, als in meinem Leben noch keine Medicin. Und theüer sind sie ja nicht. Ich will sie Dir nach vollbrachter Cur durch schönen Singsang wieder einzubringen suchen. Aber daran glaubst Du wohl nicht!
Adio! GAB.

78.

A.[ppenrode,] den 8. Septbr. 1783.

Liebes Männchen, hier erfolgt der Rest des Mspts. Demjenigen, was ich auf den Umschlag geschrieben habe, ist genau nachzuleben. Der Vorhandene Vorrath setzt mich zu guter lezt noch recht in Verlegenheit, nicht eben der Vortreflichkeit der Stücke wegen, sondern um so viel möglich jedem Contribuenten die Freüde zu machen, daß er ein Stück von sich erblickt.

Weder Morgen, noch übermorgen werde ich kommen können. Ob übermorgen Abend, das ist noch sehr ungewiß. Denn übermorgen soll das lausige LicentGericht hier gehalten werden, wie ich erst gestern Abend durch einen Expressen vom LicentCommissar von Pape benachrichtigt worden bin. Ich will indessen sehen, ob ich mit dem Ehrenmanne zurück nach Göttingen fahren kann, weil er diesen Weg nach Harveste nehmen muß. Bleibt er aber die Nacht hier, so kann ich nicht. Denn alsdann muß ich auch in Sennickerode, wo er das LicentGericht hält, bleiben.
Lebwohl und behalte mich lieb.

GAB.

79.

A.[ppenrode,] den 13. Septbr. 1783.

Liebes Männchen
Zuförderst danke ich dir für das wohlverdiente Lob in puncto des Worthaltens, das du mir gestern in so zärtlichen Ausdrücken beigelegt hast. Hiernächst bitte ich

Luise Köhler

dich, liebes Goldmännchen, du wollest mir beikommende Geburtstags Reimerey auf einen hübschen Band con gusto abdrucken laßen, und zwar so daß man ihn unten und oben beschleifft, wie ein Ordensband vor einen bretternen Busen heften könne. Aber, liebes süßes Männchen, Morgen Vormittag muß ich die Herrlichkeit entweder hier haben, oder sie muß gar nachbleiben. Denn Mittag muß ich ihn mit nach Sennickerode nehmen, wo eine große Geburtstags Gala seyn wird. Auf

Papier mußt du mir denn auch wohl für die hochansehnlichen Gäste ein 50 bis 60 Stück abdrucken laßen. Mein Bote soll zu diesem Behuf über Nacht in Göttingen bleiben. Hörst du, Morgen Vormittag, oder gar nicht! Ich sollte aber denken der Quark wäre in ein Paar Stunden fertig.

Für den leeren Raum des lezten Almanachbogens erfolgen hier noch ein Paar Gedichte. Sie können entweder beide genommen werden, wenn der Platz hinreicht, oder auch nur eins, mit Epigrammen beschwänzt, deren vielleicht noch Vorrath da ist. Die Calender Cantate aber muß auf alle Fälle das lezte Stück bleiben. Halt es nun mit dem leeren Raum, wie du willst. Daß nur keine Druckfehler passieren, wenn ich die Revision nicht bekomme, auch auf dem Bande nicht. Ich habe daher so deutlich wie im Kupfer gestochen geschrieben.

Noch eins! Mir deücht Sgr Münter ließ sich neülich verlauten, mich Heüt oder Morgen besuchen zu wollen. Gieb ihm doch zu verstehen, daß ers bleiben läßt, weil ich nicht zu Hause bin. Wenn er übrigens einen andern Tag kömmt, so muß er nur auf kein Nachtquartier rechnen, denn ich habe das ganze Haus voll.

Schönen Dank auch für die Weintrauben in der neüen Schachtel, womit du mein Worthalten so zärtlich belohnest.

Adio, Goldkäferchen!
GAB.

Liebes Männchen, noch eins! Ich mögte auch gern ein rechtes schönes neumodisches Bouquet auf einen Damenhut, oder sonst wohin — was weiß ichs, wo die Weibsleüte alle Bouqueter tragen! — haben. Verschreibe ichs gerade zu vom Kaufmann, so schickt er, weils aufs Land geht, dummes Zeüg, und denkt, da verstehn sies nicht. Also wollte ich wohl deine Christel oder Louise bitten, mir ein solches Ding nach dem neüsten feinsten Geschmack zu kaufen und Morgen mit herauszuschikken. Ich lege zu diesem Behuf 1 Duc.[aten] bei. Ist aber nichts hübsches zu kriegen, so bleibts nach.

Geweihtes Angebinde
zu
*Louisens Geburtstage.*

Kann denn nur der Vater Pabst allein
Schwerter, Kerzen, Amulet' und Ringe
Für die Frommen seiner Kirche weih'n,
Daß kein Leid und Unheil an sie dringe? –

Freylich rühmt er sich mit stolzem Sinn
Gottes höchsten Priester auf der Erde;
Aber ich, auch ich weiß, was ich bin,
Weiß, daß ich ihm nimmer weichen werde.

Denn ich bin zu hoher Priesterschaft,
Nicht, wie er, von Menschen auserkoren,
Bin dazu empfangen und geboren
Und emporgesproßt durch Gottes Kraft!

Bin geweiht zum Priester des Apoll
Mit des Gottes Kranz und goldnem Stabe!
Seines Geistes bin ich froh und voll;
Warum nicht auch frommer Wundergabe? –

Ja, ich bin's! So weih ich betend dann
Dieses Band mit Wunderkraft und Segen,
Daß ich's an *Louisens* Busen legen,
Und damit ihr Herz beglücken kann;

O ein Herz, des besten Glückes werth!
Das ich nie zu rühmen mich bestrebe,
Weil der schönste Nahme, den ich gebe,
Doch dieß Herz noch nicht genugsam ehrt! –

Band, ich segne dich mit Freud' und Lust,
Für das längste Leben, sonder Grämen;
Diesen Segen sollst du in die Brust
Meiner *edlen Freundinn* reichlich strömen!

Freud' und Lust an *Ihrem* braven Mann
Ein Jahrhundert, oder nicht viel minder,
Freud' und Lust an allem ab und an,
An und ab dem Kleeblatt holder Kinder;

Freud' und Lust, von keinem Harm vergällt,
Sey durch dich *Ihr* in die Brust gegossen,
Freud' an Gottes ganzer weiter Welt,
Mich, den Priester, auch mit eingeschlossen!

80.

An Herrn Buchhändler Dieterich
in Göttingen
Nebst 2 leeren Schachteln

A.[ppenrode,] den 17. Sept. 1783.

O du über alle maaße wohlthätiges Männchen! Weil die Pfirschen leider verfault sind, so schickst du mir schon wieder so schöne Weintrauben! Nun, so viel Beeren ich dies Jahr durch deine Freigebigkeit genossen habe, so viel schöne VerlagsArtikel jeder wenigstens ein Alphabet stark sollst du noch von mir haben, wenn uns nehmlich der Himmel noch ein Tausendjährchen zusammen leben und wirthschaften läßt.

Noch habe ich mich schönstens für die schöne Besorgung der Geburtstagsgeschichte zu bedanken. Du bist ein gar vortrefliches Männchen, wenn man dir nur pfeift, so tanzest du schon.

Weil die Pfirschen verfault sind wirst du wohl zur Ausübung des dir ein für allemal verstatteten Zehntrechts keine Lust gehabt und also auch kein Botenlohn bezahlt haben. Solchemnach habe ich dir nur zur Nachricht hiermit melden wollen, daß ich den Boten bezahlen werde. Denn obgleich die Pfirschen verdorben sind, so ist doch noch ein niedliches englisches Schreibzeüg in dem Kästchen und ein Glas mit einer Salbe. Gott weiß, was das für Salbe ist. Das Wort im Briefe kann ich nicht recht lesen, und meine Muthmaßungen gehen bis jezt nur noch auf Caviar. Sollte das Zeüg gut schmecken und was wehrt seyn, so wolte ich dir wohl was schicken, wenn ich nur wüßte, wo ich die Lausesalbe hineinthun sollte. Diese Herrlichkeiten sind dir vermutlich entgangen, indem [du] nur die obersten verfaulten Ingredienzen beschnobert hast. Künftig schaue auch hübsch auf den Grund.

Für die Weintrauben nochmals meinen schönsten Dank! Du glaubst nicht, wie sehr du mich damit labest. Ich könnte mich, glaube ich, todt darin essen. Was todt! es ist die beste Medicin und mehr wehrt für mich, als die ganze Raths und UniversitätsApotheke.

Ich bin alleweile dabei, MusenAlmanachsbriefe zu schreiben. Die Liste von denen die Calender haben müssen, sollst du auch diese Woche noch erhalten.

Adio, mein wohlthätiges Männchen, so bald ich kann, will ich dich besuchen.

Dein getreuer
GAB.

81.

A.[ppenrode,] den 20. Septbr. 1783.

Hier, liebes Männchen, erfolgt $^1/_2$ Ldor. zum Ankauf der $1^1/_2$ Duz. Citronen. Da ich auch gern für 12 mg Weintrauben haben mögte, so kömmt es mir unverschämt vor, dieselben aus deinem Beutel zu verlangen. Also bezahle sie auch mit davon. Ich gebe Morgen meinen Leüten das Erntebier und habe noch andere Gesellschafft dazu bitten müssen. Willst Du mich mit besuchen, so versteht sichs von selbst, daß Du mir der allerwillkommenste Gast bist. Aber logiren des Nachts kann ich Dich alleweile nirgends anders als auf den Heüboden. Denn ich habe alle Schlafstellen vollgepfropft besetzt.

Ich höre ja gar nichts von meiner Subscriptions-Ankündigung. Von meinen Gedichten kann ich alle Tage die ersten Bogen zum Abdruck hergeben und sodann nach und nach weiter fortfahren.

Schmidts Reichshistorie brauche ich in der That noch, weil ich die bewußte Arbeit daraus wirklich angefangen habe und halb darinn begriffen bin. Das Stückchen kann ja immer noch für den künftigen Calender dienen.

Adio GAB

82.

An
HErrn Buchhändler Dietrich
in
Göttingen.

A.[ppenrode,] den 6. Novbr. 83.

Liebes Männchen
Weil ehegestern früh noch alles bei Euch im tiefen Schlafe lag, als ich von dannen marschirte, so muß ich meinen herzlichen Dank für gütige Bewirthung hiermit schrifftlich abstatten. Ob ich gleich nichts erst gefrühstückt hatte, so ging der Marsch doch durch die kalte Nebellufft gut von Statten. Zur Vorsorge hatte ich indeßen die noch übrigen Borstorfer Äpfel zu mir gesteckt und als neben der Sonne gerade der Becker seine warmen Semmeln auslegte, so kauffte ich mir deren für 4 Pfennige mit welcher Verproviantirung ich denn in Zeit von 1½ Stunden glücklich nach Appenrode gelangte, und meine Frau noch beim Coffée und Frühstück antraf. So werde ichs künftig immer machen, wenn ich besorge, daß ich mich von den Annehmlichkeiten deines Hauses über die Zeit aufhalten laßen mögte. Ohne Abschied fort, wie die Katze vom Taubenschlage! Dafür will ich aber auch von nun an desto öfter kommen.

Willst du mir nun von deinem grünen Käse schicken, so will ich solchen mit Dank annehmen. Auch bitte ich mir das Paquet von meiner Schwester aus, fals der Fuhrmann angekommen seyn sollte. Adio! Behalt mich lieb und Gruß den Deinigen.

GAB.

83.

An
dHErrn Buchhändler Dietrich
in Göttingen

A.[ppenrode,] den 22. Dec. 1783.

Männchen, wenn Du denken solltest, daß ich gestorben und verdorben sey, so ist das wenigstens mein Trost, daß du dich nicht viel darum bekümmerst und dir die Haare nicht aus dem Kopfe grämen wirst. Allein gestorben und verdorben bin ich noch nicht, auch wirds vor der Hand noch nicht dazu kommen. Allein in Athem bin ich durch allerley Hundsvöttereien zeither ein wenig gesetzt worden, so daß ich schier nicht habe dran denken können, daß ein so süßes Männchen, das Dietrich heißt, nur irgendwo noch in der Welt ist. Alles Ding währt indessen seine Zeit und Gottes Liebe in Ewigkeit. Ich sehe nachgerade Tageslicht und werde über alle Hundsvötter, dir mir das Leben sauer machen wollen, am Ende noch triumphiren.

Sobald mirs möglich ist, komme ich und besuche Dich. Da sollst du den mündlich eine weitläufigere Relation haben von allen Bateillen, die ich bishieher glücklich durchgefochten habe.

Jetzt wollte ich nur bitten, daß du doch nach deinem feinen Geschmack etwas Spielzeug für mein Mädchen zum heiligen Christ einkaufen solltest. Der Bote hat Geld bei sich und kanns gleich bezahlen. Du mußt aber nicht zu sehr ins Zeüg hierin reiten. Es sind hochbeinichte Zeiten. Für einen Gulden höchstens Thaler ist überflüßig. Denn die Freüde währt doch nur ein paar Tage.

Große in Stendal hat mir ein Mspt. schaale wässerichte Gedichte zugeschickt, mit Bitte ihm mein Urtheil drüber zu melden und eine Vorrede dazu zu schreiben. Lezteres aber will ich hübsch bleiben laßen. Denn es ist langweiliges Zeüg, wovon ich nicht 2 Seiten durchlesen können. Wenn der Bettel nur erst wieder eingepackt und zurück wäre.

Du sagst aber gar nicht, liebes Männchen, wie Dir meine Angaben zu den Calender Kupfern gefallen haben. Du hast sie doch hoffentlich erhalten? – Sie sind nun wohl schon gestochen

Adio, liebes Männchen!

dein demütiger
GAB.

84.

A.[ppenrode,] 2ten Jan. 1784.

Erstlich prosit das Neüe Jahr! Hiernächst kund und zu wissen, daß mich deine Bämmeley beinahe im Ernste verdrießen muß. Ich leügne gar nicht, daß das Goekkingk gethane Versprechen in der Übereilung geschehen ist daß michs nachher gereüet hat, und daß ich selbst wünschte, davon loßkommen zu können. Aber daß du mir nun, da ich mich durch Zurückziehung meines Worts nicht prostituiren laßen, mir keine übele Nachrede zuziehen will, in einem so tragischen Ton Vorwürfe machst, das ist doch gar vor Gott und der Welt nicht zu verantworten. Meinst du denn, Goeckingk sey so ein Kloß, daß er nicht offenbar merken sollte, wenn ich leere Ausflüchte machte, mich von ihm loswickelte und nachher fein herrlich in dem Magazin mit meiner Arbeit aufträte? Sage mir doch um Gotteswillen eine vernünftige stichhaltende

Ausflucht! Ich soll nun sagen: Ich hätte dir ein für allemal, alles was ich nur irgend ausheckte, für das Magazin versprochen? Und gleichwohl wäre mir das gar nicht eingefallen, als ich mich von ihm übertölpeln ließ? Wie kannst du denken, daß sich nur ein halbvernünftiger Mensch mit solch einer Ausflucht begnügen werde? Die ganze Sünde, die ich an dir begangen zu haben zugebe, ist die, daß ich mich in der Übereilung zu diesem Versprechen hinreißen laßen. Hast du aber dergleichen Böcke in deinem ganzen Leben noch gar nicht geschlachtet? Oder ist es ein Bubenstück, worüber ein billiger Mensch Ach und Weh ausrufen mag? Ich dächte doch, dir könnte ich wohl von Gott und Rechts wegen soviel Kenntniß meines Herzens zutrauen, um mich von vorsätzlicher Hintansetzung deiner Freündschaft freizusprechen. Daß ich aber nunmehr die Übereilung eines ehrlichen Kerls durch vorsätzliche Fickfackerey eines — wieder gut machen soll, ist doch wahrhaftig ein unbilliges unüberlegtes Verlangen, oder mein ganzer Verstand, mein ganzes Herz müßten mich betriegen. — Überdem entgeht dir im Grunde nichts damit, daß ich dort die Proben eines Werks aushänge, das ich hernach in der besondern vollendeten Gestalt nie einem andern, als dir, zu geben willens gewesen bin. In der That hatte ich niemals die geringste Ahndung davon, daß es Lichtenberg als etwas für das Magazin ansehen würde. Überdem da das Magazin so langsam herauskommt, so wären wenigstens 6 bis 8 Jahre hingegangen, ehe ich mit meiner Aushängerey fertig geworden und endlich zu der eigenen Ausgabe gelangt wäre. Das knausernde Publikum beschwehrt sich ja immer so mächtig über die vermehrten und verbesserten Auflagen; gleichwohl findet auch der Beste beständig an sich zu bauen und zu bessern. Wie soll mans denn allso machen? Die erste Ausgabe in einem Journal macht dem Publikum keine besondere Kosten. Ein Nachdruck ist nicht zu befürchten, weil man weiß, daß sogleich eine eigene verbesserte Auflage nachfolgen wird. Ich hoffe du wirst dieser gegründeten Vorstellung in deinem verkehrten Sinne Eingang gestatten und in deinem tragischen Tone nicht weiter gegen mich fort declamiren.

Übrigens kann ich dir nun Hoffnung machen, daß ich künftig mehr für dich werde arbeiten können. Denn um aller Fehde ein Ende zu machen, mich mit dem General von Uslar nicht weiter in einen langweiligen und ekelhaften Proceß einzulaßen und von ihm herumchicaniren zu laßen, habe ich ehegestern förmlich meine Dimission auf instehenden Johannis gefodert, als um welche Zeit ich vor 12 Jahren auf dieser Galeere meine Sclaverey angetreten hatte. Zuförderst aber habe ich den Hofrath von Uslar, der die Commission dazu von der Regierung hatte, seine Untersuchung der gegen mich aufgestellten Beschwerden ganz vollenden laßen und er muß mir das Zeügniß geben, daß außer ein bischen Verzögerung in dieser oder jener Lumperey nicht ein Schatten von schlechten Streichen auf mich gebracht werden könnte, mithin kann ich mit allen Ehren von hinnen scheiden. Du hast einmal meine Vertheidigungsschrifft lesen wollen. Hier ist sie! Schicke sie mir aber hernach wieder. Ich habe mich hernach noch weitlaüfiger und specieller ad protocolla commissionis vertheidigt.

Auf künftigen Johannis stehe ich dir also mit Leib und Seele zu Befehl, wenn dir anders die vorigen Verabredungen noch nicht gereüet sind. Du kannst mir alsdann wohl einstweilen für den M.[usen]A.[lmanach] 200 Reichstaler jährlich geben, die ich meiner Frau cediren will. Dagegen will und kann ich auch alsdann mehr Fleiß darauf verwenden und ihn reichlicher mit meinen Arbeiten ausstatten. Giebst du mir Logis und sonst noch was, so werde ich Gelegenheit haben, dir dafür andere Arbeit zu liefern. Was ich dir aber bisher auf Rechnung noch schuldig bleibe, das mußt du einstweilen noch creditiren, bis ich dies auf andere Weise abverdient habe, welches mit Gottes Hülfe nicht lange anstehen soll. Denn meinem Herzen wird nun wohl und leicht und ich fühle, daß ich schon seit 2 Tagen ein ganz anderer Mensch geworden bin.

Überleg alles wohl und laß uns bei unserer nächsten Zusammenkunft eine gewisse zuverläßige Verabredung nehmen. Ich will vorläufig auch einmal an Heynen schreiben und mich ihm empfelen. Denn mein unveränderlicher Plan ist nun mich nie um ein Civilamt wieder zu bewerben, sondern mich ganz dem akademischen Leben zu widmen.

Laß mir doch meine Rechnung bei Gelegenheit abschließen, daß ich weiß, wieviel ich dir schuldig bin.

Ich höre L[ichtenberg] will auch einen Luftball öffentlich steigen laßen. Wann wird das geschehen?

Leb wohl, ewig der
Deinige
GAB.

NS. Den Extractum Protocolli, worin meine Erklärung enthalten ist, und das Commissionsdecret darauf muß ich heüte wiederhaben, weil ich es künftigen Montag nach Bissendorf schicken will. Übrigens kannst du auch Lichtenbergen den Plunder lesen laßen. Adio.

85.

An
HErrn Buchhändler Dietrich
in Göttingen.
Fr[anco]

G.[elliehausen,] den 3. Mai 1784.

Der Teüfel ist gestern mit allen Solennitäten bei mir ausgetrieben. — Ich dachte, du hättest meine Pferde gar behalten wollen, weil sie so spät wieder kamen. Deine armen Junggesellen mögen die Tour ziemlich empfunden haben. Meine mannbaren Jungfern konntens eher aushalten, wiewohl sie doch auch mächtig müde sind.

Sag Lichtenberg, es hätte sich mir eine Gelegenheit zu Unterbringung seines Mädchens angeboten, die nicht übel zu seyn scheine. Es ist in Bremke in einem hessischen Hause, welches unter Amtmann Scheuflers Jurisdiction steht. Die Besitzerin ist blos eine bejahrte aber noch rüstige Wittwe, welche durch nichts behindert wird, sich gänzlich der Wartung des Mädchens zu widmen. Sie soll in ihrem Hause eine ganz hübsche Stube und auch ordentliche reine Betten haben. Die Kosten dürften hier auch ganz leidlich seyn. Vorläufig aber muß ich sagen, daß hier — wie indessen auch überall — die gehörigen Brüche für die poëtische Freiheit an die Obrigkeit erlegt werden müßten, die an und für sich, exclusive der Amtssporteln, im Hessischen soviel ich weiß 10 Cammer Gulden, der Cammergulden zu 21 Mariengroschen, betragen. Sollte sich nun keine andere und bessere Gelegenheit hervorthun; so erbitte ich mir Nachricht, ob ich, und wie ich das weitere besorgen soll.

Hierbei erfolgt noch ein schuldiger Brief an Hofr.[at] Heyne, den du gütigst besorgen laßen wollest. Man muß seine Leüte nun so warm halten, als möglich. Ich mögte beinahe vor den Spiegel treten, um mein grämliches finsteres Gesicht aufheitern zu lernen, und auch damit Bruder Studio desto mehr zu bestechen. Künftig werde ich mich wohl nicht mehr verleügnen laßen dürfen, sondern mit meiner ganzen Holdseeligkeit halbweges entgegen eilen müssen, wenn mich welche besuchen wollen. Männchen, du sollst noch deine Freüde an mir erleben, wie so herrlich ich mich in die Zeit schicken werde, um der *Mann des Volks* wie Sir Charles Fox zu werden.

Bitte dir doch bei Lichtenb.[erg] für mich das lateinische SchulmeisterBuch von Scheller aus. Ich bin zwar ein übler Bücherabborger, weil ich sie solange behalte, indessen ist dieses auch ein Buch, wo es ihm nicht darauf ankommt, es lange zu entbehren. Wenn wir erst zusammen in einem Hause wohnen, so soll borgen und Widergeben geschwinder von Statten gehen.

Adio!

Dein getreüer
GABürgermp.

86.

G.[elliehausen,] den 26. Jun. 1784.

Seit ehegestern, liebes Männchen, bin ich nun ExAmtmann und es ist Sedis Vakanz. Noch ist der hohe Nachfolger nicht vorhanden, auch noch nicht einmal recht ernannt, wahrscheinlich aber dürfte es einer werden, den die hohen Wählenden für nichts anders, als einen Sch.. erkennen können. So wunderlich spielt das Schicksahl!

Bürgers Wohnung in Göttingen

Heüte sollte ich eigentlich schon gewisse Gelder abliefern; allein der famöse Pauer, der mir mit Gewisheit Geld zugesagt, hat mich den lezten und vorlezten Posttag vergeblich warten laßen. Ich kann nun zwar höchstens noch bis Ausgang K.[ünftiger] Woche die Ablieferung verzögern und hoffe, daß mit heütiger oder der Dienstags Post noch was ankommen soll; allein hernach ist der lebendige Teüfel loß, wenn nichts kömmt und mein Dietrich mir nicht aus der Noth hilft. Erkundige dich doch, liebes Männchen, bei Ankunft der fahrenden Post, und kommt was, so nimm's in Empfang und schicke mirs gleich. Kommt nichts; bei Gott, so mußt du mich lösen, oder auf meinen Leib und Seele bis in alle Ewigkeit Verzicht thun. Sonst aber werde ich nun höchstens in 14 Tagen bis drei Wochen ganz dein gehören, und wieder ein Mensch werden, der ich so lange nicht gewesen bin.

Mit meiner armen Frau steht es noch immer sehr schlecht. Es hat sich die lezten Tage sehr verschlimmert. Längst bin ich zwar sehr ruhig und gefaßt auf alles gewesen, was der Himmel über mich verhängt hat, und wenn dieser traurige Zustand noch lange dauren sollte, so würde doch ich, der ich mich in solcher Situation von der Gefährtin meines Lebens nicht füglich entfernen kann, und an Geist und Leib mit ihr leide, sehr übel dran seyn.

Ich höre du wirst bald nach Meinberg reisen. Wenneher? Der Licent Comm.[issar] v. Uslar geht künftigen Freitag auch dorthin.

Leb wohl<br>
Ewig Dein getr[euer]<br>
GAB.

87.

G.[elliehausen,] den 28. Jun 1784.

Wenn der Brief mit 100 Reichstalern von Pauer ist, so ist er ein Erz Scheißer. Denn er hat mir wenigstens 200 Reichstaler versprochen. Noch hoffe ich zu Gott, daß er von einem andern Orte seyn soll, von wannen ich auch Geld zu vermuthen Ursache habe. Ich brauche jetzt gleich wenigstens 200 Reichstaler. Was sich sonst noch findet, läßt sich noch ein Weilchen hinhalten. Wenn Noth an Mann geht und mit der nächsten Post nichts weiter kommt, so komme ich auf eine Stunde selbst zu Dir hinein. Vermuthlich auf den Mittwoch oder Donnerstag Nachmittag. Immittelst schicke mir nun den Brief mit den 100 Reichstalern durch den Boten. Hast du was ausgelegt, so will ichs dann berichtigen.

Mit meiner Frau dauert das Elend immer fort. — Adio!

88.

Bissendorf den 4. Sept. 1786 [richtig: 1785]

Mein lieber Dieterich
Noch kein einziges mal hat mir der MusenAlm.[anach] so viel Angst und Sorge gemacht, als in diesem Jahr wegen meines höchstelenden Befindens. Fast verzweifelte ich an seiner Vollendung. Glaube mir, hätte ich so viel Geld, als ich Kopf Zahn Halsweh, Schwindel und Qualen der Hypochondrie habe, so hätte ich dir viel lieber allen

Schaden und entgangenen Profit vergütet, als einen MusenAlm.[anach] herausgegeben. Ich kam fast kränker von Meinberg und Pyrmont zurück, als ich hinreiste und hätte diesen kostbaren Versuch gesund zu werden füglich sparen können. Erst seit etwa 8 Tagen scheint es mit mir durch den ernsthaftesten Gebrauch anderer und wirksamerer Mittel auf einen besseren Fuß zu kommen und ich darf hoffen, bald wenigstens in leidlicher Gesundheit wieder zurückzukehren.

Das beykommende Mspt hätte ich dir schon vor einem oder zwey Posttagen schicken können. Allein da es schon so lange gedauert hatte, und mir dein griesgramisches Gesicht, wovor ich mich entsetzlich fürchte, im Geiste vor Augen schwebte, so bestand ich hartnäckig darauf, erst von mir selbst noch etwas zu vollenden und beyzufügen, damit du wieder gut und holdselig würdest. Aber wenn mich der Teufel nicht mit Krankheit plagt, so hält er mich durch Besuch ab, bey welchem ich mich zu nichts gehörig sammeln kann. Länger als bis heüte konnte ich indessen die Absendung dieses Mspts ohnmöglich verschieben, weil ich sonst vor Unruhe und Angst Deinetwegen keine ruhige Nacht mehr gehabt haben würde. Da nun aber doch der Anfang zum Druck gemacht und mit dem überkommenden Vorrath meines Ermessens ziemlich vorgerückt werden kann, so gewinne ich diese kommende Woche noch Zeit, das was ich zum Beytrage bestimmt habe, zu vollenden; und ich hoffe, du sollst es weit eher erhalten, als dies Mspt abgedruckt ist.

Ich habe nun von eingegangenen Beyträgen nichts mehr hier, aber zu Göttingen ist noch etwas befindlich, wovon nothwendig noch etwas gewählt werden muß. Ich würde es mit mir genommen haben, wenn ich vermutet hätte, daß meine Abwesenheit solange dauern würde. Schon von Meinberg aus habe ich dir geschrieben, daß du den dortigen Vorrath aufsuchen und mir übersenden möchtest. Da du es aber nicht hast finden können, so vermuthe ich, daß es in meinem Büreau verschlossen liege. Da es nun bis zu meiner persönlichen Überkunft zulange dauern dürfte, so übersende ich dir hier meinen Büreau-Schlüssel. Wahrscheinlich findest du alles zusammen sobald du nur die Klappe öffnest. Wo nicht so liegt es in einer von den Schiebladen. Du wirst ja leicht erkennen, was Musendreck ist und mir das rechte schicken. *Aber eins bitte ich dich höchst ernstlich, lieber Mann! Schicke mir keine andere lebendige Seele über das Büreau. Denn ich kann keinen anderen Sterblichen, der nicht so wie du mein inniger Seelenfreund ist, darüber laßen. Hörst du? Ich werde dir spinnefeind, wenn du mir diese Bitte nicht gewährst. Du selbst sollst auf und wieder dicht zu schließen, auch mit deinen Augen einen Bund machen, nichts zu durchstänkern, was nicht Verse sind.* Du mußt sie nun, wenn du dich nur ein wenig umsiehst gewiß finden, denn ich weiß es liegt der ganze Wust beysammen. Wenn du sie hast, so schicke sie mir mit der nächsten Post; alsdann sollst du, wenn der Himmel nur irgend will, nächsten Dienstag über 8 Tage den ganzen Rest des Mspts samt meinen Beyträgen haben.

Was die Revision betrifft, so wünschte ich das Prof. Meyer selbige gütigst übernähme. Ich will ihm gern, wo ich kann, wieder gefällig seyn. Bitte ihn in meinem Nahmen, daß er von seinen Beyträgen, die ich nicht vorher zu sehen brauche, einrücke und einschalte was, und an welchem Orte ihm gefällig ist. Werden wir nichts von Kästner, nichts von Pfeffel, nichts von Lichtenberg bekommen? Das alles kann, ohne daß ichs vorher sehe, eingerückt werden. Was aber sonst unterdessen noch eingelaufen seyn möchte, das mußt du mir mit dem übrigen mit der nächsten Post zusenden. So kümmerlich ich mich auch an Leib und Seele befunden habe, so denke ich soll doch der M.[usen] A.[lmanach] dieß Jahr nicht gerade zum schlechtesten ausfallen.

Meine Wohnung werde ich ja wohl in elegantem Stande vorfinden, wenn ich überkomme. Ich bin nur noch wegen einiger Mobilien zum ordinären Gebrauch in Verlegenheit. Was ich an feinen Stücken gebrauche, das habe ich mir zwar in Hannover bestellt und werde mir die Freiheit nehmen, solches unter deiner Adresse vorläufig in den nächsten Tagen zu übersenden. Wollte ich mir aber auch ordinäre Tische, Stühle u.s.w. hier kaufen, so möchten die der Transportkosten nicht werth seyn. Ich wünschte daher, daß du mir für die ersten Wochen einiges von dergleichen Plunder leihen könntest, bis ich mir dort selbst etwas bestellen und machen laßen kann.

Sollte dieß nicht angehen, so möchte ich dich wohl schönstens bitten, mir die auf der Beylage verzeichneten Meubles sogleich bestellen und machen zu laßen. Denn wenn es sich, wie wahrscheinlich bis gegen Michaëlis verzöge, ehe ich überkomme, so würde ich mich sonst weder in meinem alten Quartier noch lange bergen, noch auch in dem neüen ohne Meübeln zurecht kommen können. Gleichwohl wünschte ich gleich bey meiner Überkunft, das neüe Logis beziehen zu können. Schreib mir doch auch für wieviel Fenster ich in deinem Hause Gardinen nöthig haben werde? —

Ich muß abbrechen, weil ich schon wieder zulange gesessen und geschrieben habe, um nicht schwindlicht zu werden. Werde nur nicht böse, lieber Alter, daß ich dich solange mit dem Mspt aufgehalten habe. Hättest du je in meiner Haut gesteckt, so würdest du mich vielmehr herzlich bedauern. Wenn ich erst wieder gesund bin und mit meinem Weiblein bey dir wohne, so soll alles schon besser von Statten gehen. Empfiel mich und meine Frau den deinigen herzlich und sey versichert, daß ich lebenslang bin

dein getreuer
GABürger.

Was mir sonst noch beyfallen möchte, das nächstemal. Den Schlüssel schicke mir wieder zurück.

Pro Memoria

1) Ein Dutzend Stühle von moderner Façon, ohngefähr wie diejenigen, welche HE. Dieterich hier hat machen laßen, mit Polstern von greisen Linnen, auf mahagony Art angestrichen oder gebeizt.

2) Vier moderne viereckige, und zwei halbrunde Tische die zu einer Tafel auch zusammengesetzt werden können, gleichfalls auf mahagony Art.

3) Ein Gestelle zu einer Bergere gleichfals Mahagony-Anstrich.

4) Eine ordinäre zweyschläferne Mägde Bettsponde.

5) Eine andere ordinäre einschläferne Bettsponde.

*Ach! Grießmann! mein lieber Grießmann!*

Auch meine zweyte Gattinn, meine liebenswürdige **Auguste Marie Wilhelmine Eva** gebohrne **Leonhart**, Sie, die Ganzvermählte meiner Seele, Sie, in deren Leben mein Mut, meine Kraft, mein Alles verwebt war, hat gestern, am funfzehnten Tage nach ihrer anfangs glücklichen Entbindung von einer Tochter, ein grausames unüberwindliches Fieber getödtet. O des kurzen Besitzes meiner höchsten Lebensfreude! — Ich kann weder meine unaussprechliche, ach! so unglückliche Liebe, noch den nahmenlosen Schmerz, worunter nun mein armes auf immer verwittwetes Herz erseufzt, in Worte fassen. Gott bewahre jedes fühlende Herz vor meinem Jammer! —

Ich bin mit unveränderlicher Freund, lieber

Göttingen,
den 10ten Jan. 1786.

G A Bürger

Antwort wird verbeten.

89.

[Langendorf, Mai 1789]

Mein lieber Dieterich.
Hier sind alle meine Bestellungen; laß sie gütigst besorgen. Daß doch ja vor allen die 3 Exemplar Gedichte an den Obersten v. Gravenreuth geschickt werden. Denn der alte Bursch hat Hummeln im Arse, hat mich schon von Paderborn aus wieder erinnert. Briefe und Paquete laß doch baldmöglichst abgehen. Übrigens mußt du mir auch meine bewußten kleinen Coffre mit nach Langendorf oder Leipzig schaffen. Es ist ein kleines leichtes Ding. Könnte ich nicht während meiner Abwesenheit die bewußte Öffnung in der Decke meiner Nebenkammer zugemacht und die untere Stube ausgeweißt erhalten?

Leb wohl! Ich hoffe dich bald vergnügt zu umarmen.

* 90.

[Stuttgart, 11. Oktober 1790]

[Im Brief an Ernst Ludwig Riepenhausen vom selben Tage hatte Bürger dieses Schreiben erwähnt:]

„Alles was ich dir gutes und frohes zu sagen habe — und Gottlob ich weiß nichts andres, als gutes und frohes — das muß ich bis aufs Wiedersehen versparen. Willst du indessen einen Vorgeschmack davon haben, so laß dir meinen heutigen Brief an Freund Dietrich mittheilen."

[Eben dieses Schreiben meinte Lichtenberg in seinem Tagebuch am 20.10.1790]: „Brief von Bürger gelesen".

Elise Bürger

[Offenbar hat Lichtenberg den Brief dann behalten, denn 2 1/4 Jahre später, Ende Januar 1793, notierte er sich in seinem Sudelbuch (J 1175 nach Leitzmanns Ausg. 1908):] „[...] Es fiel mir ein Brief von Professor B aus Stutgard in die Hände, worin er Dietrichen seine liebe Neuvermählte beschreibt, jung, safftig, rosenwangig, sie liebe ihn mehr als er je sey geliebt worden — Nun sind die beyden Leute geschieden. Es war das infamste Geschöpf auf Gottes Erdboden. [...]"

91.

An Herrn Buchhändler Dietrich

G.[öttingen,] den 3. April 1791

Gestern kommt meine Frau zu mir, und klagt mir mit Thränen, daß du ihr auf ihre freundliche Bitte, wegen baldiger Beschaffung der längst und mehr als ein mahl versprochenen HausReparaturen auf eine Art begegnet seyest, wie es kaum mit der gemeinen Höflichkeit gegen ein Frauenzimmer, geschweige denn mit unserer beynahe zwanzigjährigen Freundschaft bestehen kann. Ich selbst, ob ich gleich nichts davon gesehen und gehört, muß, da ich kein Mißtrauen in die Erzählung zu setzen Ursache habe, deine Erklärung und die Art, wie du sie gegeben, fast für ein wenig schnöde halten.

Wie sehr ich mich darüber verwundert habe, kannst du leicht denken, da ich mir durchaus nicht bewußt bin, dir irgend etwas in den Weg gelegt zu haben, und meine Frau mir von ihrer Seite das nehmliche versichert. Gleichwohl wäre doch dein Benehmen ziemlich arg, wenn du nicht höchst wichtige und gegründete Ursachen dazu hättest, oder wenigstens zu haben glaubtest. Ich wünsche diese um so mehr zu vernehmen, da es nach diesem Vorgange zum ersten mahl mein Nachdenken erregt, daß ich dich in mehrern Wochen nicht bey mir auf dem Zimmer gesehen habe, ob du gleich im Garten und Hof unten gewesen bist.

Was die bewußten Reparaturen und Einrichtungen des Hauses betrift, so wird es dir hoffentlich nicht entfallen seyn, daß ich einst zu einem nach Billigkeit erhöhetem Mieth Gelde eben so gewiß erbötig gewesen bin, als du darauf ausdrücklich Verzicht gethan und dennoch die neuen Einrichtungen zu beschaffen mehr denn einmahl versprochen hast. Daher ist es unrecht, daß du jetzt dein Wort nicht halten willst, daher ist es unartig, daß du gegen mich und andere Leute beständig die geringe Miethe im Munde führest, daher ist es beleidigend, daß du dir das Ansehen giebst, als hättest du mich gleichsam um Gottes willen im Hause. Es ist wahr, daß ich für 50 Reichstaler nicht theuer wohne, allein so übertrieben wohlfeil, als es dir vorkommt, ist es doch auch nicht. Es komme nur ein Unpartheiischer, der alles mit unverblendeten Augen ansieht und Gutes und Böses gegen einander in die Wage legt! Wenn sich ein Haus, das doch wohl schwerlich Jemand höher als um 1000 Reichstaler erkaufen würde zu 50 Reichstaler verinteressirt, so ist das doch wohl genug. Dem sey indessen wie ihm wolle, so glaube ich niemahls durch eine interessirte Denkungs- und Handlungs-Art von meiner Seite zu deinen so wegwerfenden Äußerungen Anlaß gegeben zu haben.

Zu dergleichen Äußerungen kann ich auch wohl die mit rechnen, daß du dir von je her so gern das Ansehn eines Wohlthäters von ganz unbegränzter Großmuth gegen mich zu geben pflegtest. Ich habe zwar immer im stillen dazu gelächelt, wenn ich die halbe Welt, durch solche Äußerungen verführt, in dem Wahne stehen sah, als ob alles, was ich nur irgend von dir genösse, nichts als lauter Geschenke freygebiger Großmuth wären; allein bey dieser Gelegenheit mag es mir doch wohl erlaubt seyn, wenigstens unter uns ein Wörtchen auch hierüber zu verlieren. Du hast mir allerdings von jeher manches erwiesen, was ich für freundschaftliche Gefälligkeiten mit dankbarem Herzen erkenne. Du hast mir Bücher und Geld und andere Bedüfnisse auf Credit zukommen laßen, wenn du mir noch nichts schuldig warest, ja wenn ich schon in deiner Schuld war, und dieß hat dir mein

Herz immer sehr zugewandt; du hast mich unzählige Mahle in deinem Hause freundlich aufgenommen und bewirthet; du hast mich einst frey mit nach Hamburg genommen; du hast mir und den Meinigen bey Gelegenheit manches Geschenk der Galanterie gemacht; du hast — o glaube nicht, daß ich dir irgend etwas vergesse, oder daß dir mein Herz den Dank dafür verweigert. Aber, lieber Dieterich, deßwegen kannst du dich noch nicht gleichsam für meinen himmlischen Vater halten, der immer und ewig nur ausspendet und nie etwas wieder dafür empfängt. Dennoch wollen Reden, wie deine gewöhnliche: *Ich weiß noch nicht, wie ein Heller von ihm aussieht,* fast nichts anders sagen.

Du bist Verleger meiner Gedichte gewesen, und hast wie ich von Herzen hoffe und wünsche, guten Vortheil davon gehabt. In Ansehung der ersten Ausgabe hast du mir zwar einen guten Accord gewährt, allein der Absatz war auch gewiß nicht klein, und ich hatte dich in Ansehung der Stärke der Auflage nicht eingeschränkt. Bey der zweyten Auflage haben wir wie gute Freunde, die auf ihre Gesinnung gegen einander bauen gar keinen Accord getroffen. Was davon bis jetzt in meine Tasche geflossen ist, will in der That nicht viel sagen. Allein dennoch erinnere ich mich nicht, desfals nur mit einem Worte bisher gegen dich querulirt zu haben. Daß *du* indessen keinen geringen Absatz davon gemacht haben müssest, ist wohl dieß Beweises genug, daß du gleich nach der ersten Messe eine neue Auflage und in diesen Tagen wiederum, wie ich gewiß weiß, noch eine neue dito hast nachschießen laßen, ohne mir ein Wörtchen davon zu sagen. Warum du dieß nicht für gut gefunden hast, das laße ich dahin gestellt seyn. Indessen kann ich nicht bergen, daß mir dieß heimliche Verfahren sonderbar genug vorkommt, und unter andern auch wegen der Druckfehler, welche die Nachschüsse gegen die ächte von mir revidirte Auflage verrathen, sehr unangenehm ist.

Seit beynahe zwanzig Jahren habe ich den Musenalmanach mit Beyträgen ausgesteuert, die gewiß seinem Absatze nicht nachtheilig gewesen sind. Gegen 15 Jahrgänge habe ich selbst besorgt und der M.[usen]A.[lmanach] hat den besten unter den vielen in Deutschland immer das Gleichgewicht, wo nicht gar bisweilen das Ubergewicht gehalten. Bey so bewandten Umständen, war es ja doch wohl nichts so gar übergroßes, wenn du mich mit Büchern, Geld und andern Bedürfnissen unterstütztest, da meine Schuld immer durch Honoraria wieder getilgt, oder vermindert wurde. Bist du denn der einzige Verleger, der seinem Autor avancirt, oder bin ich der einzige Autor, der sich seines Verlegers auf solche Weise bedient? Mir däucht ganz andere Männer als ich, die es weit weniger nöthig hatten, wußten dich ganz anders als ich zu strapazieren, ohne daß es dir einfallen durfte, dich für ihren Wohlthäter zu halten.

Wenn du mich frey mit nach Hamburg genommen, mir und den Meinigen manche Galanterie gemacht hast, so habe ich dir auch den Macbeth, den Münchhausen p. umsonst gegeben, und manche kleine Gefälligkeit erwiesen, die du einem fremden hättest bezahlen müssen. So wenig Werth ich auch in Ansehung meiner auf so etwas lege, so ist es dir doch gewiß nicht ohne hübschen Nutzen gewesen. So willkommen ich in deinem Hause immer war, so warst du es auch in dem meinigen, wiewohl ich dich freylich nie so reichlich habe bewirthen können, als du mich immer bewirthet hast. Ich denke indeßen nicht, daß man dergleichen Jemand gerade unter den Wohlthaten anrechnen kann, oder du würdest ein Wohlthäter aller derer seyn, die je bey dir gegessen und getrunken, ohne daß sie es wieder quitt gemacht haben.

Noch bin ich so weit nicht von Gott verlassen gewesen, daß du nöthig gehabt hättest, mich umsonst zu speisen, zu tränken, zu kleiden, zu beherbergen, und hoffe, es wird auch künftig der Fall nicht seyn. Was soll denn also die großprahlende verachtende Wohlthäter-Miene?

Rechnest du dir etwa das zum Verdienste an, daß du mir wohl willst? O ich will dir ebenfals in allen Stücken von Herzen wohl, ohne mir deswegen das mindeste Verdienst um dich anzumessen. So wie du alles gern in Anschlag zu bringen pflegst, so wirst du es, nach deiner Art, auch jetzt mit in Anschlag bringen, wie oft du gegen Hans und Kunz mein Lob posaunt hast. Ich gebe zu, daß du es herzlich gut dabey gemeint haben magst. Aber wahrlich, Vortheil hast du mir dadurch nicht gestiftet; denn keiner ist wohl auch in Ansehung meiner Schwachheiten und Fehler geschwätziger gewesen als du. Mir wäre es besser gewesen, du hättest meiner weder im Guten noch Bösen gedacht.

Du siehst aus allem diesen, daß wenn wir gegen einander zur Rechnung kommen, für dich nicht so viel übrig bleibt, daß du die Backen so gar voll gegen mich nehmen könnest. Bey der Rechnung fällt mir eine Bitte ein, die ich längst habe thun wollen. Wir haben seit mehrern Jahren nicht mit einander abgerechnet. Herzlich gern möchte ich endlich ein mahl wissen, wie ich mit dir stünde. In Ermangelung dieser Wissenschaft, habe ich von jeher mit Angst etwas von dir fodern müssen, und so sehr ich auch immer meine Ansprüche bis auf den Fall der äußersten Noth verschob, so mußte ich doch nicht selten verdrießliche Mienen dabey an dir wahrnehmen, so wie man sie gegen einen lästigen Pracher macht, dessen man sich doch gleichwohl nicht entschlagen kann. Ich möchte dir daher nicht gern wieder etwas abfodern, was ich nicht zu fodern berechtigt bin.

Wegen der Hauseinrichtungen erbitte ich mir deine Erklärungen, ob du deine mehrmaligen Versprechungen halten willst, oder nicht. Denn nöthig sind und bleiben sie, und Aufschub leiden sie weit weniger, als der Abtritt, der Holzstall und andere Dinge, die ich nicht einmahl verlanget habe. Wenn du sie aber beschaffen willst, so mache bald. Denn es ist die höchste Zeit.

Ich bin übrigens mit unveränderlich aufrichtigen Gesinnungen

der Deinige
B.

92.

G.[öttingen,] den 7. Apr 91.

Mein lieber Dieterich.

Über den Ton deiner Antwort könnte ich mich wohl beschweren. Denn er ist in der That beleidigend; allein ich will mich nicht dadurch beleidigen laßen. Der Ton des Meinigen ist glaube ich der alten Freundschaft angemeßener. Daß freylich sein Inhalt dir nicht gefallen konnte, das glaube ich gern; allein das war nicht zu ändern. Du wirst nicht sagen können, daß ich zu diesen Unannehmlichkeiten Anlaß gegeben.

Deinen Sohn haben weder ich noch meine Frau angezogen. Er fand sich in Kospoths Zirkel, als meine Frau mit der Frau von Kospoth Bekanntschaft und Umgang errichtete. Da er so wohl selbst artig und wohl zu leiden, als auch der Sohn eines meiner genauesten und ältesten

Freunde war, so konnte und durfte er doch wohl bey den gemeinschaflichen Unterhaltungen und Zeitvertreiben nicht zurückgesetzt werden. Daß es ihm keine Schande brachte unter uns zu seyn, das räumest du selbst ein. Ob es übrigens ein tadelhafter Zeitverderb für ihn war, statt anderer Streifereyen ein Paar Seiten auswendig zu lernen, und einige mahl nach seinen vollbrachten Geschäften in tadelloser Gesellschaft zwey oder drei Stunden zuzubringen, darüber mag ich mit dir nicht disputiren. Stand dir das nicht an, so konntest du es ihm untersagen, und brauchtest weder mit mir zu maulen, noch meine Frau zu häkeln.

Zu dem von dir so genannten *schändlichen* und *lasterhaften* Gedanken, wegen des Nachschießens, den du mir nicht *vergeben,* noch *verschmerzen,* noch *vergessen* willst, hat mir kein anderer, als du selbst, sehr gegründete Veranlaßung gegeben. Daß nach der vor 2 Jahren veranstalteten, von mir revidirten, ich weiß nicht wie starken aber doch wohl nicht unter 1500 bestandenen Auflage noch ein beträchtlicher Nachschuß gemacht worden, wirst und kannst du mir doch unmöglich ableugnen, da ich die Wahrheit augenscheinlich besage der Anlage aus den Druckfehlern darthun kann. Du sagst das sey der Nachschuß auf schlechtem Papier zur Niederschlagung des Nachdrucks gewesen. Nein! Ich will dirs beweisen, daß dieser Nachschuß auch auf gutes Papier, wie die von mir revidirte Auflage, gedruckt worden ist. Warum wurde mir denn keine Revision gelaßen? Sollte ich übrigens auch in Ansehung eines in diesen Tagen geschehen sein sollenden Nachschußes im Irrthum seyn, indem mirs von Personen, die in der Druckerey gewesen, hat versichert werden wollen, so bin ich daran sehr unschuldig, und eine solche Nachrede hat sehr gut durch die Kupfer-Abdrücke veranlaßet werden können.

Nach Girtanners Weise werde ich nie handeln, wenn du mich auch noch so sehr kränktest. Was ich dir in meinem Briefe gesagt habe, war keine bloße Nothwehr gegen deine oft übertriebenen Wohlthats Anmaßungen gegen mich. Denn meine Art ist es nicht, auf mein bischen Gutes zu pochen, wenn ich nicht außerordentlich dazu aufgereizt werde.

Wenn du das nicht machen laßen willst, was du versprochen hast, so werde ich weder mit dir zanken, noch processiren. Da ich aber das Zimmer doch wirklich brauche, so wirst du mirs hoffentlich erlauben, daß ich wenigstens auf meine Kosten einen bretternen Fußboden legen und es einigermaßen in wohnbaren Stand setzen laße.

Es ist sehr ungerecht von dir, wenn du mich beschuldigst, ich wolle dir was abtrotzen. Ich habe glimpflich und sanftmütig an dich geschrieben, ob ich gleich von dir gekränkt bin. Auch bin ich mir keiner Sticheleyen und boshafter Vorwürfe gegen dich bewußt. Hätte ich nicht dein mehr als zehnmaliges Versprechen vor mir gehabt, so wäre es weder mir noch meiner Frau eingefallen, dich um die Einrichtung der Stube anzugehen. Interessirte Unverschämtheit ist hoffentlich mein Fehler nicht. Ich bin dir noch jetzt zu einer höheren Miethe erbötig, wenn du meinst, daß dir zu nahe geschieht, nur verschone mich hernach mit deinen Vorwürfen. Die Behauptung aber, daß du eine 8jährige Miethe, mithin 400 Reichstaler verbaut hast, ist doch wohl ein wenig übertrieben.

Übrigens sind und bleiben meine Gesinnungen für dich und dein ganzes Haus beständig von der Art, daß ich mich weder vor Gott noch Menschen derselben zu schämen Ursache habe.

Eines solchen Briefwechsels mit dir wäre ich von Herzen gern überhoben gewesen. Aber was sollte ich anders thun, da du der erste gewesen bist, der mir seine persönliche Gegenwart auf eine Art entzogen hat, die ich doch nicht freundschaftlich nennen kann. Ich habe dir dazu keinen Anlaß gegeben.

Dein
aufrichtig ergebener Fr[eund]
B.

N.S. Von andern Leuten, nicht von dir, höre ich daß Papier angekommen seyn soll.

## 93.

### Dieterich an Bürger.

An Herrn
Profeßor Bürger
Wohlgebohren

Mein lieber Bürger
Du würst wohl wieder Sagen, und Dencken, der Dieterich gibt mir so lepperweise, daß geld, allein lieber Man, ich werde auf allen Ecken und orthen gerufft. Diese Woche erhilte abermahls, und kahmen meine Assignationen von Bræmen zurück, mit der Nachricht, daß beyde Buchhändler Förster, und Crammer alda, auf eine Feinheit zu Sagen, aufgehöhrt haben, zu Zahlen, letzterer hat schon für einige Jahren accordirt, und mich um 300 Reichstaler gebracht, und jetzo ist er schon wieder Fertig. — Ferner liebster Freund glaube ich nach der übersicht nicht, daß ich dein Schuldener bin, und soll, so bald nur die Callender arbeith, und Verschickung vor-

über, die erste arbeith seyn, deine Rechnung zu Schließen, da mir selbst daran zu wißen gelegen ist, um zu Sehn wie wir mit ein ander Stehn, und solst Du keinen Pfennig ein büßen, da zu habe ich dich zu lieb. Sage mir doch, wie Viele gänse ich Von dir bekommen, wie Du von Appenrode oder Gelgehausen hieher Zogst, diese habe noch nicht creditirt. 6. Centner Heu wohl, aber sonsten nichts, oder ist sonst noch etwaß so ich bekommen So melde es mich vorher, damit dir solches Creditiren kann, und ich Vergeßen hätte. Nach dem die Rechnung beschaffen seyn würd, solst du befriediget werden, und wegen dem Musenalmanach, hast du künfftig mit meinem Sohn zu Schaffen, ich fand war und warhafftig seit einigen Jahren mein Conto nicht mehr dabey, bey der erstaunenden Menge, so ich MeßZeitten zurück bekommen, und bey der menge Von Callendern, so alleweil herauß kommen, und der erste so herauß komt, öffters den VorZug in absatz gewint, woran die HeraußGeber, doch die mehrste Schuld haben. Die mehrsten Liebhaber kauffen Jährlich einen, oder Verschenken an Ihr liebgen einen, und nehmen daher öffters den ersten so Sie bekommen können. Vieleicht ist mein Sohn glücklicher damit.

Hier Schicke ich dir 5. Stück Carolin so du in Sachsen a 6. Reichstaler 4 Groschen, und unter wegens gar mit 8. Groschen auß geben Kanst, so viel sie mir auch Kosten, dir habe ich diese mit a 6 Reichstaler Notirt. also 30 Reichstaler. Halte eine glückliche Reise, und gesunde Retour grüße Deine liebe Schwester, und Herrn Schwager, und glaube, daß ich lebenslang bin

Dein getreuer

[Göttingen,] den 3ten 8br. 1792 J. C. Dieterich.

94.

[Göttingen, spätestens 1792]

Mein Söhnchen
Herr Fiorillo ist bey mir, und verräth gar große Begierde, das Arcilochium im L'hombre vollzubekommen. Hast du nun ebenfals Lust, so komm doch baldmöglichst herüber. Du kannst vielleicht die 40 Ldor wieder erobern.

B.

95.

[Göttingen, 1791 oder 1792]

❍ Heydenreichs Betrachtungen über die Philosophie der natürlichen Religion
  Feders und Meiners philos. Bibliothek 4ter Band
❍ Zwanzigers Commentar über Kants Critik der R.[einen] Vernunft
❍ Platters Neue Anthropologie für Ärzte und Weltweise neue Ausg
❍ Jacobis Beweis für die Unsterblichkeit der Seele p
❍ Bliomberis von Alxinger
  Reinholds Briefe über die Kantische Philosophie

NB.

Ich habe nicht alles erhalten, was ich letzthin aufgeschrieben GABürger

  Hufelands Lehrsätze des Naturrechts
❍ Hufelands Versuch über den Grundsatz des Naturrechts

96.

An
Herrn Buchhändler Dietrich
den Ältern

G.[öttingen,] den 31. Jan. 1793.

Lieber Dietrich,
Wie höchst ungern ich dir beschwerlich falle, muß dir dieß ein Beweis seyn, daß ich ungeachtet der ängstlichen Klemme, worin ich mich befinde, dich fast in drei Wochen nicht an Antwort auf mein letztes Billet erinnert habe. Ist deine Gegenrechnung so beschaffen, daß ich für jetzt keine Ansprüche an deine Güte machen kann, warum erhalte ich dann nicht endlich wenigstens diese Berechnung? — Oder warum erhalte ich sie nicht auch alsdann, wann sich gleich auswiese, daß ich, wer weiß wie viel, noch zu Gut hätte? Meinest du denn, daß ich dich mehr belästigen würde, wenn du mir auch zehntausend Thaler schuldig wärest? — Gewiß und wahrhaftig nicht! —

Ich kann mir sehr wohl vorstellen, daß du bisweilen auch deine Verlegenheit hast; und daraus brauchst du einem Freunde gar kein Geheimniß zu machen, der immer billig und bescheiden genug seyn wird, diese Verlegenheiten möglichst zu schonen, und mit größeren Ansprüchen so lange zu warten, bis du wieder mehr flott bist. Ich nehme ja nur in der äußersten Noth meine Zuflucht zu dir, um mich mit einer kleinern Beihülfe bis an einen Zielpunct weiter zu krüppeln, da ich mir auf andere Art wieder helfen kann. Daß du mich aber auch auf eine solche Angst- und Noth-Bitte ohne Geld, ohne Rechnung, ohne Antwort, kurz ohne alles läßest, das kann ich durchaus nicht anders begreifen, als wenn ich annehme, daß du irgend einen Vorwurf gegen mich habest, den ich doch auf keine Weise zu verdienen mir bewußt bin. Hast du etwas Gegründetes gegen mich so laß es hören! Ich werde mich gegen jeden Vorwurf sogleich auf der Stelle völlig zu rechfertigen im Stande seyn, so wahr ich bin

Dein aufrichtiger Freund
Bürger

97.

An den Herrn Buchhändler Dietrich
in Göttingen
per Expr[eßboten] welcher zu lohnen ist

Mache nur auf, alter Knabe! Wirst einen schönen Anblick bekommen. So arg ist noch kein mal kuranzt worden.

98.

Bürger an die Dieterichsche Verlagsbuchhandlung

P.M.

Am 9ten Aug: 1793 hat mir Herr Heinrich Dieterich für den Musen Alm.[anach] von 1793 zu den vorher schon bezahlten 150 Reichstalern noch 10 St. Ld'or und also 50 Reichstaler bezahlt. Er bleibt mir Kraft heute getroffener Abrede noch 50 Reichstaler auf k.[ünftigen] Michaelis zahlbar schuldig. Für die künftigen Jahrgänge des Musen Almanach hat derselbe ein Honorarium von 300 Reichstalern und solches jedesmahl nach seiner Rückkehr von der Leibziger Ostermeße versprochen

G.A.Bürger

Am 25. Oct: 1793 habe ich fünf Ld'or abschlägich auf jenen Rückstand erhalten GAB.

99.

Dieterich an die Bürgerschen Erben

Göttingen den ten Aug 1794

| | | | | |
|---|---|---|---|---|
| Sr. Wohlgebohren, weyland Herr Prof. Bürger beliebten Laut der Demselben unterm 10 Mrz 1794 eigenhändig übergebenen Rechnung | | | | |
| | 2862 | 2 | 462 | 20 |
| Hiezu kömmt noch an empfangenen Holz [vom 12 Juli 1787 – 15. März 1791] | 3017 | 16 | 462 | 20 |
| Für den Musen Almanach | | | | |
| 84 u. 85 kommt Ihnen gut | | | 300 | |
| do 86 – 92 | | | 1400 | |
| do 93 | | | 300 | |
| Für den Musen Alm:[anach] 1793 | | | | |
| zahlte ich Ihnen baar | 300 | | | |
| für 1794. kommt Ihnen gut | | | 300 | |
| | 3317 | 16 | 2762 | 20 |
| | 2762 | 20 | | |
| Verbleibt mir noch | 554 | 20 | | |

Joh Christ: Dieterich

# Anhang

# Kommentar

## Vorbemerkungen

Bürgers Gedichte werden durchgängig zitiert nach der kritischen Ausgabe von Ernst Consentius, 2. Aufl. Berlin 1914 (als „Gedichte“ Bd. 1. 2); seine Übersetzungen und Prosawerke nach der neuen Ausgabe von Günter und Hiltrud Häntzschel, München 1987 (als „Werke“ 1987); seine Briefe, wo nicht anders erwähnt, nach der Ausgabe von Adolf Strodtmann: Briefe von und an Gottfried August Bürger, Berlin 1874 (als „Briefe“ Bd. 1 – 4). Lichtenbergs Korrespondenz wird zitiert nach der Edition (Bd. 4 nach dem Druckmanuskript) des Briefwechsels, herausgegeben von Ulrich Joost und Albrecht Schöne, München 1983 ff. (als „Lichtenberg, Briefwechsel“ Bd. 1 – 4), seine Schriften nach der Ausgabe von Wolfgang Promies, München 1969 ff. „Auktionskatalog“ meint den von Bürgers Bibliothek und Nachlaß 1894 (nur noch hds. im Universitätsarchiv Göttingen überliefert, der einzige Druck in der UB Tübingen verschollen); „Adelung“ weist auf dessen „Grammatisch-kritisches Wörterbuch der hochdeutschen Mundart“, zuerst 1774 – 86; ich benutze die Ausgabe Wien 1811. „Kindleben“ steht für dessen „Studenten-Lexicon“ von 1781, „Grimms DWb“ für das „Deutsche Wörterbuch“ der Brüder Grimm, 1854 – 1961.

Zur Vermeidung ständiger Wiederholungen im Kommentar sind die allgemeinen Erläuterungen zu Personen und Orten im Namenregister gesammelt. In der nachstehenden Liste sind außerdem die Abkürzungen, Münzen, Maße und Gewichte in alphabetischer Folge erläutert (in moderner Orthographie; man suche also C unter Z oder unter K). Zum leichteren Aufsuchen sonstiger Erläuterungen diene der Wortindex.

## Abkürzungen; Münzen, Maße und Gewichte

Anker: Hohlmaß für Wein, regional unterschiedlich 30 – 50 Liter, in Bremen: 35,43 l = 11 Stübchen =44 Quart.

C. M.: Cassenmünze.

d.: denarius, -rii (=Pfennig, -ge).

Dukaten: ursprüngl. venezianisches Goldstück; später auch im Reich geprägt und dort durch seinen lange unveränderten Goldgehalt die wichtigste Goldmünze, deren Wert mithin nur nach dem Metallkurs schwankte (zu Bürgers Zeit galt der Dukat ca. 2 Reichstaler 20 Gutegroschen).

G. G.: unklar; vermutlich: Geliebter Gevatter.

GG., GGr. Gr., Grl.: s. Gutegroschen.

Groschen: wo damals nicht anders bezeichnet, ist mit G. in der Regel der Gutegroschen (s. d.) gemeint. In Bremen $^1/_{72}$ Taler.

Gulden: ursprünglich italienische Goldmünze (Florenus, Florentiner; daher abgekürzt: fl.) im 18. Jhdt. im Oberdeutschen und in den rheinischen und hessischen Gegenden, nicht eigentlich aber in Kurbraunschweig kurrente Silbermünze im Wert von $^1/_2$, $^4/_9$ und $^2/_3$ Reichstaler (s. a. Kammergulden). Daß Bürger einmal einen halben Gulden bezahlt, muß wohl aus der Grenzlage des Gartetals erklärt werden.

Gutegroschen: $^1/_{24}$ Taler.

Fässel: norddt. Hohlmaß für schüttbare Waren von je sachlich und regional unterschiedlichem Wert; für Bier 152 l, für Branntwein 218,5 l.

H., HE.: Herr (mit der zweiten Majuskel ursprüngl. der Schreibung GOttes des HErren vorbehalten: Als um die Reformationszeit die Großschreibung seines Namens auch auf Eigennamen allgemein ausgedehnt wurde, bildete sich rasch die neue Hervorhebung heraus, beide Anfangsbuchstaben groß zu schreiben).

Heller: ursprünglich oberdeutsche Scheidemünze im Wert eines halben Pfennigs.

Kammergulden: eigentl. päpstlicher Goldgulden. Da Bürger ihn mit 21 Mariengroschen angibt, rechnete er diesen Guldenfuß etwa $^2/_3$ zum Taler.

Karolin: bayrische Goldmünze im Wert von ursprünglich 10, in der 2. Hälfte des 18. Jhdt.s dann 11 Gulden (s. d.).

Kassenmünze: (C. M.) im Unterschied zu den Münzen, deren Wert durch Münzverschlechterungen (Umprägungen) nicht mehr ihrem angegebenen Metallgewicht entsprach (=Courant), festgesetzte Kurszettel (insbesondere bei der Besoldungszahlung von Staatsbediensteten). Zu Ende des 18. Jhdt.s fiel der Louisd'or auf $4^1/_2$ Taler Kassenmünze.

Ld'or: s. Louisd'or.

Lot: $^1/_{32}$ Pfund oder 4 Quentchen (in Kurbraunschweig also ca. 16 Gramm).

Louisd'or, Ld'or: ‚Ludwig aus Gold'; ursprünglich französische Goldmünze (1640 – 1803), dann von vielen Potentaten auch im Metallwert imitiert (Preußen: Friedrichsd'or). Galt als Münze 5 Taler, als Kassenmünze $4^1/_2$ Taler.

M. A.: Musenalmanach: Gemeint in aller Regel der Göttinger, der eigentl. die beiden Titel führt „Musen Almanach (Jahr) Göttingen bey Joh. Christ. Dieterich" u. „Poetische Blumenlese auf das Jahr (....) Göttingen bey Joh. Christian Dieterich". Er erschien immer zur Michaelismesse des Vorjahres.

Mariengroschen: $^1/_{36}$ Taler; vorwiegend in Kurbraunschweig kurrent.

Mgr.: s. Mariengroschen.

Morgen: Flächenmaß; im Braunschweigischen damals schon ziemlich exakt $^1/_4$ Hektar (2500 qm).

mp.: manu propria (=eigenhändig).

Mspt., Manuspt.: Manuskript.

NB.: Notabene (=wohlgemerkt).

N. S.: Nachschrift.

Oxhoft: (Ochsenkopf) Hohlmaß für Wein und Spirituosen, in Bremen hielt 1 Oxhoft = 6 Anker = 30 Viertel = 264 Quart = 217,447 Liter.

P. P.: Praemissis praemittendis (=nach Vorausschickung des Vorauszuschickenden).

p., pp., ppp.: perge (=und so weiter).

Pfennige: (‚denarii', daher abgekürzt „d"); im 18. Jhdt. schon Scheidemünze im Wert von $^1/_{288}$ Taler.

Pistolen: in Deutschland übliche Bezeichnung für den Louisd'or, s. d.

P. M., Pro Mem.: Pro Memoria (=Zur Erinnerung: Denkschrift).

Quartier: regional unterschiedliches Hohlmaß für Flüssigkeiten, meist Vierteleinheit. In Bremen = 1/4 Stübchen = 0,805 Liter.

Quartjes: hier offenbar Hohlmaß für schüttbare Waren (Getreide etc.); in Betracht kommt an der betreffenden Stelle nur eins von der Größenordnung des engl. quarter, der ziemlich genau dem niedersächsischen Malter entsprach: ca. 96 Liter.

Reichstaler: Neben dem Gulden die damals verbreitetste Münze im Reichsgebiet (Abkürzungen: Rthl., rthl., rth., Thlr., rh.). beruhte auf dem Duodezimalsystem: 1 T. = 24 Ggr. = 36 Mgr. = 288 d.

s. v.: salva venia (=mit Verlaub).

Scheffel: Hohlmaß von regional sehr unterschiedlichem Umfang; im norddt. Raum zwischen 60 und 80 Liter.

sub. lit.: sub littera (=unter dem Buchstaben, dem Rubrum).

Subscr.: Subskription.

T....: Teufel. Das Verschweigen einiger der Ausdrücke, die man im 18. Jhdt. durch solche Punktierung nicht ausschrieb, mutet uns heute nurmehr seltsam an; darunter eben der Teufel, Ochse u. Esel (als Schimpfworte), dumm, Ars usf.

Taler: s. Reichstaler.

ZE.: zum Exempel (=zum Beispiel).

Zentner: 100 Pfund; das damalige Braunschweigische Pfund entsprach fast exakt dem heutigen (498 Gramm).

1. Wöllmarshausen, 13. September 1777.

Erich Ebstein, Gottfried August Bürger und Johann Christian Dieterich, 1910, S. 9, und (Orthographie) dem Erstdruck: Carl Schüddekopf, Nachlese zu Bürger, Euphorion, 3. Ergänzungsheft 1897, S. 103 f. Original – zuletzt 1910 im Besitz von Max Brockhaus – verschollen. Von Ebstein verglichen.

Röthel] Rotstift aus pflanzlichen Stoffen.

Pro Memoria] eigentl.: „Zur Erinnerung": Denkschrift (diese nicht überliefert).

praenumerando oder postnumerando] unter Voraus- oder Hinterherzahlung.

Erfindung der Kupferstiche] Vgl. Bürger an Chodowiecki 5.1.1778: „Wie mir Herr Dietrich [...] schreibt, so hat er seine und meine gehorsamste Bitte bereits an Sie gelangen laßen und von Ihnen das erfreüliche Versprechen erhalten, daß Sie die Ausgabe meiner Gedichte durch Ihre Kunst verherrlichen wollen [...].“ (Briefe Bd. 2, S. 206). Ch. erhielt pro Platte 8 Louisd'or (B. an Philippine Gatterer 12.3.1781: Ebstein, „Bürger und Philippine Gatterer“ 1921, S. 128 ff.).

Clystier] Klistier, Einlauf.

Michaëlis] 28. September: Jahrmarkts-, Meß- und Stichtag für vierteljährl. Zahlungen; Semesterwechsel.

Epigram von Kästnern] der Musenalmanach auf 1779 brachte von Kästner: „Die Korrespondentin“ S. 110, „Erzälung“ S. 116, „An Madame A.[malie] B.[aldinger]“ S. 124, „Neue Moral aus einer alten Fabel“ S. 129, „Salomos Gericht“ S. 134, „Aus einem Stammbuche – Antwort“ S. 168.

Bothen] eine Postverbindung ins Gartetal gabe es damals noch nicht, und auch der Weg nach Heiligenstadt, wohin regelmäßig Fußboten gingen, verlief südlicher über Reinhausen und Bremke. Für ihre Belange richteten Bürger und Dieterich sich aber selbst ein; s. Nr. 7.

Dieser und Jener] Euphemismus für den Teufel (spätestens seit dem 17. Jhdt.; sehr häufig bei Lessing belegt).

Sündenbock] vgl. 3. Mos. 16, 21 f. – Zu Bürgers Gebrauch biblischer Wendungen vgl. das Nachwort.

Frau ...Töchtern] Christiane Dieterich und die Töchter Louise Sophia Henriette und Friederike Christina Henriette.

vergolten werden] Bibelsprache nachgebildet: Z. B. Richter 1,7; Psalm 137, 8; vielleicht sogar witzige Umdeutung von Matth. 25, 40.

Anzeigen] Subskriptionsaufforderung zu den „Gedichten“ 1779 (als Einzelblatt gedruckt; Text in: Briefe 2, 1874, S. 117 f. in d. Anm.). Bürger publizierte die Sammlungen seiner Gedichte in einem damals verbreiteten Vorbestell-Verfahren (Subskription), wie es von Klopstock (vor allem mit seiner

Gelehrtenrepublik 1774; vgl. H. Pape, Die gesellschaftlich-wirtschaftliche Stellung Klopstocks 1962, bes. S. 405) und Wieland perfektioniert worden war. Die einzelnen Vorbesteller (Subskribenten) wurden von meist privaten Zwischenhändlern (‚Collecteurs'; s. u. Nr. 11) geworben, die dafür wiederum Freiexemplare erhielten. War die Subskription mit Vorausbezahlung verbunden, hieß sie Pränumeration (s. o.). Über seine eigenen Erfahrungen berichtet Bürger detailliert an Philippine Gatterer 12.3.1781.

30 Subscribenten] vgl. Boie und Sprickmann an Bürger 7.9.1777 (Briefe Bd. 2, S. 123): „Hier hab ich schon 30 [Subscribenten für Dich] und noch meine Kräfte nicht mal angespannt. In Zelle kolligiert eine Freundin von mir, ein herrliches Weib und hat schon auf 20." Davor ist (nach dem Original, früher Preuß. SB Berlin, heute in der Universitätsbibliothek Krakau) zu ergänzen: „Ich habe keine Anzeigen von Dir mehr und hatte sicher gestern welche erwartet. Dafür [!] kan ich Briefen, die ich mit Gelegenheit nach Straßburg und ins Reich [=Oberdeutschland] schicke, auch keine mit beylegen. Doch hab ich, da sie über Göttingen geht, durch einen Brief an Dietrich dem Fehler abzuhelfen gesucht. Schicke mir nur ja bald."

Zehntausend] das Subskr.verzeichnis (wiedergedruckt in Bürger, Werke 1987, S. 1043 ff.) meldete 1535 Subskribenten auf 1823 Expl.

Sodomitisches und Gomorrisches] Sodom und Gomorra, die biblischen Ortschaften aus 1. Mos. 19, übertragen für Lasterhaftigkeiten.

Wennehr] auch ‚wenn eher'; eigentl. ‚wann eher': zu welcher Zeit (Interrogativum). Nach Grimms DWb im 18. Jhdt. schon sehr veraltet und überwiegend in Privatquellen (Briefen, Tagebüchern) anzutreffen.

Cetermordio schreyen] Hilferuf; verpflichtete ursprüngl. den Hörer zu augenblicklicher Hilfeleistung.

exequirt] vollzogen, vollstreckt.

2. Wöllmarshausen, 23. Oktober 1777.

Nach dem Erstdruck: A. Strodtmann, Briefe von und an Bürger, Bd. 2, 1874, S. 168 f. Original – zuletzt 1874 in Strodtmanns Besitz – verschollen.

Bons dies] Guten Tag (altfranzösisch); vgl. Bürgers „Frau Schnips" (Gedichte Bd. 1, S. 183 Vers 63, Bd. 2, S. 313. Die von Consentius dort zusammengestellten Briefbelege der Grußformel zeigen, daß Bürger sie „stets in höhnendem Sinne" gebrauchte; s. Nr. 12.

L'hombre] urspr. span. Kartenspiel, das Anfang des 18. Jahrhunderts über Frankreich nach Deutschland kam und hier erst um 1850 durch das (seinem Charakter nach ähnliche) Skatspiel abgelöst wurde. Gespielt wird mit 3 – 4 Spielern und 40 Karten.

Sturz Erinnerung an Bernstorf] erschien zuerst 1777 in Helferich Peter Sturz, Schriften Bd. 2, S. 91 – 152 unter dem Titel „Erinnerungen aus dem Leben des Grafen Johann Hartwig Ernst von Bernstorff". Im Auktionskatalog 1794: 8°/Nr. 336.

Hosensch – –]Ebstein ergänzte in seiner Ausgabe zwar rein divinatorisch, aber vermutlich zu Recht zu dem wohl von Strodtmann unterdrückten „Hosenscheißer".

Heil, Nuz und Frommen] alte Segensformel; die letzten beiden Glieder sind damals fast synonym (vgl. Grimms DWb).

3. Wöllmarshausen, 26. Februar 1778.

Nach Ebstein, Bürger und Dieterich, S. 15 f. Erstdruck: Ungenau bei A. Strodtmann, Briefe von und an Bürger, Bd. 2, 1874, S. 235 f. Original – zuletzt 1910 im Besitz von Max Brockhaus – verschollen. Von Ebstein verglichen.

in hiesigen Lande] Herzogtum Hannover.

Aschersleben] gehörte zum damals preußischen Fürstentum Halberstadt. – Gemeint ist Bürgers Erbschaft, die Liegenschaften seines Großvaters. Der spätere Erlös aus dem Verkauf dieser 74 1/2 Morgen Ackerland (4427 Taler) sollte übrigens erst nach Bürgers Tod in Göttingen eintreffen, eben noch recht, um seine Schulden zu begleichen.

Leonhartschen Nachlasses] Bürgers Schwiegervater Johann Karl

Leonhart war am 25.4.1777 gestorben; über den ,abwesenden' L., einen Bruder des Verstorbenen, nichts ermittelt. Zur Sache vgl. B.s Briefe an Boie 5.1.1778; an Georg Leonhart 9.4.1778 (Briefe Bd. 2, S. 201 ff., 270 f.).

Leonhartsche Curatel] L.sche Vormundschaft. Da bei Leonharts Tod größtenteils unmündige Kinder aus zwei Ehen mit den entsprechenden unterschiedlichen mütterlichen Anteilen vorhanden waren, erwies sich die Nachlaßverwaltung als ungemein schwierig. Bürgers Gutachten darüber war so genau und ordentlich, daß es als Musterbeispiel galt und ein Verwaltungsjurist es damals sogar drucken lassen wollte.

liegende Gründe] Immobilien: Dieterich erwarb sein Wohn- und Geschäftshaus in der Gotmarstr. erst 1780.

im Lande] die Bürgschaft stellte ihm der damalige Kammerrat v. Hardenberg-Reventlow. Ein Brief Bürgers vom 3.6.1778 an diesen, worin er ein Exemplar seiner Gedichte übersandte, bezog sich wohl noch auf denselben Sachverhalt (Original im Neuhardenberger Hausarchiv Nr. 15/2, Auszüge gedr. im Katalog Hardenberg u. s. Zeit Berlin 1972, S. 26).

Reversales] Versicherungsschreiben zur Schadloshaltung.

Rechnungsdecharge] Quittung.

ans schwarze Brett] durch Holzgitter vor unberufenem Zugriff geschützte Bekanntmachungs-Anschlagtafel der Universität; damals in einem offenen Verbindungsgang zwischen Prinzen- und Paulinerstr., parallel zur Gotmarstr. an der Ostseite des Universitätsgebäudes und der Westseite von (u. a.) Dieterichs Anwesen.

Püttern oder an Heynen] wie damals in Göttingen allgemein bekannt, bezogen diese (beide auch Hausbesitzer) die höchsten Professorengrundgehälter; Pütter hatte darüber hinaus noch außerordentlichen Zulauf zahlender Hörer.

4. Wöllmarshausen, 2. März 1778.

Nach dem Original: FDH Frankfurt. Erstdruck: Fragmentarisch bei Hoffmann von Fallersleben, Findlinge Bd. 1, 1860, S. 282; dann fragmentarisch bei A. Strodtmann, Briefe von und an Bürger, Bd. 2, 1874, S. 239 f., dann fast vollständig bei

C. Schüddekopf, Nachlese zu Bürger, Euphorion, 3. Ergänzungsheft, 1897, S. 104 f.

schnurrig] närrisch (studentisch; vgl. Kindleben).

Schelm] ursprünglich ‚von unehrlichem Stand' (z. B. wurden auch Henker und Fahrende so genannt); damals ‚unehrlicher Kerl', ‚Schurke'.

parlirt] redet.

Betteltanz] veralt. Tanzart; danach übertragen (wie Tanz) Aktion und Widerpart. Begegnet bei Bürger noch (als Metapher für seine Amtmanntätigkeit) an Boie 1.10.1778; an Sprickmann 12.10.1778.

Vignetten] kleine, zumeist holzschnittartige Verzierungen am Kapitel- oder Buchende; die 1. Ausgabe enthält aber lediglich ganzseitige Illustrationen. Wie aus Nr. 21 hervorzugehen scheint, gebrauchte Bürger den Ausdruck im Sinne von Abbildung.

Durchlauchten und Erlauchten] Anrede für Mitglieder fürstlicher und gräflicher Häuser; diese stehen gesondert an der Spitze des Subskribentenverzeichnisses.

Excellenzen] Anrede für Gesandte, hohe Beamte und Generale.

behofirte] verunreinigte mich selbst. Hofieren: ‚auf dem Hof die Notdurft verrichten'. Nach Adelung nur in der ‚höflichen Sprechart des gemeinen Lebens' üblich. Vgl. B.s Gedicht „Menagerie der Götter" 1774 (Gedichte Bd. 1, S. 59 ff., Vers 14).

Anzeige] s. Nr. 1.

Promessen] Versprechungen; diese lautete: „auf feinem weißen Schreibpapier".

Kaldaunen] Eingeweide.

Leüte im Laden] Dieterich hatte in guten Zeiten allein in der Buchhandlung vier Handlungsgehilfen.

Schweinepelz] unflätiger und unreinlicher Mensch (Grimms DWb 9, 1899, 2451); gebraucht Lichtenberg an Wolff 21.1.1785 (Briefwechsel Bd. 3, Nr. 1345).

Hosius Pomposius] ‚Prachthose'. War Bürgers Vorschlag für sein Pseudonym bei einer scherzhaft erwogenen Herausgabe seiner Korrespondenz mit Philippine Gatterer; vgl. s. Brief an sie vom 10.9.1777: Ebstein, „Bürger und Ph. G.“ 1921, S. 30.

Christel] Christiane Dieterich.

eheliche Hälfte] Dorette Bürger kam am 15.3.1778 mit Marianne Friederike nieder.

hofieren] s. o. ‚behofieren‘.

Kinnkette] Kandare.

spahre] in der Bedeutung ‚erhalte‘ lt. Adelung damals im Nddt. üblich.

5. Wöllmarshausen, 16. März 1778.

Nach Ebstein, Bürger und Dieterich, S. 19. Erstdruck: C. Schüddekopf, Von und über Bürger, 1895, S. 3 f. Original – zuletzt 1910 im Besitz von Max Brockhaus – verschollen. Von Ebstein verglichen.

kund und zu wissen] angelehnt an die auch zu B.s Amtszeit noch vollkommen geläufige Verkündigungsformel (‚Promulgatio‘) der Urkunden und Bekanntmachungen.

Töchterlein] Marianne Friederike Bürger, s. Nr. 4.

Tausend sa sa] studentisch: Draufgänger (eigentl. Tausend ça ça).

Mazpumpe] Matz (=Matthias) Pumpe, nach Adelung „ein einfältiger, eingebildeter Mensch“.

noch so viel] „so“ nach Schüddekopf ergänzt.

Debit] Schuld.

Schmalzfedern] nach Adelung in einigen Gegenden Deutschlands Synonym für „Fettfeder“: Die oben auf dem Hintern des Geflügels sitzenden Federn, die oft zur intensiveren Fettbildung ausgerupft wurden.

de tout mon coeur] von ganzem Herzen.

Bad der Wiedergeburt] vgl. den Brief des Paulus an Titus 3, 5.

6. Wöllmarshausen, 24. März 1778.

Nach dem Original: UB Krakau. Erstdruck: Fragmentarisch bei Hoffmann von Fallersleben, Findlinge Bd. 1, 1860, S. 283; dann fragmentarisch bei A. Strodtmann, Briefe von und an Bürger, Bd. 2, 1874, S. 259; dann vollständig bei August Sauer, Euphorion,

Bd. 1, 1894, S. 315 f. Auf der Adresse Berechnungen wohl von Dieterichs Hand.

abtrollen] fortgehen; nach Adelung: ,in verächtlichem Verstande'.

Bogen] Druckbogen; in Oktav zu 16 Seiten.

Knittel] Prügel, Knüppel: hier die Zierleiste. Sie blieb.

Tausendsasa] s. Nr. 5.

Freitag] 27.3.1778; s. Nr. 12.

Philister-Pferde] student. Ausdruck: Bürgerpferde, Leihpferde minderer Qualität (,Pferdephilister' entsprechend: Pf.-Verleiher).

leipz. Messe] alljährlich in der Himmelfahrtswoche im Anschluß an die Jubilate-Messe (s. Nr. 62) abgehaltene Buchhändler-M.; wichtigstes Ereignis des Buchhandels (in den folgenden Briefen oft nur als ,die Messe' bezeichnet), das Dieterich nie versäumte.

H.[osius] P.[omposius] s. Nr. 4.

Otto] der damals nicht häufige Name trug schon mittelalterlich-feudale Konnotation (vgl. auch Klingers Drama), steht hier vielleicht als Muster eines Palindroms.

gewaschen haben] vgl. Klopstocks Epigramm „Ein gewisser Umstand"; Bürger darüber auch an Boie 14.1.1776.

Himburg] Brief nicht überliefert.

Christlichtgen] wohl Weihnachtskerzchen; lexikalisch anscheinend nicht belegt: Wortbildung Bürgers; gemeint: ,unbedeutender, wenig verständiger Mensch'.

7. Wöllmarshausen, 28. März 1778.

Nach dem Original: Im Besitz von Frau Barbara Hanning, Todtnau. Ungedruckt.

Krokodillenpastete] wohl: Eidechsenpastete.

salvaveniaen] Verbalbildung Bürgers zu „salva venia" (s. Abkürzungsliste): ,seine Notdurft verrichten' (s. a. Nr. 12).

Kindtaufen Abende] Marianne Friederike Bürger war am 19.3.1778 getauft worden; s. Nr. 12.

Kindlein] die Lebensdaten von Dieterichs zahlreichen Kindern habe ich im Anhang seines Briefwechsels mit Ludwig

Christian Lichtenberg zusammengestellt (1984, S. 114), soweit sie mir bekannt wurden (dort ist bei Louisa Sophia Henriette D. zu korrigieren: geb. 5.12.1757, nicht 5. 7.).

Interimspost] ‚Vorläufige'-Post (Bildungen mit interim sind damals nicht ungewöhnlich und begegnen auch im Privaten; Lichtenberg: ‚Interimsbesserung'). – Zum Boten („ein sonst ehrlicher Bettler": Lichtenberg an Boie 19.10.1778, Briefwechsel Bd. 1, Nr. 541); s. Nr. 1.

pauken] trommeln, dann auch predigen; aus der Studentensprache übernommen: ‚die Kanzel pauken' (Kindleben).

Revisionsbogen] damals die erste Druckkorrektur.

vollwichtig] von vollem Metallwert. Der Dukat z. B. galt infolge von Münzverschlechterung oft $^1/_4$ – $^1/_3$ Taler weniger als sein Nominalwert.

Orthographie] Bürgers Bemühungen um eine Rechtschreibreform sind niedergelegt in einem Nachlaßfragment, das offenbar für Lichtenbergs „Göttingisches Magazin" gedacht war: „Über die deutsche Rechtschreibung" (wiedergedr. in Lichtenberg, Briefwechsel Bd. 2, Nr. 759).

Almanache von 1771. 1774. 1776] der Göttinger Musenalmanach, begründet von s. Verleger Dieterich, wurde hrsg. von Boie (1770 – 74), Voß (1775) Goeckingk (1776 – 78), Bürger (1779 – 1794), Reinhard (1795 – 1802, 1804), Sophie Mereau (1803). Der Vossische erschien ab 1776 bei Bohn in Hamburg.

8. Wöllmarshausen, 1. April 1778.

Nach dem Original: UB Krakau. Ungedruckt.

Lenoren] Bürgers große Ballade, zuerst gedruckt im Musenalmanach auf 1774 (Gedichte Bd. 1, S. 139 – 145).

3. ... 6. Bogen] Druckbogen; also nicht „C" mit den S. 33 – 48, sondern „F" S. 81 – 96, den die „Lenore" dann tatsächlich als 19. Gedicht ganz füllt.

So schicken Sie] der überraschende Wechsel in der Anrede deutet darauf, daß Bürger das Billet als ‚ostensibel' betrachtete, d. h. zur Weitergabe in die Druckerei bestimmt hatte. Wechsel zwischen Pl. u. Sg. auch in Nr. 1 u. 26.

Wirwar] von Adelung zwar noch als mundartlich angegeben, hat schon Lessing diesen Ausdruck literaturfähig gemacht; bei Bürger ist eine solche Verwendung aber immer im Zusammenhang mit seinem Bemühen um Volkstümlichkeit zu sehen.

trillen] eigentl. drillen: drehen (wie bei Nr. 9: wie einen Kreisel); hier quälen. Gebraucht Bürger auch an Philippine Gatterer 10.9.1777: Ebstein, „Bürger und Ph. G." 1921, S. 29.

Schwiegermutter] Caecilia Elisabeth Antoinette Leonhart.

Kreisel herumgepeitscht] das heute wohl nur selten noch zu sehende Kinderspiel, bei dem ein Kreisel dadurch auf seiner Spitze gehalten wird, daß er sich dreht; diese Rotation wird durch Schläge mit einer kleinen Peitsche erzielt.

paginas] Seiten (Akkusativ Plural).

9. Wöllmarshausen, 4. April 1778.

Nach dem Original: UB Krakau. Erstdruck: A. Sauer, Euphorion, Bd. 1, 1894, S. 316 f.

Tausend sa sa] s. Nr. 5.

getrilt] s. Nr. 8.

L'hombrestripserei] Wortbildung Bürgers. Zu L'hombre s. Nr. 2; ‚stripsen' oder ‚strippen', nddt.: melken.

in Affection] in Gunst.

Waldrappe] Schabracke, Pferdedecke (Eindeutschung des italien. ‚Gualdrappa').

Flott] obenauf Schwimmendes; z. B. (hier): Rahm auf der Milch.

Christel ... Louise ... Friederike] Christiane Dieterich und ihre Töchter (s. Nr. 1).

Ungebornen] Dieterich hat keinen nachweisbaren „Unfug in der Haushaltung" mehr gemacht.

wohlaffectionirter Autor] kurialer Briefstil, hier wohl parodistisch. S. a. Nr. 11.

Mathieus Auction] Der Maler M. war am 28.2.1778 in Göttingen gestorben, im Begriff, dort die Göttinger Schriftsteller und Professoren für Gleim zu porträtieren (vgl. Lichtenberg, Briefwechsel Bd. 1, S. 787. 795 f.). Offenbar wurde sein Nachlaß sofort versteigert.

dem zu frühen Pressen] Da die Druckerschwärze im 18. Jahrhundert lange ,offen' blieb, durften die fertigen Druckbogen auch nach dem Trocknen noch nicht sofort beim Buchbinder gepreßt werden, da andernfalls leicht die Schrift von der Rückseite ,durchschlug' oder von der Gegenseite ,abklatschte'. Der Buchbinder trocknete daher oft frische Bogen vor dem Binden im Backofen.

Expressen] Eilboten.

besalvaveniar] s. Nr. 7.

Michaelismesse] Messe nach Michaelis (s. Nr. 1); als Buchmesse (in Frankfurt) damals ganz unbedeutend und nur als Erscheinungstermin für die Winter- und Folgejahrsproduktion wichtig.

Korydonen] im Singular Name eines über unerträgliche Liebe klagenden Hirten; studentisch dann auch armer Tropf. Begegnet bei B. in ,Die Weiber von Weinsberg' (Gedichte Bd. 1, S. 149 ff., Vers 25. Bd. 2, S. 301).

Avertissement] Ankündigung (s. Nr. 1).

Brieflein] am 4.4.1778 schrieb B. an Chodowiecki und bat dringend um Lieferung der Kupferstiche (Blätter 232 – 239 nach der Zählung in W. Engelmanns Werkkatalog 1857). Vgl. Zeitschrift für Bücherfreunde N. F., Okt. 1915, S. 367.

10. Wöllmarshausen, 6. April 1778.

Nach dem Original: StA Hannover. Erstdruck: A. Sauer, Euphorion, Bd. 1, 1894, S. 318.

kuranzen] eigentl. koranzen: ausschelten, mißhandeln. Bei B. in der „Prinzessin Europa" 1777 (Gedichte 1, S. 131) Vers 50.

Bettel] lumpige Kleinigkeit.

20 ... 3 bis 6 Bogen] die Ausgabe umfaßte nachher 328 S. Gedichte (also 20 1/2 Bogen); dazu kamen 3 1/2 Bogen Vorrede etc. (56 S., davon das Subskribentenverzeichnis 28 unpaginierte Seiten).

Halbscheid] Hälfte.

Gevatterin] durch welches Kind kam diese Gevatterschaft zustande? Die Bezeichnung drückte die durch die Patenschaft erworbene Beziehung in beiden Richtungen aus.

11. Wöllmarshausen, 9. April 1778.

Nach dem Original: StA Hannover. Erstdruck: Ungenau bei A. Strodtmann, Briefe von und an Bürger, Bd. 2, 1874, S. 269 f.; dann: Ebstein, Bürger und Dieterich, S. 27.

Druckfehlern] vgl. dagegen Nr. 28.

Pantalone] eigentl. Hose; der Narr, Hanswurst der italienischen Commedia dell'Arte.

Kollecteürs] s. Nr. 1.

suppliren] ergänzen.

Fragmente eines ungenanten] von Hermann Samuel Reimarus; gab Lessing 1777 anonym heraus im 4. Beitrag „Zur Geschichte und Litteratur. Aus den Schätzen der Herzoglichen Bibliothek zu Wolfenbüttel". S. u. zu Nr. 25.

Parabel] „Eine Parabel. Nebst einer kleinen Bitte und einem eventuellen Absagungsschreiben an Herrn Pastor Goeze" 1778.

Axiomata] „A., wenn es deren in dergleichen Dingen gibt. Wider den Herrn Pastor Goeze in Hamburg" 1778.

Zebedäus] eigentl. ‚Geschickter' (Hebr.), Vater der Apostel Jakobus und Johannes; im Niedersächsischen bis heute Vulgarismus für Penis.

Buch] altes Zählmaß für Papier; bei Schreibpapier 24 Bogen; der Kanzleibogen ca. 42 x 33 cm. S. a. Nr. 80.

HE Steckern] Herrn Stöcker.

Überschlag des Raums] s. Nr. 10.

wohlaffectionirter] s. Nr. 9.

12. Wöllmarshausen, 10. April 1778.

Nach Ebstein, Bürger und Dieterich, S. 29, und betreffend die Orthographie nach dem Erstdruck: C. Schüddekopf, Nachlese zu Bürger, Euphorion, 3. Ergänzungsheft 1897, S. 106. Original – zuletzt 1910 im Besitz von Max Brockhaus – verschollen. Von Ebstein verglichen.

Salva venia machen] s. Nr. 7.

kuranzen] s. Nr. 10.

ins Hundeloch] damals geläufiges Synonym für Gefängnis; das Altengleichensche im Amthaus zu Gelliehausen, gegenüber von B.s Wohnung ebendort. Als Amtmann war Bürger Verwalter der Patrimonialgerichtsbarkeit und konnte arretieren lassen.

Verlags Artikuln] hier der Musenalmanach, der seit 1770 in Dieterichs Verlag erschien, seit 1771 mit Beiträgen von Bürger.

Der Mann im Monde] das von Ludwig Bechstein in s. „Dt. Märchenbuch" (1845) bekanntgemachte, weitverbreitete Märchen.

Zebedäo] s. Nr. 11.

Lenden] lutherbiblisch für Keimdrüsen; daher ‚Frucht der Lenden': Nachkommenschaft.

schnelle Kathrine] populär für Durchfall, auch studentisch (Kindleben).

Karbatsche] Peitsche (verballhornt aus Kurbatsch).

wie Herr Weygand] in dessen Verlag hatte Bürger (außer einer Reihe von Beiträgen zu Boies „Deutschem Museum") nur „Anthia und Abrokomas. Aus dem Griechischen des Xenophon von Ephesus" anonym erscheinen lassen. Über das Honorar (6 Dukaten) und seinen Ärger vgl. Bürger an Boie 11.11.1775.

coram] gegen(über).

Oration] Rede.

Schwachmaticus] Schwächling, Schwachkopf. Stud., jedoch lexikal. belegt erstmals bei Vollmann (d. i. Gräßli), „Burschicoses Wörterbuch" 1846. Bei Bürger noch: Gedichte Bd. 2, S. 111 V. 30).

du Hosius, du Pomposius] s. Nr. 4.

saß hintern Ofen und schlief] sind dieser und die folgenden Spott- oder Übernamen einem bestimmten Märchen oder Schwank entnommen, oder ahmen sie die dort häufige Verwendung nach (Hans-im-Glück, Rühr-mich-an)? – Den Lokativ nach Präpositionen mit dem Akkusativ statt Dativ zu bilden (‚hintern'), heute nur als Regionalismus verbreitet, war damals noch ganz geläufig.

Perspectiv] Fernrohr; meint doch wohl: Penis.

Sentenz] Richtspruch.

J. und K. Bogen] die Seiten 129 – 160 mit der „Prinzessin Europa", dem „Raubgraf" und dem Anfang der „Weiber von Weinsberg".

Fus geküst] in protestantischer Polemik viel kritisiertes Unterwerfungsritual bei der Begrüßung des Papstes (Lexikon für Theologie und Kirche Bd. 6, 1961, 697 f.); begegnet z. B. auch bei Lichtenberg (Briefwechsel Bd. 1, S. 315. 318).

Mores] Sitten, Anstand.

Montag] 13.4.1778.

13. Wöllmarshausen, 12. April 1778.

Nach dem Original: Bayer. SB München. Erstdruck: A. Strodtmann, Briefe von und an Bürger, Bd. 2, 1874, S. 273.

Rev.[isions] Bogen] s. Nr. 7.

Schubsacke] Tasche.

14. Wöllmarshausen, 18.April 1778.

Nach dem Erstdruck: A. Strodtmann, Briefe von und an Bürger, Bd. 2, 1874, S. 274 f. Original – 1874 in Wilhelm Künzels Sammlung – verschollen.

Tausendsasa] s. Nr. 5.

schnelle Kathrine] s. Nr. 12.

mit dem heütigen Tage] Karfreitag.

den Sadrach] Strodtmann: „der Sadrach"; wohl Druckfehler und daher korrigiert.

Sadrach] hier: Dieterich; vgl. Nr. 43. Eigentlich hebräisch: ‚der Fleißige'; siehe die folg. Erläuterung.

Mesach] Strodtmann: „Mesech"; wohl Druckfehler und daher korrigiert (eine Bibelredaktion mit dieser Version mir nicht bekannt).

Mesach, und Abednego] gemeint wohl Elderhorst und Scheufler. Vgl. Daniel 1, 5 f.: Im Auftrage Nebukadnezars hatte der Kämmerer Aspenas Daniel und drei Knaben von königlichem Geschlecht aus dem Volk Israel ausgewählt für den Königsdienst; die 3 Gefährten Daniels nannte er Sadrach, Mesach (oder Misach) und Abednego: Die späteren drei Jünglinge im Feuerofen.

junkerirt] wie ein Junker lebt, faulenzt (Ausdruck Bürgers; vgl. noch im „Münchhausen“: Werke 1987, S. 504, und Briefe Bd. 3, S. 241; dort im Sinn von ‚vertun‘). ‚Junkern‘ hieß noch im 19. Jhdt. (lt. Hoffmann von Fallersleben, Volkswörter; in Wagners Archiv 1873, 251): faul riechen, schmecken (vor allem vom Wild).

15. Wöllmarshausen, 20. April 1778.

Nach Ebstein, Bürger und Dieterich, S. 35. Erstdruck: ungenau bei A. Strodtmann, Briefe von und an Bürger, Bd. 2, 1874, S. 276. Original – 1910 in Hans von Müllers Besitz – verschollen. Von Müller für Ebstein verglichen.

Deederich] Versuch, Dieterichs Namen ins Niederdeutsche zu übertragen.

Frau Schnips] Titel von Bürgers Gedicht (Gedichte Bd. 1, S. 181 – 186).

Donnerstags] 23.4.1778.

Distraction] Unachtsamkeit.

Pr[ofessor] L[ichtenberg]] (Briefe Bd. 2, S. 276). Vgl. Lichtenberg an Dieterich wohl vom selben Datum (Briefwechsel Bd. 1, S. 818): „Herrn Amtmann Bürgers Ballade ‚Frau Schnips‘ ist eine der besten, die ich in meinem Leben gelesen habe. Allein mit dem Bekanntmachen, das ist nun so eine Sache, und mit dem nicht Bekanntmachen auch. Die Mäntel der Liebe unserer Geistlichen werden alle Tage enger. Ich glaube nicht, daß sie dieses Gedicht darunter bringen können. Und doch, hol's der Henker! darf man so etwas nicht ungedruckt lassen, das uns Allen Ehre machen kann. Ich dächte, er wagte es. Nimmt ja doch der Herr Jesus die Frau Schnips an; wieviel mehr sollte der Doktor Leß die Ballade annehmen, die unter der Maske des Leichtsinns eine sehr vortreffliche Moral lehrt. Nur das mußt Du dem Herrn Amtmann sagen, in meinem Namen, daß wenn er sie bekanntmacht, er wahrlich lieber die Zeit ändern soll, als eine Zeile darin! G. Ch. Lichtenberg“.

16. Wöllmarshausen, 23. April 1778.
Nach Erich Janke in: Euphorion, 5. Ergänzungsheft 1902, S. 202. Erstdruck: Fragmentarisch bei Hoffmann von Fallersleben, Findlinge Bd. 1, 1860, S. 283; Original – 1902 im Besitz von A. Stoll in Kassel – verschollen.
gaudiren] sich freuen.
in naturalibus] in natürlichem Zustand, mit entblößter Scham.
holländischer Käse] nichts ermittelt; ein holländischer Dozent oder Student?
Pegasus] geflügeltes Dichterroß der griechischen Mythologie.
theologischen Fakultät] vgl. Lichtenbergs Bemerkung (zu Nr. 15).

17. Wöllmarshausen, 28. April 1778.
Nach dem Original: GSA Weimar. Erstdruck: Fragmentarisch bei Hoffmann von Fallersleben, Findlinge Bd. 1, 1860, S. 283; danach bei A. Strodtmann, Briefe von und an Bürger, Bd. 2, 1874, S. 277; dann etwas vollständiger bei A. Sauer, Euphorion, Bd. 1, 1894, S. 318.
Harfenist in der Stuz- oder AlongenPerüque] Frontispiz der „Gedichte“ 1778; s. die Abb. vorliegende Ausgabe S. 37. Dort ist auch die langwallende Allongeperücke des 17. Jhdt.s gut zu erkennen. Vgl. hierzu und zum Folg. Bürger an Boie 30.4.1778 (Briefe Bd. 2, S. 278).
Conterfey von mir] erst vor der 2. Ausgabe 1789; von Riepenhausen, der für sie auch die alten Chodowieckiplatten der Illustrationen nachschnitt oder neu stach, gezeichnet und gestochen (wiedergedruckt als Frontispiz zu Werke 1987).
Bruder Graurock und die Pilgerin] Titel von Bürgers Gedicht; dieses steht in der ersten Ausgabe S. 277; abgebildet in vorliegender Ausgabe S. 55.
drinnen] in Göttingen.
Vorrede etc.] s. Nr. 10.
PapierFlaus] hier offenbar unkorrekter Wortgebrauch; gemeint ist ‚Flauheit‘: Mangel, Fehlen. ‚Flaus‘ eigentl. grober Stoff, Wollflocke.

18. Niedeck, 29. April 1778.

Nach Ebstein, Bürger und Dieterich, S. 19. Erstdruck: Ebstein, Neue Kunde von Bürger, Süddeutsche Monatshefte 1907, Nr. 10. Original – zuletzt 1927 aus der Smlg. Ulex bei Henrici (Katalog CXX Nr. 40) angeboten – verschollen.

Geister Gruppe über Lenoren] zur viertletzten Strophe der „Lenore"; abgebildet in vorliegender Ausgabe S. 39.

Sonnabend] 2.5.1778.

Platten die Jungfernschaft] mit dem Druck begonnen.

Rev.[isions] Bogen] s. Nr. 7.

Tausendsasa] s. Nr. 5.

19. Niedeck, 2. Mai 1778.

Nach dem Original: Nds. SuUB Göttingen, Ms. 2 Philos. 167 t. Erstdruck: A. Cohn, Katalog der Sammlung des Grafen Paar, 1893, Nr. 1130, 1.

Hans Ars] lexikalisch sonst anscheinend nicht belegte Wortbildung wie Hanswurst, Hansdampf etc.; bei Bürger auch noch Hans Hagel, Hans Quast (Gedichte Bd. 2, S. 288. 356) und Hans Aff (s. Nr. 60).

Zaremba] polnischer General, den J. C. v. Einem zum Gegenstand eines ziemlich faden Epigramms in seinem Sammelbändchen „Witz und Gutmütigkeit Friedrichs des Einzigen in poetischem Gewande" (1799, S. 40) machte. Allerdings muß bei Bürger auch an ein verballhorntes spanisches „Caramba" (‚Potzblitz') gedacht werden.

20. Wöllmarshausen, 5. Mai 1778.

Nach Ebstein, Bürger und Dieterich, S. 41. Erstdruck: C. Schüddekopf, Nachlese zu Bürger, Euphorion, 3. Ergänzungsheft, 1897, S. 107 (mit starken Auslassungen). Original – zuletzt 1910 im Besitz von Max Brockhaus – verschollen. Von Ebstein verglichen.

Titul] wie aus Nr. 21 hervorgeht, hatte Dieterich mehrere Entwürfe probeweise drucken lassen.

Scharteke] (schmuddeliges) Buch, Schmöker; wahrscheinlich durch die Pennälersprache ins Deutsche gekommen.

Philadelphias Avertissement] von Lichtenberg. Als der Gaukler Jakob Philadelphia im Winter 1776/1777 in Göttingen seine Künste zeigte und für eine Galavorstellung einen besonders hohen Geldbetrag aus der Stadt zu ziehen drohte, parodierte Lichtenberg ihn so wirkungsvoll, daß jener die Stadt sofort verließ. Das „Avertissement" in Plakatform, dat. 7.1.1777 ist im „Photorin" 10, 1986, S. 3 faksimiliert (vgl. Lichtenberg, Briefwechsel Bd. 1, S. 679 u. pass.). Der „Holzschnitt" darüber, dessen Druckstock Dieterich zufällig noch in seiner Druckerei hatte und hier verwendete, stellt ein Jüngstes Gericht in extrem grober und ungeschickter Manier dar (Abb. in fast allen Werkausgaben Lichtenbergs).

#] das dergestalt markierte Probeblatt nicht überliefert.

vier lezten Kupfern] zu „Lied vom braven Manne" (S. 230); „Schwanenlied" (S. 241); „Bruder Graurock" (S. 277); „Die Entführung" (S. 304).

Suß] sonst (vgl. DWb 10,2); im Nddt. noch lebendig.

Vignetten] s. Nr. 4.

21. Wöllmarshausen, 5. Mai 1778.

Nach Ebstein, Bürger und Dieterich, S. 42; der Anfang nach dem Teilfaksimile in E. Grisebach, Die Deutsche Literatur 1770 – 1870, 1876, bei S. 174. Erstdruck: E. Grisebach, Blätter für litterarische Unterhaltung 1866, Nr. 23, S. 367. Original zuletzt 1916 im Städtischen Museum Göttingen (lt. Erwerbungsakten); nach Auskunft der Direktion dort z. Zt. nicht auffindbar. Von Ebstein verglichen.

bekränzte Titel] nicht gewählt, und auch nicht überliefert.

Einlage] Bitte um „Entschuldigung", daß nicht alle Titel bei den Subskribentennamen aufgeführt sind. Wiedergedruckt Bürger, Werke 1987, S. 1071).

pag. 29] „Huldigungslied"; dazu ein Kupferstich.

auf die lezte] zuletzt. Damals geläufig, begegnet z. B. auch bei Lichtenberg (Briefwechsel Bd. 2, Nr. 1046. 1144. 1191).

Rev.[isions] Bogen] s. Nr. 7.

22. Wöllmarshausen, 6. Mai 1778.

Nach dem Original: GSA Weimar, Nachlaß Ebstein. Ungedruckt. – Auf p. 4 (Umschlagseite) Berechnungen Dieterichs, vermutlich zu Lohnzahlungen an die Angestellten: „Hach[feld], Engel-[hardt], Stöcker, Lud [=Lüdicke?], Goebh [=E. C. Gebhard], Meisch, Beck, Clée & Reike, Höh u. Carleb:[erg], Zimmer, Büsing." Da die Namen offenbar teilweise abgekürzt sind, ist die Entzifferung nicht voll gesichert. Wegen der Erwähnung Hachfelds ist die Notiz vor 1781 zu datieren; vermutlich wird sie nicht lange nach Empfang des Billets entstanden sein. Die meisten Namen begegnen auch in der Kranken- und Sterbekasse der Dieterichschen Buchdruckerei (vgl. über sie O. Fahlbusch in d. Veröffentlichungen des Geschichtsvereins für Göttingen und Umgebung Heft 4, 1941, S. 59 – 73). Die in der Liste den Namen folgenden Beträge bewegen sich zwischen 1 (bei Engelhard, der also wohl ganz junger Geselle war) und 2 [=Talern] (bei Stöcker, dem Faktor), sind also wohl Wochenlöhne. Die andern haben alle 1:8 [1 Taler 8 Groschen].

Directorium] Anweisung (Direktive); offenbar Anglizismus, der sich sonst nicht durchgesetzt hat.

communicire] teile mit.

Promemoria] s. Nr. 1.

rectificiren] berichtigen.

Tausendsasa] s. Nr. 5.

beym Homer] die Iliasübersetzung, ursprüngl. in Jamben geplant (Proben davon in der „Bibliothek der Schönen Wissenschaften" 1771, S. 1 – 41 und im „Deutschen Merkur" 1776, 1, S. 1 – 14. 4, S. 46 ff.), wollte er in einer Quart- und einer Oktavausgabe herausbringen. Nichteinmal die Ankündigung davon (gedr. Werke 1987, S. 645) erschien. Erst 1784 folgte nun in Hexametern ein Fragment des (nie abgeschlossenen) Unternehmens; s. Nr. 84.

disgustirt] ekelt an, verärgert.

Königin] Sophie Charlotte von England; sie steht an der Spitze des Subskribenten-Verzeichnisses der Gedichte 1778.

23. Bürger an J. G. Stöcker, Wöllmarshausen, 21. Mai 1778.
Nach dem Original: UB Leipzig. Ungedruckt.
disgustiren] s. Nr. 22.
abzubrechen] zu ersparen.

24. Wöllmarshausen, 1. Juni 1778.
Nach dem Original: Nds. SuUB Göttingen, Ms. 2 Philos. 167 o: 3.
Erstdruck: A. Cohn, Katalog der Sammlung des Grafen Paar, Katalog 97, Nr. 44, dann bei Ebstein, Bürger und Dieterich S. 42 – 44.
Tausendsasa] s. Nr. 5.
umherschwärmen] mit Lichtenberg nach Hamburg und Helgoland (vgl. Lichtenberg, Briefwechsel Bd. 1, Nr. 488 – 491).
salva veniaen] s. Nr. 6.
Winter] Subskribentenverzeichnis liest ‚Winters'; über ihn nichts ermittelt.
Nicolai] nicht im Subskribentenverzeichnis.
Rothhausen] über ihn gibt auch C. Eßlinger (Das Postwesen in Ostfriesland 1908) keinen Aufschluß.
Communicata] das Mitgeteilte (Neutrum Plural).

25. Wöllmarshausen, 12. August 1778.
Nach dem Original: HAB Wolfenbüttel. Ungedruckt.
Aushängebogen] damals der letzte Korrekturbogen (weil er an der Presse ausgehängt wurde).
Dieser und Jener] s. Nr. 1.
Streitschriften] außer den in Nr. 11 genannten verfaßte Lessing durch die Herausgabe der Fragmente eines Ungenannten veranlaßt noch die elf Folgen des Anti-Goeze.
Händel] s. Nr. 11. Über den Streit zwischen Lessing und Goeze im Anschluß an die Veröffentlichung der „Fragmente eines Ungenannten" orientiert A. Schöne u. a., Lessing contra Goeze (Text + Kritik 26/27, 1970); einläßlicher und mit vollständigem Textabdruck auch der Goezeschen Schriften: H. Göbel in seiner Edition von Lessings Theologiekritischen Schriften (in: Lessing, Werke hrsg. v. Göpfert u. a. Bd. 7 u. 8, 1976 – 79).

26. Hofgeismar / Wöllmarshausen, 10./15. August 1778.

Nach dem Original: HAB Wolfenbüttel. Ungedruckt. Die Datierung über dem Brief (15. 8.) ist von Bürger nachträglich mit anderer Tinte eingefügt. – Der Korrespondent ist vermutungsweise nach dem burschikosen Ton und den Anredeformen bestimmt (nicht voll gesichert).

Salve] sei gegrüßt! – B. gebrauchte gern und oft durchaus klassisch-lat. Grüße (vgl. etwa Cicero, Ad Familiares); z. B. ‚Fave et Vale' (s. u.), ‚totus tuus' (ganz der Deinige) etc.).

Berechnung] gemeint wohl eine Abrechnung, oder, wenn der Empfänger wirklich Dieterich war, vielleicht auch eine Umfangsberechnung (z. B. des Almanachs, s. Nr. 29).

Laufzetteldroher] der Ausdruck ‚Laufzettler' (=Auftragszettel-, Warenbegleitschein-, Lieferschein-Träger) begegnet bei Bürger noch an Bollmann 10.5.1779 (Briefe Bd. 4, S. 278 Nachträge).

Fave et Vale] Bleibe gewogen und laß es Dir wohlergehen.

27. Wöllmarshausen, 17. August 1778.

Nach dem Original: Nds. SuUB Göttingen, Ms. 2 Philos. 167 t. Erstdruck: A. Sauer, Euphorion, Bd. 1, 1894, S. 319.

Wiederkunft] bildet, ähnlich wie unten „Grimme", Bibelsprache nach; vgl. Neues Testament, insbes. in den Apostelbriefen: „W. des Herrn".

Hannover] aus der geplanten Reise wurde nichts.

Almanach ... über 10 Bogen] der Musenalmanach auf 1779 hatte (außer 28 S. Kalendarium u. 8 S. Vorrede) 180 S. (=11 1/4 Bogen).

künftigen Sonnabend] 22.8.1778

in meinem Grimme] an die Sprache der Lutherbibel angelehnte Diktion (z. B. Jes. 63, 3).

Beitrag von Kästner] s. Nr. 1.

28. Wöllmarshausen, 22. August 1778.

Nach einem Typoskript Ebsteins: GSA Weimar. Erstdruck: Nach einer Notiz Ebsteins in A. Halbert, „Der Brief", April? 1911 (war mir nicht zugänglich); danach in den „Hamburger Nachrichten" vom 25.4.1911. Neuerlich (sehr ungenau) im Göttinger Tageblatt vom 28.6.1951 abgedruckt. Original verschollen; zuletzt versteigert Mai 1911 bei Boerner in Leipzig.

Wehe! Wehe! Wehe!] auch dies gewiß biblischer Gestus; vgl. etwa Offb. 8, 13.

Druckfehlern] Auf diese Stelle bezieht sich vermutlich die lange Tirade über derlei Fehler an Goeckingk [Anfang 1784] (Briefe Bd. 3, S. 123), wo es u. a. heißt: „Dietrichs Corrector wollte ich einmal ganz im Ernst prügeln und hätte es auch sicher gethan, wenn er mir in der ersten Wuth in die Klauen gefallen wäre." – Da die Druckkorrektur damals allgemein in den Händen der (überdurchschnittlich gebildeten) Druckerei-Faktoren lag, hatten Autoren selten vollen Anteil an der Revision, jedenfalls weniger als Bürger. Den Ärger hatte er doch. Folgenden „Brief an die Leser" (bislang ungedruckt, Original in der Autographensammlung der Veste Coburg) hatte er für Christoph Girtanners „Politische Annalen" (in F. Ungers Verlag in Berlin) vorgesehen, wo 1793 seine „Republik England" erschienen war. Bürger hielt ihn dann doch zurück:

Pro Memoria

welches in Hoffnung besserer Zeiten für dießmahl noch nicht mit abgedruckt wird.

Der Eigenthümer der Hand, welcher diese Schrift schreibt, giebt sich zwar für nichts weniger, als einen guten Schreibmeister aus, glaubt aber doch für Alle, die nur irgend Geschriebenes lesen können, wenigstens so deutlich zu schreiben, um an die Herren Setzer und Corrector der *Politischen Annalen* die höchst dringende Bitte ergehen lassen zu dürfen, das Geschriebene künftig mit mehr Sorgfalt als bisher in Gedrucktes zu verwandeln. Da er sich selbst befleißigt, sowohl richtig und deutlich zu denken, als richtig und deutlich, selbst bis auf die kleinsten Sylben und Striche, sich auszudrücken, da er kein Mspt weggiebt, ohne es vorher genau durchgesehen zu haben, so muß es ihm unstreitig höchst unangenehm seyn, alle seine Sorgfalt oft so schmählich vereitelt, und den Verdacht gegen sich erweckt zu sehen, als ob er weder denken noch schreiben könnte.

Wenn in ausländischen Journalen und Zeitungen so viele Sinn entstellende Druckfehler vorkämen, so würde es fast unmöglich seyn, politische Annalen zu schreiben.

Sollte es nicht aus Ursachen – wohl verstanden aber aus triftigen Ursachen – nicht möglich seyn, daß diese Beschwerde, die einen nicht wenig nachtheiligen Einfluß auf die Lust und Liebe zum Dinge hat, abgestellt würde, so wird sich Herr Unger zu einer wahrhaften Summe Chagrin- und Schmerzensgelder verstehen müssen. Gegentheil aber wird Er die Verfasser erfreuen, die Annalen von Tage zu Tage genauer und zierlicher zu schreiben, damit sie sich auch zu dieser gewiß nicht unbeträchtlichen Rücksicht vor andern politischen Sudeleien auszeichnen.

Anonymus.

Prorector] der damals in aller Regel in jährlichem Turnus aus den Honorenfakultäten an die Spitze der akademischen Selbstverwaltung als Stellvertreter für den Rector perpetuus (den Landesherrn) gewählte Professor.

Korrector wärdt] die Satzvorlage (Abschrift) hat ein beim Abschreiber (oder Bürger selbst?) durch Wiederholung zustande gekommenes „wäre“; hier emendiert nach dem Abdruck in den „Hamburger Nachrichten“.

billiger] angemessener; gerechter.

p. 77] im Musenalmanach auf 1779 noch gebessert („Lied“). Diese hübsche Tändelei ist in den Gedichten 1789 komplett umgearbeitet u. d. Titel „An die Menschengesichter“; es sollte später heißen: „An die kalten Vernünftler“.

Signatum] unterzeichnet.

in meinem gerechten Grimme] s. Nr. 27.

29. Wöllmarshausen, 15. September 1778.

Nach dem Erstdruck: A. Sauer, Euphorion, Bd. 1, 1894, S. 320. Original – zuletzt im Verzeichnis Künzel (7. Abt.) 1898, Seite 72, Nr. 1411 (Katalog List u. Francke; danach die Adresse und Datumszeile) – verschollen.

Wenn ... mus] dieser Satz schon im Auktionskatalog der Smlg. Künzel Heft 7, 1898, S. 72; dort mit den Varianten „Art und Friedrich“ (vielleicht sollte das ein „Ars“ in der Handschrift umspielen) und „nun leider“, wo der Erstdruck „A..“ und „nur leider“ hat. Nach diesem Befund vermutungsweise emendiert.

Mspt. überschlagen] um den Umfang im Druck zu berechnen. Der Musenalmanach auf 1779 hatte 180 S.

klaatrig] verwickelt, unausgekämmt; dann auch: zerlumpt. Vgl. B.s Gedicht „An den Klaatrigen“ von 1778 (Gedichte Bd. 2, S. 126. 372).

Aushängebogen] s. Nr. 25.

Index der Druckfehler] Gedichte Bd. 2, S. [180].

30. Wöllmarshausen, 19. September 1778.

Nach dem Original – GSA Weimar. Erstdruck: A. Sauer, Euphorion, Bd. 1, 1984, S. 320 f.

Stücklein] B.s „Fortunens Pranger“ (Gedichte Bd. 1, S. 89 – 92).

Madam Fortuna] Frau Glück.

Fuselbrenner] für gestr. „Brandweinbrenner“. – In der betr. Strophe (Vers 97 – 100) sind eine Reihe von Berufen (u. a. „Kauf- und Handelsherrn“) aufgezählt, die Madame Fortuna „[ver]wandelt ... in Büffel gar zu gern“.

Viel Poeten] aaO. Vers 95.

ausgehunzt] ausgeschimpft.

Flox] Bürgers Reitpferd.

Komplimonien und Cärimente] Metathese (Komplimente, Zerimonien): Sollte B. die oft unfreiwillig komischen Fremdwortverballhornungen Dieterichs damit parodieren? Vgl. Lichtenberg an Forster [Januar 1788] (Lichtenberg, Briefwechsel Bd. 3, Nr. 1570).

heüt den 18$^{ten}$] Irrtum B.s oder im Briefkopf nachträglich datiert (wie Nr. 26).

31. Wöllmarshausen, 4. Februar 1779.

Nach den Erstdruck: A. Strodtmann, Briefe von und an Bürger, Bd. 2, 1874, S. 344. Original – zuletzt 1874 in Wilhelm Künzels Besitz – verschollen.

A –] natürlich ‚Ars(ch)‘; vermutlich von Strodtmann unterdrückt. – Nach einer Rechnung des Apothekers Jordan (Universitäts-

Archiv, Gerichtsakten zur Nachlaßregulierung unter E VIII) hatte Bürger am 4. Februar 1779 „1 Pfund saure Kirschen und Nelkenoel“ aus der Göttinger Rats-Apotheke holen lassen, offenbar gegen Verstopfung.

Schwägerin] Molly Leonhart.

Samt ... Pergament] Almanache wurden damals tatsächlich wahlweise außer als Broschur in Kleisterbuntpapier-, Lackpapier-, Pergament- und Seideneinband geliefert.

Medisançe] üble Nachrede, Klatscherei.

taufen lassen] Dieterichs letztes bekanntes Kind Friederike Johanna Louise war 1775 geboren (starb noch im selben Jahr; vgl. Lichtenbergs Kondolenz an Dieterich 18.10.1775: Briefwechsel Bd. 1, S. 574). S. Nr. 9. 33.

Chronik] mit Blick auf Nr. 66 wäre an eine Anspielung auf die Chronik Ahasvers im Buch Esther zu denken.

32. Wöllmarshausen, 20. März 1779.

Nach dem Erstdruck: Georg Hirzel, Allerlei Leute, 1899, S. 37 f. Ebsteins Eingriffe, zumeist in Interpunktion und Orthographie sprechen nicht für eine neue Vergleichung mit dem Original, wie er es sonst auch immer erwähnt, sondern lassen vermuten, daß ihm der sehr seltene Privatdruck nur in einer ungenauen Abschrift zu Gebote stand; sie wurden daher nicht berücksichtigt. Dasselbe gilt auch für die Nummern 51, 54, 63 und 74. Original – 1910 in Hirzels Besitz – verschollen.

Musje] verballhornt ‚Monsieur‘ vgl. Nr. 33.

künftige Johannis] 24. 6. (üblicher Quartalstermin und Zahltag, ähnlich wie Michaelis: s. Nr. 1).

Caso] im Fall (richtig aber: ‚Casu‘: Schreib- oder Lesefehler).

posito] gesetzt, angenommen.

K. A.] künftigen Almanach? oder sollte hier „M. A.“ zu lesen sein? Gemeint ist jedenfalls der Musenalmanach auf 1780.

Aspecten] Aussichten (eigentl. Begriff aus der Astrologie).

Almanachs Honorarium] s. Nr. 99 u. das Nachwort.

sonst ist der Knittel bei den Hund gebunden] ‚hat die Sache ihre Schwierigkeiten‘: Um den Hofhund am Laufen zu hindern, ‚bengelte‘ man ihn, das heißt band ihm einen

Knüppel lose an den Hals, der dann gegen seine Beine schlagen würde.

bei den] ‚bei' mit Akkusativ damals ganz geläufig und kein Regionalismus.

Suite] Folge.

alg. deutsch. Biblioth.] Friedrich Nicolais Rezensionszeitschrift; erschien von 1765 – 1796 in 118 Bdn. nebst 21 Bdn. Anhang, dann fortgesetzt als Neue ADB 1793 – 1806 in 68 Bdn. nebst 10 Bdn. Anhang. Welcher Artikel interessierte Bürger?

33. Wöllmarshausen, 22. März 1779.

Nach dem Original: FDH Frankfurt. Erstdruck: C. Schüddekopf, Nachlese zu Bürger, Euphorion, 3. Ergänzungsheft, 1897, S. 108. Die Unterschrift – wie bei Nr. 87 und 89 – von Bürger fortgelassen (vergessen?).

Mosje] s. Nr. 32 (Musje).

Podicius] lat. Komparativ von Podex: ‚ärschiger'.

Stimme vom Himmel] s. Nr. 44. Denselben Witz macht Bürger im „Münchhausen" (Werke 1987, S. 500: gleich in der 1. Episode).

Wrisbergholzen] Bürger fuhr dorthin (gemäß den Daten seiner Briefe) zwischen dem 25. 3. und 14. 4.; kehrte von dort zurück über Hannover (dort am 20. 4.); Ankunft in Wöllmarshausen am 1. 5.

†††] die abwehrende Geste des Kreuzschlagens.

geschissen ist nicht gemalt] vgl. Bürgers „Prinzessin Europa" 1777 V. 59 f. (Gedichte Bd. 1, S. 131): „Beherzigt nur das Dictum / cacatum non est pictum" (s. auch Nr. 42).

Invitationen] Einladungen.

Lausewenzel] wie Lausbub, -junge, -kerl etc.: damals verächtlicher Kerl, Schmutzfink, Stinker.

Johannis] s. Nr. 32.

34. Wöllmarshausen, 25. März 1779.

Nach dem Original: FDH Frankfurt. Erstdruck: C. Schüddekopf, Nachlese zu Bürger, Euphorion, 3. Erg.heft, 1897, S. 108 f.

alg. Deütschen Bibliothek] s. Nr. 32.

35. Wöllmarshausen, 28. Mai 1779.

Nach Ebstein, Bürger und Dieterich, S. 56. Erstdruck: Fragmentarisch bei Hoffmann von Fallersleben, Findlinge Bd. 1, 1860, S. 283; dann fragmentarisch bei A. Strodtmann, Briefe von und an Bürger, Bd. 2, 1874, S. 356 f.; vollständig zuerst: C. Schüddekopf, Nachlese zu Bürger, Euphorion, 3. Ergänzungsheft, 1897, S. 109. Original – zuletzt 1910 in Besitz von Max Brockhaus – verschollen.

Verführer des Volks] biblisch; vgl. Jes. 9, 15.

Potifars Weib] die Gemahlin des Kämmerers Potiphar in Ägypten aus 1. Mos. 39, die beim Versuch, Joseph zu verführen, scheiterte und, um sich zu rächen, ihn denunzierte, wodurch sie seiner alsbaldigen Erhöhung diente.

keüsch] Bürger verwendet dieses optische Ironiesignal des auf dem Kopf stehenden Worts noch an Bollmann 25.3.1779, wo „ehrlichen" („einem ehrlichen Manne") so geschreiben ist; ferner zu Beginn des „Münchhausen", wo „höflich" („einem höflichen deutschen Postmeister") im Erstdruck auf dem Kopf steht – freilich nicht in den späteren Ausgaben (z. B. Werke 1987, S. 500), deren Editoren das sogar manchmal für einen Druckfehler hielten.

Tausendsasa] s. Nr. 5.

Boien] dieser hatte unterm 21.5.1779 einen Aufenthalt in Göttingen zum 22. – 30. angekündigt (Briefe Bd. 2, S. 355).

Gaudium] Freude (lat.); student.: Spaß, Ulk.

Johannis] s. Nr. 32.

gewaltiges Gedicht] gemeint sein kann nur das einzige größere Stück B.s im Musenalmanach auf 1780 „Untreue über Alles" (dort S. 155 ff.).

Schofel] schlechtes Zeug. Eigentlich jiddisch, dann auch studentisch (Kindleben). Lieblingsausdruck Bürgers, begegnet z. B. in der Vorrede zum Musenalmanach auf 1779 und in seinem Epigramm „Fürbitte eines ans peinliche Kreuz der Verlegenheit genagelten Herausgebers eines Musenalmanachs" (Gedichte Bd. 2, S. 130. 375); vgl. auch Lichtenberg, ausdrücklich Bürger zitierend, an C. G. Heyne 14.6.1794: „Schofelarchiv".

Ossians] sagenhafter keltischer (gälischer) Sänger; seine Heldendichtungen zuerst hrsg. durch James Macpherson, der die angeblichen Gesänge Ossians wahrscheinlich nicht bloß übersetzt (wie er behauptete), sondern selber geschrieben hat. Eine deutsche Ausgabe erschien 1768 f. von Johann Michael Kosmas Denis (dem Barden Sined), der eine rasche Folge von mindestens fünf weiteren eröffnete.

Museum] in Boies „Deutschem Museum" erschien Juni 1779 Bd. 1, S. 534 – 549 eine erste Probe von B.s Übersetzung.

Himburg] die Ossianausgabe bei H., von der B. sich immerhin 100 Dukaten Honorar erhofft hatte (vgl. s. Briefe an Boie 7. u. 25.1.1779) kam nicht zustande.

Gilblas] humoristischer Roman von A. R. Lesage, zuerst 1715 – 35; offenbar hatte B. für Himburg Subskribenten gesammelt.

Tausendsasa] s. Nr. 5.

Knabuni] Wortspiel aus „Knabe" und dem zweimal im Neuen Testament als Anrede Jesu begegnendem „Rabbuni"; vgl. Mk. 10, 51; ferner Joh. 20, 16, wo Luther ‚übersetzt': „Maria spricht zu ihm: Rabbuni, das heißt: Meister". Bürger gebraucht diesen Ausdruck in dem köstlichen Alexandrinergedicht auf Meta Forkel und das Univ.-Jubiläum („Hört, Enkel, hört unglaubliches Bemühn!") für den Theologieprofessor Tychsen („Und der Rabbuni ward höchst freundlich invitiert": Gedichte Bd. 2, S. 111 Vers 38)

Boie ... geschrieben] im Brief vom 21.5.1779: „Ich habe wegen der Coalition der Almanache ein Projekt, daß ich dir mittheilen will". Dies kam indessen nicht zustande.

36. Wöllmarshausen, 26. August 1779.

Nach einem Typoskript des Antiquars Ecke mit Offerte an O. Deneke, März 1931, in dessen Handexemplar von Ebstein, Bürger und Dieterich, 1910: Im Besitz von Bernd Achenbach, Düsseldorf. Original unbekannt. Ungedruckt.

Manuskript] zum Musenalmanach auf 1780.

Musicalien] zwei Vertonungen des Sigmund v. Seckendorff zu Bertuchs „Nachtigallenlied" (S. 49) und zu des Komponisten „Nachtmusik" (S. 144).

Meß-Geschenke] Dieterich brachte alljährlich von der Leipziger Messe Geschenke für seine Göttinger Freunde mit, wie noch in den Neunziger Jahren Lichtenbergs Tagebuch regelmäßig bezeugt.

Liedlein] „Muttertändelei"; im Almanach S. 78 f.

Nantchen] Dichtername von Goeckingks Frau in den „Liedern zweier Liebenden". Da Bürger glaubte oder sogar wußte, daß Goeckingk immer selber der Dichter war, soll diese Bemerkung seine eigene Verfasserschaft dem Wissenden demonstrieren. Er nahm die Verse denn auch 1789 in die Ausgabe seiner Gedichte auf.

37. Wöllmarshausen, 20. September 1779.

Nach dem Original: GSA Weimar, Nachlaß Ebstein. Das Gedicht (Original nicht ermittelt) nach dem Erstdruck. Das PS. steht längs dem Rand. Erstdruck: Ebstein, Bürger und Dieterich, S. 59.

Gedicht d[es] HE[rrn] P[rof.] L.[ichtenberg] ] von den Texten kann nach der Angabe „zwischen meinen beiden" (nämlich „Der grosse Mann" u. „Untreue über alles" im Musenalmanach auf 1780 S. 152 f.) nur gemeint sein „Zank mit Hymen. Bei Phrynens Vermählung" (mit einem Horaz-Motto), wie ich schon im „Göttinger Jahrbuch" 1978, S. 150 f. (hoffentlich richtig) kombiniert habe.

das von Seckendorff] „Am lezten Tage des Jahres" S. 163.

Quark ... Schoneyan] gemeint jedenfalls H. K. Schoeneyan; Gedichte von ihm anscheinend auch nicht im Musenalmanach gedruckt.

die fernere Einlage] nicht überliefert.

Der große Mann] diese Version fast unverändert gedruckt aaO. S. 149 mit zwei „Postscripten" (wiederholt Gedichte Bd. 2, S. 263; von Boie an Bürger 15.10.1779 angeregt, hat er es selber verworfen). In den Gedichten 1789 hat Bürger diesen Angriff auf seine Schmeichler umgearbeitet („Es ist ein Ding, das mich verdreußt, / Wenn Schwindel oder Schmeichelgeist / Gemeines Maß für großes preist." etc.: Gedichte Bd. 1, S. 93).

38. Wöllmarshausen, 7. Oktober 1779

Nach dem Original: GSA Weimar. Ungedruckt. Datiert nach der angekündigten Reise, von der auch in den zeitlich folg. Briefen Bürgers (vgl. Strodtmanns Ausgabe) die Rede ist.

Aldieweilen] weil; schon damals veraltet und nur noch in der Kanzleisprache anzutreffen. Hier wohl parodistisch.

künftigen Montag] 11.10.1779.

Schwägerin und Schwager] Anna und Heinrich Johann Jakob Elderhorst.

Musen-...kalender] der „Musenalmanach". Noch nach s. Rückkehr klagte Bürger an H. C. Boie darüber, noch keine Exemplare erhalten zu haben. Von Strodtmann (wie so oft) weggelassen, vgl. Briefe Bd. 2, S. 366, wo am Ende von Abs. 1 („nach Bissendorf ziehn wird") zu ergänzen ist (nach der Hs., wie bei Nr. 1): „Ich glaubte ganz gewis, daß Dietr. nicht säumen werde die neuen M. Alm zu schicken. Ist es indessen noch nicht geschehen, so tröste Dich mit mir. Denn ich habe auch noch keinen. Er entschuldig sich, daß ihn die Buchbinder aufhalten und daß er die zunächst fertig gewordenen Exemplare in entferntere Gegenden schicken müssen. Heute will ich ihn aber daran erinnern, sowohl Dich als Mich zu befriedigen."

Taschenkalender] der „Göttinger Taschen Calender. Taschenbuch zum Nutzen und Vergnügen", erschien 1776 – 1814, 1778 – 1799 von Lichtenberg herausgegeben.

39. Wöllmarshausen, 1. November 1779.

Nach Ebstein, Bürger und Dieterich, S. 62 f. Erstdruck: A. Sauer, Euphorion, Bd. 1, 1984, S. 321 f. Original früher Bibl. des Börsenvereins Leipzig, 1943 vernichtet (briefliche Mitteilung 1987).

Calenderklage] den Musenalmanach termingerecht zur Herbstmesse (Michaelis, s. Nr. 9) fertigzustellen. Von Lichtenberg in der „Duschcantate" (s. Nr. 75) launig gestaltet.

Hans Peter] s. Nr. 19.

lockerer Zeisig] leichtsinniger Mensch. Den Ausdruck braucht Bürger noch (gleichfalls auf sich selbst bezogen) im Brief an Bollmann 25.3.1779.

kund und zu wissen] s. Nr. 5.

in continenti] zusammenhängend, auf einmal.

nökern] eigentlich „nükern"; im Südhess. geläufig: ‚brummen', ‚grollen' (vgl. DWb 7, 1889, 975). Die Etymologie: ‚onomatopoietisch für den Klagelaut des Säuglings' entbehrt aller Grundlage.

Rothmann] in G. K. Pfeffels Fremdenbuch, hrsg. v. G. Pfannenschmid, Kolmar 1892 unter Nr. 315: „J. Rothmann, Lieutnant de l'artillerie, trouppes Munsteriennes" (Herbst 1779).

Pfeffel ... Beiträge] schon im Musenalmanach auf 1780 nur S. 2 „Episteln an Phöbe" (muß also da schon gedruckt gewesen sein); im Almanach auf 1781 dann 6 Gedichte. Briefe P.s an B. nicht überliefert.

Lichtenbergsche Journal] Lichtenbergs und Georg Forsters „Göttingisches Magazin der Wissenschaften und Litteratur" erschien nur von 1780 – 84 (7 Halbjahresbände); das 1. Heft Januar 1780.

4te Heft der physiognomischen Reisen] von Johann Karl August Musäus; der gegen Lavaters „Physiognomische Fragmente" gerichtete Roman erschien 1778 – 79 in 4 Bänden.

Meßwaaren] auf der Messe bestellte Bücher.

Sapere aude] ‚wage es, weise zu sein': Horaz, Episteln 1, 2, 40. – Die obszöne Zeichnung Bürgers zeigte, wie Ebstein referiert, einen Mann, der sich mit der einen Hand an den Hintern faßt, mit der andern seinen langen Penis über ein Gestell legt und die Zunge herausstreckt (eigentlich also einen Priap oder Satyr).

40. Appenrode, 15. Juni 1780.

Nach dem Original: Im Besitz von Frau Barbara Hanning, Todtnau. Erstdruck: A. Strodtmann, Briefe von und an Bürger, Bd. 3, 1874, S. 16, genauer dann bei Ebstein, Bürger und Dieterich, S. 67.

Zittern und Beben] biblische Redeweise, vgl. Ezechiel 30, 16.

Hocuspocus] eigentlich Gaukelei, Blendwerk (verballhornt aus der Konsekrationsformel des Abendmahls „Hoc est corpus meum": Das ist mein Leib); Bürger meint hier: Allotria.

Johannis] s. Nr. 32.
Wunderwerk] biblische Redeweise, z. B. Hiob 9, 10. 37, 14 u. ö.
Pursche] eigentl. Handwerksbursche, dann (bes. im 18. Jhdt.) student. Selbstbezeichnung.

41. Appenrode, 23. Juni 1780.
Nach Ebstein, Bürger und Dieterich, S. 67. Erstdruck: A. Strodtmann, Briefe von und an Bürger, Bd. 3, 1874, S. 16 f. Original – früher Lutherhalle Wittenberg – zuletzt am 22. 4. 1955 im Katalog Stargardt 519, Nr. 18 angeboten. Von Ebstein verglichen.
Habacuc] biblischer Prophet, der das von chaldäischer Übermacht drohende Strafgericht Gottes über Juda weissagte und zugleich seine Vernichtung; seinen ‚Brei' kocht er sich in dem Apokryphon Vom Drachen zu Babel 32 und rettet mit ihm Daniel in der Löwengrube.
von Kästner] im Musenalmanach auf 1781 immerhin 5 Epigramme Kästners: „Entschuldigung an Madem. A. B." S. 82, „Die Wahl" S. 93, „Dörfel" S. 109, „In e. Expl. v. Keplers Chilias Logarithmorum" S. 114, „Die Säeleute" S. 131.
tribuliren] drängen, plagen. Gebraucht Bürger z. B. auch an Lichtenberg, [Januar 1794] (Lichtenberg, Briefwechsel Bd. 4).
Schofellieferanten] s. Nr. 35.
künftig[en] Sontag] 25.6.1780.
Interimsschein] einstweiliger Schein. Zu interim s. Nr. 7.

42. Appenrode, 20. Juli 1780.
Nach dem Original: FDH Frankfurt. Erstdruck: C. Schüddekopf, Euphorion, 3. Ergänzungsheft, 1897, S. 110.
geschissene gemalt] s. Nr. 33.
Wer hat] Das Gedicht wurde bereits 1785 mit fingiertem Verlagsort (‚Rom bei Giovanni Tossoni') anonym gedruckt in dem ziemlich sotadischen, dem Romanautor Johann Gabriel Bernhard Büschel zugeschriebenen Sammelband „Kanthariden" S. 336 f. Der Abdruck kann aber ganz ohne Bürgers Kenntnis erfolgt sein; er ließ öfter Abschriften seiner Gedichte zirkulieren, ohne selbst ein Original aufzuheben. Es ist

eine Parodie auf B.s „Das Mädel, das ich meine" 1777 (=das „holdseelige Lied"; vgl. Gedichte Bd. 1, S. 64 ff. und Bd. 2, S. 180. 245 ff.), auf das B. zusammen mit Lichtenberg im Musenalmanach auf 1779, S. 12 bereits eine Parodie „Die Hexe, die ich meine [=minne]" (Gedichte Bd. 2, S. 18. 181) mitgeteilt hatte.

Und] (Strophe 3, letzte Zeile) folgt gestr. „ihn".

Pferdelenden] gewaltig große Keimdrüsen; s. Nr. 12.

Morpions] Filzläuse, dann auch: unverschämte Bengel.

Geschmeis] Kot, Auswurf.

Zebedeus] s. Nr. 11.

Wer drechselte] ältere Version, von Bürger gestr.: „Wer that die großen Eier 'nein / und läßt sie voll von Dotter seyn?".

Färber ... Juwelirer ... Lackirer ... Emaillemacher] offenbar die Gottesberufe in dem verlorenen Gedicht des unbekannten Almanach-Beitrages, die Bürger hier parodiert.

43. Appenrode, 10. August 1780.

Nach dem Original: GSA Weimar. Erstdruck: A. Sauer, Euphorion, Bd. 1, 1894, S. 322 f.

Sadrach] s. Nr. 14.

sacramentiren] fluchen, beim Namen Gottes schwören.

Dienstage] 8.8.1780.

Ananas] vgl. Epilog zum Musen Almanach auf 1783: „Hans Grobian von Dummbart" (Gedichte Bd. 2, S. 128); als Metapher für poetischen Luxus.

hinein haben] der Musenalmanach 1781 enthält von Bürger nur „Ein Casus anatomicus" S. 4 u. „Herr von Gänsewiz zum Kammerdiener" S. 28.

Messe] in Leipzig; s. Nr. 6.

L[ichtenbergs] Buch] vermutlich die „Letters of Junius", über die B. an Lichtenberg am 8.1.1780 geschrieben hatte (Lichtenberg, Briefwechsel Bd. 2, S. 10).

zuGange] vorhanden.

Assignation] Geldanweisung; Wertpapier, Kassenschein.

R.] in Betracht kommt ehestens Rothmann; Korrespondenz mit ihm aus der fraglichen Zeit jedoch nicht überliefert.

Buch Von den Krankheiten der Haut] von J. J. Plenck, erschien Warschau 1777 (im Auktionskatalog 1794: 8°/Nr. 814).

tribuliren] s. Nr. 41.

Weygandsche Alm. der deütschen Musen 1780] hrsg. von Christian Heinrich Schmid; erschien 1770 – 1775 bei Schwickert, dann bis 1781 bei Weygand.

44. Appenrode, 1. Januar 1781.

Nach Ebstein, Bürger und Dieterich, S. 79. Erstdruck: C. Schüddekopf, Euphorion, 3. Ergänzungsheft, 1897, S. 110 f. Original – 1910 im Besitz von Max Brockhaus – verschollen. Von Ebstein verglichen. Datiert nach der Erwähnung von „Tausend und Einer Nacht“, an deren Übersetzung B. im Winter 1780/81 arbeitete, und dem Neujahrswunsch.

Federzeichnung Bürgers] zur Stimme s. Nr. 33.

verte] wende um!

Conditionen] Bedingungen.

Engel Gabriel] dieser Erzengel erschien der Jungfrau Maria (Lukas 1,26), um ihr die Empfängnis zu verkündigen.

Köhler] Dieterichs Schwiegersohn.

Geburtstage] Bürger war in der Altjahrsnacht 1747 geboren, stilisierte aber sein Geburtsdatum gern mit Bezug auf den Neubeginn um.

[Verleger ?] ... m[it allem] ] Schüddekopf merkt dazu an: „abgerissen“; also wohl Siegelausriß.

bummelt und bammelt] vgl. auch Lichtenberg an Dieterich 25.11.1772 (Lichtenberg, Briefwechsel Bd. 1, S. 192).

45. Appenrode, 5. März 1781.

Nach Ebstein, Bürger und Dieterich, S. 80 – 85. Erstdruck: Fragmentarisch bei Hoffmann von Fallersleben, Findlinge Bd. 1, 1860, S. 284; danach bei A. Strodtmann, Briefe von und an Bürger, Bd. 3, 1874, S. 32. Mit Ergänzungen bei Schüddekopf, Euphorion, 3. Ergänzungsheft, 1897, S 111. Original verschollen; zuletzt im Sept. 1952 im Katalog Stargardt 505 (=Der Autographensammler N. F. 2), S. 72, Nr. 308 (dort: 5.3.1787). Von Ebstein verglichen.

Brand] unspezifischer Sammelbegriff für Entzündungen; kalter Br.: Absterben der Gewebe.

Landstraßen und Zaüne] biblische Anspielung auf Lukas 14, 23: Gleichnis vom Gastmahl.

1[ten] Januar 1748] s. Nr. 44.

Madensacks] seit Luther der für die Verwesung bestimmte menschliche Leib.

Frau Philippine] Engelhard geb. Gatterer; der Brief vom 19.2.1781, gedruckt bei Ebstein, „Bürger und Philippine Gatterer“ 1921, S. 125.

gaudiren] freuen, belustigen; s. Nr. 35 (Gaudium).

Christophen] Christoph Wilhelm Jakob Gatterer, Bruder von Philippine Engelhard.

Avertissement] Subskriptionsanzeige für die 2. Sammlung der Gedichte Philippine Gatterers (1782), datiert 30.9.1780 (Bürger, Briefe Bd. 3, S. 31, jedoch ohne Abdruck).

genommen] Ebstein „genamm“; doch wohl Druckfehler (oder Schreibfehler Bürgers?).

Schürken] „Schürken“ ahmt ziemlich genau die nddt. Mundart für „Scheuerchen“ nach, eine Nebenform von „Schauerchen“: heftige Fieber mit konvulsivischen Zuckungen, Fallsucht, Gicht.

Leibesfrucht] schon damals veraltender Ausdruck für Embryo (zu seinen sakralen Konnotationen s. Nr. 50); gemeint sind hier natürlich Philippine Gatterers Gedichte.

Mußel Muse.

ins Gelag hinein] wild darauf los, unbedacht.

accordiren] vereinbaren.

Pferdebuch] William Gibson, „A treatise on the diseases of horses“; dt. von Joh. Georg Christoph Koch: „Abhandlung von den Krankheiten der Pferde und ihrer Heilung“ 2 Bde Göttingen bei Dieterich 1780. Im Auktionskatalog 1794 aber die engl. Ausgabe: 8°/Nr. 291.

Gallenfieber] unspezifische Bezeichnung aus der alten Humoreslehre; damals z. B. auch für Typhus u. ä.

Sonnabend] 10.3.1781.

Hochgröblichen] Wortspiel mit der Formel „Hochlöblichen“.

Neüjahrsdouceur] Neujahrsgeschenk.
caviret] gebürgt.
Post[en]] statt der Ergänzung wäre auch an einen Lesefehler Schüddekopfs (der ausdrücklich ein [!] dahinter setzte) und Ebsteins für „Prast“ (niederdt.: alter Kram, Zeug) zu denken.
in continenti] s. Nr. 39.
regaliren] beschenken.
incommodiren] Unbequemlichkeiten verursachen.
pränumeriren] s. Nr. 1.
zerzauste] Ebstein: „zersauste“; emendiert nach Schüddekopf.
Hölle ... Tod ... Engel ... Fürstenthum ... holdseeligen Knaben] Anlehnungen an die Sprache des Kirchenlieds: „Hölle“ und „Tod“ sind wohl in einem Dutzend Lieder kombiniert; in dem J. E. Greding zugeschriebenen Passionslied „Der am Kreuz ist meine Liebe“ heißt es (Strophe 5): „Nichts macht mich von Jesu los; / nicht Gewalt, nicht Gold, nicht Ruhm, / Engel nicht, kein Fürstentum“; in Johann Rists Weihnachtslied „Ermuntre dich, mein schwacher Geist“ (Strophe 5): „O liebes Kind, o süßer Knab, / holdselig von Gebärden“.

46. Appenrode, 24. März 1781.
Nach dem Original: UB Kiel. Erstdruck: Zeitschrift für Bücherfreunde, N. F.12, 1920, S. 141 – 144.
KamtschadalenHütte] Behausung der wilden Einwohner der Halbinsel Kamtschatka im Nordosten von Sibirien. Bürger gebraucht den Ausdruck noch an Gleim 22.7.1782 (Briefe Bd. 3, S. 77).
Theekollation] Teefrühstück.
Durchlauchten] den Herzog Karl August von Sachsen-Weimar.
Gränze] zwischen Kurbraunschweig und dem zum Erzbistum Mainz gehörigen Fürstentum Eichsfeld.
geschäkert] ursprünglich studentisch: ‚gescherzt, kurzweil getrieben‘ (Kindleben).
infame Historietten] schändliche Geschichtchen; freilich waren die Gerüchte über die herzogliche Sinnlichkeit, Trinkfestigkeit und seine Liebesaffären nicht ganz unbegründet.
Bonhommie] Gutherzigkeit, Gutmütigkeit.

Krone] damals das beste Hotel in Göttg. (Weender Str. 13/15).

Noblesse] Adel.

Mit Göttingen] Zum Besuch des Herzogs in Göttingen und Appenrode vgl. noch Bürger an Merck [20.3.1781] (Briefe Bd. 3, S. 36. Strodtmann datierte den Brief falsch); Goethe an Merck [28? 3.1781] (Weimarer Ausgabe IV, 5, S. 99); Boie an Luise Mejer [7.6.1787] (Ich war wohl klug, daß ich dich fand. Heinrich Christian Boies Briefwechsel mit Luise Mejer 1777–85, hrsg. von Ilse Schreiber, München 1961, S. 98); Lichtenberg an Merck [22.3.1781], an Schernhagen [22.3.1781], an Becker [26.3.1781] (Lichtenberg, Briefwechsel Bd. 2, S. 183 ff.); Merck an Anna Amalia von Sachsen-Weimar [1.5.1781] (Johann Heinrich Mercks Briefe an die Herzogin-Mutter Anna Amalia und an den Herzog Carl August von Sachsen-Weimar. Hrsg. von H. G. Gräf 1911, S. 91).

physicalische Experimente] vgl. Lichtenberg, Briefwechsel Bd. 2, S. 183 u. pass.

Pedanterei] Kleinigkeitskrämerei.

Marburg] Zimmermann war in dieser Zeit als Hauslehrer bei der Familie Elwert in Gießen tätig, mit der er vielleicht besuchsweise einmal nach Marburg gekommen ist.

Ideen zu den Kupferstichen] wohl nicht zum Musenalmanach, der in aller Regel nur einen allegorischen Kupfertitel hatte, sondern vermutlich für Lichtenbergs Göttinger Taschen Calender.

aushunzen] s. Nr. 30.

conversiren] sich unterhalten.

traun] meiner Treu, fürwahr (Ausruf der Beteuerung).

Mein Herzogthum, mein Bier, mein Schweinebraten] Schluß des seinerzeit sehr beliebten Lustspiels „Herzog Michel" (eine Hans-im-Glück-Geschichte) von Johann Christian Krüger; s. Nr. 54.

47. Appenrode, 14. April 1781.

Nach dem Erstdruck: A. Sauer, Euphorion, Bd. 1, 1894, S. 330 f.; dort mit dem verlesenen Datum „14. Apr. 1787". Diese Korrektur und zwei Auslassungen („die verehrten Ärse"; „Nun mögte ...

mitbringet") nach Ebstein, Bürger und Dieterich, S. 85 ff., der aber nichts von einer erneuten Kollation anmerkt. Original – zuletzt 1910 im Besitz von Max Brockhaus – verschollen.
Ostern] 15.4.1781.
Kleyland] Lehmboden.
Principal] Brotherr, Chef.
Incommodität] Unbequemlichkeit.

48. Appenrode, 9. Mai 1781.
Nach dem Original: UB Krakau. Erstdruck: A. Strodtmann, Briefe von und an Bürger, Bd. 3, 1874, S. 34 f. Bei Ebstein, Bürger und Dieterich, S. 88, mit irrigem Datum: „24. April".
Magazin] Lichtenbergs „Göttingisches Magazin der Wissenschaften und Litteratur". Darin erschien B.s Ankündigung einer Bearbeitung von „Tausend und Einer Nacht" mit Datum „9. Mai" (wiedergedruckt in Bürger, Werke 1987, S. 733). Vgl. Bürgers Brief an Lichtenberg 14.5.1781 (Briefwechsel Bd. 2, S. 211).
videtur] ‚es wurde gesehen': Gutachten.
Freitag] 27.4.1781.
merkantilische] kaufmännische.
al[s w]enn ... Einfal[l viel] ] Textverlust durch Siegelausriß.
Einfall] Vossens Übersetzung von Gallands „Tausend und Einer Nacht" erschien 1781 – 1785 in 6 Bdn. bei Cramer in Bremen. Gegen sie setzt Bürger sich in der oben gen. Ankündigung ausdrücklich in Konkurrenz.
Foß] Seitenhieb auf die orthographischen Reformbestrebungen der Anhänger Klopstocks. Voß selber lag damals gerade im Streit mit Lichtenberg über die Transkription des griechischen Eta mit ‚e' oder ‚ä' im Deutschen.
Wörtlein ... Bürger] zitiert aus der Ankündigung.

49. Appenrode, [Anfang Juni 1781].
Nach dem Original: FDH Frankfurt (mit Bleistift geschrieben). Erstdruck: A. Sauer, Euphorion, Bd. 1, 1894, S. 323 f. Von Sauer nach dem unten erwähnten Brief an Frau Baldinger auf den 16. 6. datiert, vielleicht zu spät, denn der Brief wird wegen der

Danksagung für die Geschenke kaum lange nach Dieterichs Rückkehr geschrieben sein. Terminus ante quem non ergibt sich aus der Messe (s. u.), vielleicht der Korrespondenz mit Dieze über die „Froschmäuseler" (31. 5., vgl. Briefe Bd. 3, S. 39 ff.), Terminus post q. n. aus dem Brief an Gramberg (s. u.). Die Danksagung für den Siegellack im folgenden Brief ließe sich auch auf den vorliegenden beziehen, schließt jedenfalls eine längere andere Korrespondenz zwischen diesen beiden Briefen aus.

Meßpräsent] Dieterich kehrte immer kurz nach Himmelfahrt (1781: 24. 5.) aus Leipzig zurück. S. Nr. 36.

Tausend und eine Nacht] s. Nr. 44.

Geheimen Cammer Canzlei] hier: Abtritt; eigentl. Zusammenstellung verschiedener nicht zusammengehöriger Behörden (Kammer war für Finanzen, Kanzlei für Justizsachen zuständig).

Comödie] 1781 hielt sich die Abtsche Truppe von Mitte April bis Mitte August in Göttingen auf und spielte; von ihrem Repertoire sind 16 Stücke bekannt. Vgl. O. Deneke, Göttinger Theater im 18. Jhdt. 1930, S. 44 – 48; der Spielplan S. 46.

Block l'hombre] die Spielmarke, die jeder Spieler als Symbol des vor dem Spiel vereinbarten Einsatzes vor sich liegen hat; gespielt wird, da bei jedem Spiel ein Block zurückgezogen wird, so viele Mal wie Teilnehmer beim Spiel sind. Hier also im Sinn von: eine Spielfolge.

Froschmäuseler] Übersetzung des pseudohomerischen Epos „Batrachomyomachia". B. hatte die erste Version einer für Cramers Verlag in Bremen geplanten Neubearbeitung von Rollenhagens Übersetzung am 18. 6. an G. A. Gramberg geschickt; auch diese Arbeit wurde nicht vollendet. Gramberg publizierte einige Stücke in den „Blättern vermischten Inhalts" 5, 5, 1792, S. 428 – 432.

erfodert] im 18. Jahrhundert geläufige, von Bürger zumeist gebrauchte Nebenform von erfordert (so auch fodern, Foderung) Adelung: „Die weichern nördlichen Mundarten stoßen das erste r, wie in andern Fällen hinaus [...] Gottsched [...] und andere erklären fodern so gar für richtiger".

Brief an Fr.[au] Prof. Baldinger] der bislang einzige bekannte Brief Bürgers an sie ist vom 16.6.1781; gedruckt in K. Kind, „W. G. Beckers Taschenbuch zum geselligen Vergnügen auf 1825", S. 389 ff. (wiederholt von Justi in der Vierteljahrschrift für Literaturgeschichte 1, S. 261 f.).

Das Sächsische Mädel] nichts ermittelt.

50. Bürger an Köhler. Appenrode, 18. Juni 1781.

Nach dem Original: GNM Nürnberg. Erstdruck: A. Strodtmann, Briefe von und an Bürger, Bd. 3, 1874, S. 45 f.

Leibzüchter] Leibzucht bedeutet Altenteil, Ruhesitz der Eltern (meist im bäuerlichen Bereich). Leibzüchter von Bürger hier also unangemessen übertragen; sinngemäß: Ruheständler.

Isengrim] Beiname des Wolfes in der Tierfabel (z. B. Reineke Fuchs); dann auch: alter Griesgram.

f .....] furzen.

Donnerstag] 21.6.1781.

KupferIdeen zu T[ausend] u[nd] eine N[acht] ] kamen gleichfalls nicht zustande.

51. Appenrode, 4. August 1781.

Nach dem Erstdruck: G. Hirzel, Allerlei Leute, 1899, S. 38 ff. Nach einer Notiz von Ebstein war die Unterstreichung des unterstrichenen und kursiven „Prahlhans!" dreifach; ansonsten gilt auch hier das zu Nr. 32 Bemerkte. Original – 1910 im Besitz Hirzels – verschollen.

Maaaaaaaaanuscript] zum Musenalmanach auf 1782.

Tabatiern] Tabaksdosen. Im 18. Jhdt. Statussymbol und beliebtes Gnadengeschenk.

Knicker] Geizhals. Damals auch studentisch (Kindleben hat „knickricht").

Bocksbeutel Comödie] der Bocksbeutel, bis zur Goethezeit beliebter Ausdruck für ‚Schlendrian', ‚dummes Zeug' und in diesem Wortgebrauch nicht etwa (wie die fränkische Weinflasche) vom Hodensack des Ziegenbocks abgeleitet, sondern vom ‚Bücherbeutel', war im norddt. Raum Sinnbild stadtbürgerlicher verkrusteter Strukturen und Unsitten; als

Titel von Heinrich Borkensteins Lustspiel gleichen Namens von 1742 (und zweier Fortsetzungen 1746, die letzte von Uhlich) verbreitete sich der Ausdruck sehr rasch.

Kästners Beiträgen] im Musenalmanach auf 1782 erschienen von Kästner: „Epilog nach den Milchschwestern“ S. 44, „Weiße Degenscheiden“ S. 48, „Unschickliche Benennung“ S. 62, „An einen Virtuosen“ S. 76, „Der verhehlte Geburtstag“ S. 85, „Klug, und noch klüger“ S. 107.

Frau Schnips] s. Nr. 52.

Confisciren] einziehen.

Das Wangenheimsche Mspt.] wohl nicht überliefert und auch nicht im Musenalmanach gedruckt; C. C. Redlichs Chiffernlexikon 1875 kennt es jedenfalls nicht.

52. Dieterich an Bürger. Göttingen, 6. August 1781.

Nach dem Erstdruck: A. Strodtmann, Briefe von und an Bürger, Bd. 3, 1874, S. 48 f. Original – um 1925 vom Antiquariat David Salomon, Berlin angeboten (masch.-hektographierter Katalog 24, Nr. 113) – verschollen. Adresse nach dem Katalog ergänzt.

Frau Schnips] B. nahm das Gedicht doch in den Musenalmanach auf 1782 auf (Gedichte Bd. 1, S. 181 – 186).

Catol.[ischen] ] schon von Ebstein zu Recht konjiziert für Strodtmanns Lesung „Catax[?]“.

Cour. Sachsen] Sitz der Bücherkommission (zuständig für Privilegien- und Zensurfragen) von Kursachsen, was durch Leipzigs exponierte Buchhandelsstellung starken Einfluß auf die Distribution im gesamten Reichsgebiet hatte.

Princessin Europa] Bürgers Gedicht, zuerst separat 1777 (Gedichte Bd. 1, S. 129 – 138).

Casselaner] nichts ermittelt.

Böhm] Behm.

Lieut.] Behm.

Bremen] Zwar nicht aus dieser Zeit, aber aus dem Jahre 1794 als Mahnung ist eine Wein- und Spezereienrechnung überliefert (Original in einer Prozeßakte Bürgers, Universitäts-Archiv Göttingen, Gerichtsakten E VIII 2, der am 27.12.1788 der Göttinger Gerichtsdeputation einen Finanzierungsplan vorschlug, da er derzeit voll zu zahlen nicht in der Lage sei). Sie vermittelt einen Überblick über Art und Umfang von Bürgers damaligen Genußmittelverbrauch, der für damalige Verhältnisse zumindest auffällig, wenn nicht sogar eklatant gewesen ist (handelte er damit? Und: war die Einfuhr überhaupt legal?). Zu den Maßen vgl. obendas Verzeichnis; ansonsten merke ich noch an: Franzwein: wohl nicht Franzbranntwein sonder Wein aus Frankreich; Baumöl: Olivenöl; Martinique: lieferte damals den feinsten Kaffee; Kuiper: hier Küfer, Fäßertransportarbeiter; Muscowi[tisch]: Moskauer; Macisblumen: Muskatblumen; Canehl: Zimtrinde, Stangenzimt (eigentl. Rohr); Semen amomi: Piment-Samen, span. oder Jamaica-Pfeffer; Congo: auch Camphou, eine Teeart; Krucke: Kruke, Henkelgefäß; Portorico: Tabak, benannt nach seiner Herkunft von der gleichnamigen Antilleninsel; Canaster: Korbtabak (s. Nr. 68).

Bremen, d. 18[ten] November 1787

Herr Amtmann Bürger Wohlgeboren à Wittmarshausen [meint: Wöllmarshausen], anjetzo in Göttingen Gelieben

A.

| | Reichs-taler | Gro-schen |
|---|---|---|
| 1779 Octbr. 26. An gesandte Weine und andere Waare laut ertheilte Specificirte Rechnung in Louisd'or à 5 Reichstaler | 151 | 47 |
| an Zinsen rechne von 7 1/2 Jahren à 5% | 56 | 63 |
| in Louisd'or à 5 Reichstaler | 208 | 38 |

Ew. Wohlgebohren
ergebenste Diener
Daniel Schütten Söhne

B.

Bremen d. 26[ten] 8br. 1779

| DHerr Amtmann Bürger in Wittmarshausen | Debet | |
|---|---|---|
| An 2 halbe Oxhoft Frantzwein, mit Faß, | | |
| Futt.[eral] und frey Münden a 17 $^{2}/_{3}$ Reichstaler | | |
| –in L[ouis]d'or Reichstaler | 35 | 24 |
| An $^{1}/_{2}$ Anker Mallaga mit Faß, | | |
| Futt.[eral] und frey Münden | 7 | |
| An 1 Fässel Sevillianisches BaumOehl wiegend | | |
| B[rut]to 65 Pfund Th[ara] 11 Pfund | | |
| Th 11 “ N[et]to 54 Pfund a 13 $^{1}/_{2}$ Gr. | | |
| pro Pfund frey Münden | 10 | 9 |
| An 1 quartjes f. Martinique Caffee wiegend | | |
| Bto 199 Pfund | | |
| Th 29 Pfund N[et]to 170 Pfund a 17 g | | |
| pro Pfund d[it]o | 40 | 10 |
| Für das Faß zum Oel nebst Kuiperlohn | – | 48 |
| An 1. Kiste Muscow. Lichte wiegend | | |
| Bto 83 $^{1}/_{2}$ Pfund Th 12 Pfund | | |
| Th 12 “ N[et]to 7 $^{1}/_{2}$ Pfund a 13 Gr. | | |
| pro Pfund d[it]o | 12 | 65 |
| An 1 Fässel darinnen | | |
| 1 Pfund Macis Blumen | 4 | 54 |
| 1 Pfund d[it] Nüsse | 2 | 48 |
| 2 Pfund Nelken a 3 $^{1}/_{6}$ Reichstaler | 6 | 24 |
| 1 Pfund Canehl | 4 | – |
| 2 Pfund Semen Amomi a 16 Groschen | – | 32 |
| 1 Pfund weißen Pfeffer | – | 33 |
| 3 Pfund braunen Pfeffer a 30 Groschen | 1 | 18 |
| 1 Pfund feinen Congo mit Büchse | 1 | 48 |
| 1 Pfund feinen Thee mit Büchse | 2 | 12 |
| 3 Pfund geraspelt Hirschhorn a 18 Groschen | – | 54 |
| Für das Fässel pakken | – | 33 |
| An 1 Korb darinnen | | |
| 6 Pfund feine Cappern mit Krucke | 2 | 48 |
| 3 Pfund Corinthen a 7 Groschen | – | 21 |

| | | |
|---|---|---|
| 6 Pfund breite Mandeln a 17 Groschen | 1 | 30 |
| 6 Pfund Rosinen a 7 Groschen | – | 42 |
| 4 Pfund Nudeln a 12 Groschen | – | 48 |
| 6 Pfund Reiß a 9 Groschen | – | 54 |
| 1 Pfund Citronat | – | 30 |
| für den Korb pakken p. | – | 18 |
| An 1 Fässel darinnen | | |
| 12 Pfund besten Portorico a 38 Groschen | 6 | 24 |
| 4 Pfund Canaster a 1 1/6 Reichstaler | 4 | 48 |
| Für das Fässel | – | 24 |
| An 1 groß Faß holländische Pfeifen | 1 | 48 |
| Für die sämtlichen besorgten Waaren ans Hauß und nach dem Schiffe bringen, ausgehende Knechte, Kuiperlohn | | 36 |
| Summa | 151 | 47 |

Daniel Schütten Söhne.

Manuspt.] zum Musenalmanach auf 1782 (s. Nr. 51).

8 1/2 Bogen] der Musenalmanach auf 1782 hatte nachher 200 S. oder 12 1/2 Druckbogen.

Mittwochen] 8.8.1781.

53. Appenrode, 9. August 1781.

Nach dem Erstdruck: A. Strodtmann, Briefe von und an Bürger, Bd. 3, 1874, S. 49 f. Original – 1910 im Besitz der Familie Biltz – verschollen.

Comoedie] s. Nr. 49.

Montag] 13.8.1781.

Composition auf mein Menschenfresserlied] das „Neuseeländische Schlachtlied“, mit der Forkelschen Musik zuerst im Musenalmanach auf 1782, S. 23 veröffentlicht (Gedichte Bd. 2, S. 36. 189. 423).

Verjohannballhornungen] Verschlimmbesserungen; Wortbildung nach dem Lübecker Verleger Johann Ballhorn; 1787 schrieb B. ein Epigramm ‚nach J. B.‘ (Gedichte Bd. 2, S. 167).

54. Appenrode, 19. November 1781.

Nach dem Erstdruck: G. Hirzel, Allerlei Leute, 1899, S. 40. Original – zuletzt 1910 im Besitz von Hirzel – verschollen.

mein Herzogthum] s. Nr. 46.

alten Sauerteig] vgl. 1. Kor. 5, 8: „lasset uns Ostern halten nicht im alten Sauerteig".

ausgekozte Purganz] Nach der Galenschen Humoreslehre, die damals noch die Schulmedizin beherrschte, wurde die menschliche Gesundheit bestimmt durch das Verhältnis der Säfte im Körper, das dieser durch Ausscheiden von Stoffen (Purgieren) selbst wieder restituieren konnte. Daher Purganz, Purgatio: Einheitsausdruck für Durchfall, Erbrechen und Pollution.

Bücherkatalogus] hier wohl Dieterichs Verlagsangebot.

pauct] lärmt, predigt (student.).

Hardenberg ... quitirt] H. verließ den hannov. Dienst am 28.9.1781, nachdem man ihm eine einflußreichere Stellung versagt hatte.

Sache] Bürger bemühte sich in dieser Zeit, wie aus einem Brief Flügges an ihn vom 20.10.1781 hervorgeht (Briefe Bd. 3, S. 63 f.) bei der kurhannoverschen Kammer um eine Anstellung .

55. Appenrode, 3. Dezember 1781.

Nach dem Original: Sächsische Landesbibliothek Dresden. Erstdruck: C. Schüddekopf, Euphorion, 3. Ergänzungsheft, 1897, S. 113 f.; dann: Ebstein, Bürger an Dieterich, S. 96.

Gehülfen] nichts ermittelt; für Landwirtschaft oder Almanachredaktion?

Ostern] 31.3.1782.

Den französischen MusenAlm.] wohl der „Almanac de Muses", den C. S. Sautreau de Marsy 1765 – 1789 besorgte.

excerpiren] für den eigenen Almanach: Mit dem Urheberrecht nahm Bürger, einer seiner Vorkämpfer, es nicht sehr genau.

Der Schwäbische MusenAlm.] erschien 1782 – 87 u. 1792 – 93 bei Cotta, herausgegeben von G. F. Stäudlin.

Der Schwickertsche] gemeint ist entweder der inzwischen von Weygand verlegte „Almanach der deutschen Musen“ (s. Nr. 43) oder der 1776–1787 bei Schwickert erschienene „Leipziger Musenalmanach“.
Döring] vgl. seinen Brief vom 29.11.1791 (Briefe Bd. 3, S. 65).

56. Appenrode, 31. Dezember 1781.
Nach dem Original: Bayer. SB München. Erstdruck: Ebstein, Bürger und Dieterich, München 1910, S. 98.
Der Almanachler ist ein schnackscher Patron] bezieht sich auf die Erwähnung Dorette Bürgers im „Almanach der Bellettristen und Bellettristinnen für's Jahr 1782“, S. 25, vermutlich wegen des zu Nr. 36. nachgewiesenen Gedichts.
schnakscher] wunderlich, närrisch.
hannoverschen Intelligenzblätter] das „Hannoverische Magazin“, ein offiziöses Anzeigenblatt mit redaktionellem Teil, hrsg. vom Intelligenz-Comptoir; Redakteure waren u. a. Velthusen, Klockenbring, Eisendecher.
Martini] 11.11.

57. Appenrode, 14. Februar 1782.
Nach dem Original: StB Trier, Autographensammlung. Erstdruck: Ebstein, Bürger und Dieterich, S. 103–109.
Almanac de Muses] s. Nr. 55.
Kopfbusch] der Pferde.

58. Appenrode, 28. Februar 1782.
Nach dem Auszug im Katalog Henrici LXXIV, Berlin 1921, Nr. 223; danach hatte das seither verschollene Original 2 S.; der Absendeort wird dort mit „W(öllmarshausen)“ angegeben, vermutlich irrig, falls das Datum richtig ist.
Getreide ... so wolfeil] tatsächlich lagen die Preise für Weizen, Roggen und Hafer 1782 (mehr noch 1781!) deutlich unter dem Durchschnitt (vgl. R. Oberschelp, Beiträge zur nieders. Preisgeschichte des 16.–19. Jahrhunderts 1986, S. 82–100). S. a. Nr. 59.
weil ich gepachtet habe] s. Nr. 45.

59. Appenrode, 23. März 1782.

Nach dem Original: Nds. SuUB Göttingen, Ms. 2 Philos. 167 o: 3.
Erstdruck: Fragmentarisch bei Hoffmann von Fallersleben, Findlinge Bd. 1, 1860, S. 284 f.; dann fragmentarisch bei A. Strodtmann, Briefe von und an Bürger, Bd. 3, 1874, S. 71 f.; dann C. Schüddekopf, Euphorion, 3. Ergänzungsheft, 1897, S. 114 ff.

anständig] genehm, gefällig.

Macbeth] von Shakespeares Tragödie legte B. einige beachtliche und z. T. sehr geschätzte Übersetzungsproben vor.

Leonhartschen Proceß gewonnen] s. Nr. 3.

JustizCanzlei] Mittelgericht in Hannover, bei der nach dem Instanzenweg die Vormundschaftssachen von Personen mit privilegiertem Gerichtsstand anhängig waren und das die Rechnungsführung beaufsichtigte.

Meer ... tiefsten] vgl. Matth. 18, 6.

Tribunal in Celle] Oberappellationsgericht.

condemnirt] verurteilt.

majorenn] volljährig.

minorennen] minderjährigen.

crepirte] ärgerte, verdroß.

Hundsvötterei] Schurkerei. Hundsfott (eigentl.: Vulva der Hündin; Bürger schreibt – im Unterschied etwa zu Lichtenberg – immer mit ‚v') im 18. Jahrhundert eine tödliche Beschimpfung.

prostituiren] entehren, lächerlich machen.

rothen Heller] die kleinste Scheidemünze aus Kupfer (daher ‚rot') im Wert eines halben Pfennigs, in Kurbraunschweig gar nicht kurrent, war schon damals sprichwörtlich für ‚nichts'.

praenumeriren] s. Nr. 1.

Früchte] Getreide; s. Nr. 58.

Interesse] Zinsen.

3/m] 3 mille (tausend).

vix credo] kaum glaub ichs (lat.).

Gedicht auf Baldingern machen] offenbar hatten die Göttinger Medizinprofessoren beabsichtigt, ihren Kollegen Baldinger mit einem Fest- oder Abschiedsgedicht zu ehren, als er 1782

Göttingen verließ, um als Leibarzt nach Kassel zu gehen. Da solche Gelegenheitsgedichte (Casualcarmina) in aller Regel wenig mehr als einen Louisd'or kosteten, ist dies also eine Absage Bürgers.

Lichtenbergen] Lichtenberg antwortete Dieterich am [24.?3.1782] (vgl. dess. Briefwechsel Bd. 2, S. 298 f.).

60. Appenrode, 28. März 1782.

Nach dem Erstdruck: Fragmentarisch bei Hoffmann von Fallersleben, Findlinge Bd. 1, 1860, S. 285; danach bei A. Strodtmann, Briefe von und an Bürger, Bd. 3, 1874, S. 72. Original – zuletzt 1952 von Stargardt in Stuttgart (Katalog 502 Nr. 18: Brief mit Unterschrift, 3 S. Folio) angeboten – verschollen.

honoris et amicitiae causa] lat.: der Ehre und Freundschaft wegen.

Codille] Situation beim l'hombre-Spiel (s. Nr. 2): Der Spieler (‚l'hombre'), der eigentlich mehr Stiche als jeder seiner Gegner machen muß, macht weniger als einer der andern Spieler, d. h. er hat doppelt verloren.

61. Appenrode, 4. April 1782.

Nach dem Original: GSA Weimar. Erstdruck: Fragmentarisch bei Hoffmann von Fallersleben, Findlinge Bd. 1, 1860, S. 285 f.; danach bei A. Strodtmann, Briefe von und an Bürger, Bd. 3, 1874, S. 72; vollständig zuerst: C. Schüddekopf, Euphorion, 3. Ergänzungsheft, 1897, S. 116 f.

Creditores] Gläubiger.

ScheisClack] lexikalisch nicht nachgewiesen; eventuell meint Bürger -klack (wie Klecks).

wiederfahren wäre] Korrektur Bürgers aus „wiederfahren möge".

Schauspiel ... Original fertig] nicht überliefert, sonst zu dieser Zeit nirgendwo belegt und wohl auch nicht zustandekommen; vielleicht ist an ein Kindsmordsujet zu denken, wie er es schon 1776 geplant hatte; vgl. Gedichte Bd. 2, S. 318 (zu Bd. 1, S. 195).

prostituire] s. Nr. 59.

Bettel] s. Nr. 10.
ungefodert] s. Nr. 49.
Schubbejackerei] Schufterei, Schäbigkeit. Das urspr. russ. Wort begegnet damals schon in der Studentensprache (Kindleben, mit falscher Etymologie).
Laus Deo] Lob für den Gott (lat.); meint hier also ‚Apostrophe (Anrede) als Gott'.
en particulier] im besonderen, speziell.
Leonhartschen Posten] s. Nr. 3.
Contobuch] Rechnungsbuch; außer einem Beitragszahlungsbuch für die Witwenkasse ist auch keins überliefert.
Salz und Brod fressen] hier nicht im Sinne des volkstümlichen Rituals bei Bündnissen und Freundschaftsverträgen, sondern nur: ‚frugal', ‚auf dem Subsistenzminimum'.
gebenedeieten] gesegnet (lat.); vgl. das ‚Ave Maria': ‚und gebenedeit ist die Frucht Deines Leibes (s. Nr. 45)'.
Pötte] Töpfe (nddt.).
Setten] Milchnäpfe (nddt.).
Flott] s. Nr. 9.
beseichen] bepissen.
schnurrige] s. Nr. 4.
Prise] ein wunderlicher Mensch (studentisch; vgl. Kindleben).
Wanderschafft durch das Leben] beliebtes Motiv der Erbauungsliteratur und des Kirchenliedes.

62. Appenrode, 14. Juni 1782.
Nach dem Original: GSA Weimar. Erstdruck: A. Sauer, Euphorion, Bd. 1, 1894, S. 324 f.
wandernder HandwerksGeselle] meint wohl – und jedenfalls herabsetzend, da die Handwerksgesellen oft betteln gingen – Schriftstellerkollege. Dieser ist auch erwähnt in Lichtenbergs Brief an Dieterich [13./14.6.1782] (Briefwechsel Bd. 2, S. 352).
aufzupurren] (nddt.) aufstörren, -wecken.
Jubilate] 3. Sonntag nach Ostern, auf den damals die Leipziger Messe folgte.

63. Appenrode, 30. Juli 1782.

Nach dem ersten korrekten Druck in G. Hirzel, Allerlei Leute, 1899, S. 40 f. Erstdruck: Hoffmann von Fallersleben, Findlinge Bd. 1, 1860, S. 277 f.; danach bei A. Strodtmann, Briefe von und an Bürger, Bd. 3, 1874, S. 81 f.; Original – zuletzt 1910 in Hirzels Besitz – verschollen.

Frize] Hirzel liest „Frizi", eine Version des Kosenamen für Friederike Christiane Henriette Dieterich, die Bürger sonst nie gebraucht; daher nach Ebstein (Bürger und Dieterich, S. 115) emendiert. – Frize war im Juli, ebenso wie Lichtenbergs Geliebte Marie Dorothea Stechard, an einem damals endemisch und epidemisch in Göttingen auftretenden Erysipel („Rose am Kopf") erkrankt und starb am 7.8.1782, zwei Tage nach der Stechardin; vgl. Lichtenbergs Briefwechsel Bd. 2, S. 398 f.

Kopfhänger] Betbruder (wie das folg. „Andächtler"); besonders als Schimpfwort für Pietisten beliebt.

zu viel Hoffnung] Ebstein (S. 116) liest „so" (Besserung? oder Abschreibfehler der Vorlage, verursacht durch das folg. „so leicht"?).

64. Appenrode, 1. August 1782.

Nach Ebstein, Bürger und Dieterich, S. 116 f. Erstdruck: Hoffmann von Fallersleben, Findlinge Bd. 1, 1860, S. 278 f.; dann ungenau bei A. Strodtmann, Briefe von und an Bürger, Bd. 3, 1874, S. 82 – 84. Original – zuletzt 1910 im Besitz von Max Brockhaus – verschollen. Von Ebstein verglichen.

Paroxysmen] Anfälle.

blinde MaulwurfsGesichter] der M. wurde volkstümlich wegen seiner kleinen verdeckten Augen für blind gehalten.

Saul unter die Propheten] vgl. zu dieser schon früh sprichwörtlichen Redenart ihre Herkunft in 1. Sam. 10, 11.

Fittich] bildl. für die fliegenden Rockschöße; hier daher: flatterhafter Mensch.

jene Wahrheiten] in welcher Weise sich die Gläubigkeit des Pfarrersohns Bürger sonst artikuliert hat, demonstriert Albrecht Schöne in „Säkularisation als sprachbildende Kraft.

Studien zur Dichtung deutscher Pfarrersöhne" (darin über Bürger: „Weltliche Kontrafaktur") $^{2}$1968, S. 152 – 189.

12pfündigen Enkelchen] Christiane Luise Sophie Köhler war am 25.7.1782 geboren. Über ihre Krankheit nichts ermittelt.

an Gott versündigen ... . Sei also getrost] beides bibl. Wendungen; erstere begegnet rd. zehnmal, letzteres gar 2 Dutzend Mal in der Heiligen Schrift.

Briefes] nicht überliefert.

65. Appenrode, 1. August 1782.

Nach dem Original: Nieders. SuUB Göttingen, Ms. 2 Philos. 167 o: 3. Ungedruckt.

Kerl] Bote.

Hans Ars] s. Nr. 19.

Korrectur] des Musenalmanachs auf 1783.

Besuch] lt. Bürgers Brief an Georg Leonhart 22.7.1782 (Briefe Bd. 3, S. 80): „Schwester [Müllner], Schwager und Gustchens [Mollys] Ankunft".

66. Appenrode, 3. August 1782.

Nach Ebstein, Bürger und Dieterich, S. 120; die Nachschrift nach dem Erstdruck: Hoffmann von Fallersleben, Findlinge Bd. 1, 1860, S. 280 f.; dann bei A. Strodtmann, Briefe von und an Bürger, Bd. 3, 1874, S. 84 f. Original – zuletzt 1910 im Besitz von Max Brockhaus – verschollen. Von Ebstein verglichen. Die Nachschrift nur bei Hoffmann von Fallersleben und Strodtmann; entweder von Ebstein übersehen oder schon bei seiner Kollation vom Original abgetrennt.

Korrectur] s. Nr. 65.

Arcanum] geheimer Stoff der Alchimisten. Hier übertragen: Allheilmittel.

Wall] da die Göttinger Befestigungsanlage zu veraltet war, um ihren Zweck noch zu erfüllen, und lediglich im Siebenjährigen Krieg eine französische Besetzung der Stadt provoziert hatte, wurde sie gleich nach Kriegsende 1763 unbrauchbar gemacht: die Gräben mit dem Abtrag der Wallkronen gefüllt und diese etwa 2,7 km lange Promenade mit Linden bepflanzt.

StallmeisterRock] hier: Festtagskleid. Der Universitätsstallmeister, damals der mit Dieterich befreundete Ayrer, stand im Rang eines Professor ordinarius.

König Ahasverus] vgl. Esther 6, 8 – 11.

Carmen auf den Herzog Ferdinand] von Braunschweig; das Gedicht nicht ermittelt. Gemeint ist vielleicht nicht der Herzog Karl Wilhelm Ferdinand von Braunschweig, sondern (der auch schon zu Lebzeiten öfter mit ihm verwechselte) Ferdinand Prinz v. B. Nach dessen Tod erschien im Musenalmanach 1793, S. 198 ff. eine Elegie auf ihn, die hier aber nicht wohl gemeint sein kann.

poëtischen Adamskinde] poetischen Menschenkind (Adam als Stammvater aller Menschen; vgl. Schiller, Räuber 5, 1); dasselbe, was Goethe gern das „Weltkind" nannte.

67. Appenrode, 12. Oktober 1782.

Nach Ebstein, Bürger und Dieterich, S. 121. Erstdruck: Fragmentarisch bei Hoffmann von Fallersleben, Findlinge Bd. 1, 1860, S. 286 f. und gleichfalls fragmentarisch bei A. Strodtmann, Briefe von und an Bürger, Bd. 3, 1874, S. 98; ergänzt dann von C. Schüddekopf, Euphorion, 3. Ergänzungsheft, 1897, S. 117 f. Original um 1910 im Besitz von Max Brockhaus. Zuletzt am 27./ 28.11.1973 im Katalog Stargardt 602, Nr. 29, S. 14. Von Ebstein noch bei Brockhaus verglichen.

Rechnungsgeschichte] s. Nr. 59.

Revisionsbogen] s. Nr. 7.

Macbeth] s. Nr. 59.

Calenderliste] wohl Aufstellung der an die Beiträger zu sendenden Freiexemplare des Musenalmanachs 1783, der soeben zur Michaelismesse erschienen war. S. Nr. 80.

Druckfehler] s. Nr. 28.

Poëtischen Annalen] dies Projekt, offenbar eine Zeitschrift, nicht verwirklicht.

erfodert] s. Nr. 49.

Solo mit 5 Matadors] Einzel mit fünf Trümpfen: die bekannte Bezeichnung für den spanischen Tierkämpfer (eigentlich Schlächter, Umbringer) damals vor allem gebraucht für den

Trumpf in französischen Kartenspielen; im l'hombre vorzugsweise für die drei höchsten Trümpfe.

Einfall mit L.] Wohl Mitarbeit an Lichtenbergs „Göttingischem Magazin", die von diesem vielleicht schon 1780, jedenfalls aber 1784 angestrebt wurde (s. Nr. 84), freilich gleichfalls nicht zustande kam; zu denken wäre noch an eine Kombination des „Magazins" mit den vorgenannten „Poetischen Annalen".

Schicksalswürfel] die sprichwörtliche Redensart (hier auf sein berufliches Schicksal bezogen) wird man beim notorischen Spieler B. nicht auf das caesarische ‚alea iacta est' zurückführen müssen.

Brief von dem Groß Canzler von Carmer] nicht überliefert. Vgl. Bürgers Bewerbungsschreiben an Friedrich II. vom 29.7.1782, Carmers abschließende Mißerfolgsmeldung unterm 19.11.1782 (Briefe Bd. 3, S. 80 f. 103 f.). Eine Anstellung Bürgers in preußischen Diensten kam also nicht zustande.

Epigrammensalz] s. Nr. 68 („Thais". „Opim").

Königin] gemeint wohl Sophie Charlotte von England. Falls es nicht etwa durch Verwechselung Bürgers doch von A. G. Kästner stammte (dann wäre gemeint: „Unter das Bildnis der Königin 1777", beginnt „Der Tugend Bild" etc.), ist das mit „G." gezeichnete „An Herrn Professor Lichtenberg welcher viel schönes sagte zum Lobe der Königinn von Engelland" Gleim zuzuweisen; C. C. Redlich (Chiffernlexikon 1875, S. 14 wußte es noch nicht).

genießen] nach dem Tod der Stechardin (s. Nr. 63 Anm.) hatte Lichtenberg sich aller Geselligkeit entzogen.

meschant] böse (franz. méchant).

Sennickerödern] Familie des Thilo Leberecht v. Uslar.

Schwägerin bei Weißenfels] Molly hielt sich damals zur Geburt ihres und Bürgers Kindes bei dessen Schwester auf (s. Nr. 27).

68. Appenrode, 1. November 1782.

Nach einer Abschrift von unbekannter Hand in K. Nutzhorns Handexemplar von Strodtmann: Nds. SuUB Göttg., 8 Hlbi IV

9588 a Rara. Erstdruck: A. Strodtmann, Briefe von und an Bürger, Bd. 3, 1874, S. 102 f. Original – zuletzt 1897 im Besitz des Antiquariats G. Hess und Co., München – verschollen.

Nachbar Seip] Lichtenbergs Epigramm „Opim und Nachbar Seip" zuerst im Musenalmanach auf 1784, S. 75 (Lichtenberg, Schriften Bd. 3, 1972, S. 643).

Republik] meint die der Dichter und Gelehrten.

Seipios und Thaides] Akkusativ Plural von Seip und Thaïs: Lichtenbergs Epigramm „An die liederliche Thaïs", wie „Opim und Nachbar Seip" zuerst im Musenalmanach auf 1784, S. 78 (Lichtenberg, Schriften Bd. 3, 1972, S. 643).

PfaffenIntroduction] feierliche Amtseinführung eines neuen Geistlichen. 1782 wurde die Bremker Pfarre, die dem Kirchenpatronate der Herrn von Uslar unterstand, mit Johann Christian Ludwig Seehoff besetzt.

Kanaster] feiner amerikanischer Korb-Tabak (weil er in Körben versandt wurde). Vgl. die Rechnung in der Anm. zu Nr. 52.

Knicker] s. Nr. 51.

Frucht] Getreide s. Nr. 59.

69. Appenrode, 7. Februar 1783.

Nach dem Original: Statni Oblastni Archiv Trebon, Autographensammlung der Grafen v. Czernin, ehemals auf Schloß Neuhaus in Böhmen. Erstdruck: A. Strodtmann, Briefe von und an Bürger, Bd. 3, 1874, S. 107.

" " " " ] Anspielung auf die angeblich aphrodisische Wirkung der Auster (ein Aberglaube, der vielleicht auf die äußere Gestalt der Muschel zurückzuführen ist). Vgl. u. a. Bächtold/Stäubli, Handwörterbuch des deutschen Aberglaubens Bd. 6, 1935, S. 632 f.

Roques] LaRoques. Vgl. Goeckingks „Journal von und für Deutschland" 1, 1784, S. 376: „Hatte ein Naturalienkabinett. Liebhaber der Physik. Er ist jetzt mit der Ausgabe eines neuen Gesangbuches für seine Gemeinde beschäftigt, welches in Göttingen bei Dieterich gedruckt und nächstens erscheinen wird." Auch Lichtenberg zeigte sich von La-Roques tief beeindruckt (Briefwechsel Bd. 2, Nr. 1143).

verklomt] auch verklamt oder verklumt: nddt. vor Kälte erstarrt (Grimms DWb).

70. Appenrode, 17. April 1783.

Nach dem Original: Nds. SuUB Göttingen, Ms. 2 Philos. 167 o: 3. Erstdruck: Fragmentarisch bei Hoffmann von Fallersleben, Findlinge Bd. 1, 1860, S. 287, dann A. Strodtmann, Briefe von und an Bürger, Bd. 3, 1874, S. 112; vollständiger bei A. Sauer, Euphorion Bd. 1, 1894, S. 325.

Wallfarth auf die Gleichen] s. Nr. 47.

Ostertage] 20.4.1783.

Assignation] s. Nr. 43; die hier gemeinte vermutlich für Überschuß aus der Vormundschaftsrechnung.

Meriten] Verdienste.

Bouteillen] Flaschen; s. die Rechnung in der Anm. zu Nr. 52.

Adelungs Magazin] „Magazin für die deutsche Sprache". In Bürgers Nachlaß fand sich eine Abhandlung „Über deutsche Sprache. An Adelung", offenbar 1783 entstanden, von der man angenommen hatte, daß sie für dies Magazin gedacht war. Sie ist aber wohl die hier gemeinte Polemik gegen Adelung.

antworte ich Lichtenbergen] geschehen? (nicht überliefert).

71. Appenrode, 12. Mai 1783.

Nach dem Original: GSA Weimar. Faksimile im Katalog Stargardt 593, Nr. 44, S. 19. Erstdruck: A. Sauer, Euphorion, Bd. 1, 1894, S. 326 f.; dann Ebstein, Bürger und Dieterich, S. 134. Die Unterstreichung einiger Wörter (u. a. der Turpia) scheint nicht von Bürger herzurühren.

Zebedäus] s. Nr. 11.

Sacrifiziren] opfern.

Hundsvott] s. Nr. 59 („Hundsvötterei").

Matadors] Trümpfe (s. Nr. 67). Im selben Sinne metaphorisch bei Bürger noch in s. „Hört, Enkel, hört unglaubliches Bemühn" (Gedichte Bd. 2, S. 110, V. 5).

Assignation] s. Nr. 43.

72. Appenrode, 24. Mai 1783.
Nach dem Original: Im Besitz von Frau Barbara Hanning, Todtnau. Ungedruckt.
Citation] Vorladung.
HundelochsSchauspiele] s. Nr. 12.
Cetermordio] s. auch Cetermordio schreyen, Nr. 1.
Gränzbesichtigung] zwischen den Bezirken des landesherrlichen Gerichts Leineberg, dem der Gerichtsschulze Compe vorstand, und des ungeschlossenen Uslarschen Patrimonialgerichts Sieboldshausen im Amt Friedland, das in Bürgers Zuständigkeit fiel.
Viermeilen] die Bannmeile der Stadt reichte damals noch rd. 30 km weit.
mulstriges] wohl wie mulmig: fauliges.
Ldor] Lesung nicht voll gesichert („Flor"?). Ebstein (Typoskript im GSA Weimar) las „Flox" (der Name von Bürgers Pferd), was aber aus paläographischen Gründen sicher auszuschließen ist.

73. Appenrode, 9. Juli 1783.
Nach dem Original: Bayer. SB München. Erstdruck: C. Schüddekopf, Euphorion, 3. Ergänzungsheft, 1897, S. 118 f.

74. Bissendorf, 16. August 1783.
Nach dem Erstdruck: G. Hirzel, Allerlei Leute, 1899, S. 42 f. Original – zuletzt 1910 in Hirzels Besitz – verschollen.
Melle] Dieterichs Kutscher, den Bürger und Lichtenberg im scherzhaft Dieterich zugeschriebenen Gedicht im Musenalmanach 1784, S. 184 verewigten: „Melle! – den Pegasus muß er mir fertig machen! / Und schnall er ja die Flügel fest und gleich: Sonst kriegte Lichtenberg und Bürger was zu lachen / Das wär ein Teufelsstreich". Sein Familienname ließ sich in Göttinger Kirchenbüchern nachweisen, er selbst aber bislang nicht.
H. v. Münchhausens Quartier] gemeint ist wohl Ludw. Friedr. v. M., 1783 Auditor bei der Justizkanzlei in Hannover.

75. Appenrode, 28. August 1783.

Nach Ebstein, Bürger und Dieterich, S. 139. Erstdruck: A. Strodtmann, Briefe von und an Bürger, Bd. 3, 1874, S. 118 f. Original – zuletzt 1910 im Besitz von E. G. Boerner in Leipzig – verschollen. Von Ebstein verglichen.

Revisionsbogen] Korrektur (s. Nr. 7) für den Musenalmanach 1784.

Boten] s. Nr. 7.

meinen Treffs] ‚Treff' alter Ausdruck für die Spielkartenfarbe Kreuz; das Treff-As ist der 3. Trumpf im l'hombre. Hier wohl im Sinn von ‚Stiche', ‚Schläge' gemeint. „Treffs" dürfte dann wohl Schreibfehler Bürgers oder Lesefehler Strodtmanns und Ebsteins für ‚Treff' sein (oder „meinen" für ‚meine'?).

Kannengießerpfiff] Kannegießer: jemand der am Stammtisch in der Gastwirtschaft politisiert (wohl verbreitet durch den Titel eines Dramas des Dänen Holbergs, ins Nddt. 1743, ins Hdt. 1749 übersetzt). Von „Kannegießerei" spricht Bürger auch an Lichtenberg Januar 1794 (Lichtenbergs Briefwechsel Bd. 4). ‚Pfiff' hier im Sinn von Trick, Kunstgriff.

Küper] nddt. Küfer: Böttcher; dann vor allem Weinkellermeister, Kellner.

Londonschenke] „Stadt London", eines der ersten Hotels am Platze, damals in der Neuen Straße in Hannover gegenüber der Marstallbrücke (nach der englischen Sukzession 1714 umbenannt; vorher „Neue Schenke").

Elderhorsts Kutscher] Jürgen Heinrich Lücke.

auszuhunzen] s. Nr. 46.

blöde] schüchtern.

Lichtenbergs Cantate] „Dusch [=Tusch]-Cantate auf dem obersten Altane abzupauken". Zuerst im Musenalmanach auf 1784, S. 209 (Lichtenberg, Schriften Bd. 3, 1972, S. 644).

76. Appenrode, 5. September 1783.

Nach dem Original: Universiteits-Bibliotheek Amsterdam, Dp 6. Ungedruckt. Das Tagesdatum „5" von Bürger aus „6" korrigiert.

1) meine Frau 2) Schwägerin 3) Schwager] Dorette Bürger u. das Ehepaar Elderhorst.

Comoedie] s. Nr. 53.

Halbchäse] (tautologisch; eine Chaise ist selbst schon eine Halbkutsche:) leichter Wagen mit nur einem hinteren Verdeck, Kabriolet.

Pracherei] Bettelei (ursprüngl. nddt., damals schon studentisch, vgl. Kindleben); nach Adelung ein „nur in den gemeinen Sprecharten, vornehmlich aber Niedersachsens übliches Wort“. Gebraucht Bürger in „Der Kaiser und der Abt“ (Gedichte Bd. 2, S. 320 f., Vers 102).

77. Appenrode, 8. September 1783.

Nach dem Original: Österreichische Nationalbibliothek Wien.

Erstdruck: v. Weilen, Euphorion, Bd. 1, 1894, S. 332.

Factor] Vorarbeiter der Druckerei.

Epigrammenzeug] tatsächlich enthält der Musenalmanach auf 1784 ungewöhnlich viele Sinngedichte.

notabenirt] angemerkt.

prachern] s. Nr. 76.

78. Appenrode, 8. September 1783

Nach dem Erstdruck: A. Strodtmann, Briefe von und an Bürger, Bd. 3, 1874, S. 120 f. Original – zuletzt 1910 in Besitz von Max Brockhaus – verschollen.

Rest des Mspts.] zum Musenalmanach 1784.

Contribuenten] Beiträger.

LicentGericht] Gericht für Steuervergehen.

LicentCommissar] landständischer Beamter für die Beaufsichtigung der Steuererhebung.

Harveste] Ort dieses Namens nicht ermittelt; gemeint sein könnte Hardegsen oder wahrscheinlicher Harste; oder sollte Harvesse im Braunschweigischen zu lesen sein?

79. Appenrode, 13. September 1783.

Nach dem Original: Germanisches Nationalmuseum Nürnberg.

Erstdruck: A. Sauer, Euphorion, Bd. 1, 1894, S. 326 f. Die Gedichtbeilage nach Bürgers Gedichten Bd. 1, 1789, S. 199. Der Einzeldruck war mir nicht zugänglich.

Geburtstags Reimerey] für Luise Wilhelmine von Uslar, geb. v. Westernhagen, Gemahlin des Th. L. H. A. v. Uslar in Sennickerode, „Geweihtes Angebinde zu Luisens Geburtstage" (Gedichte Bd. 1, S. 94 f.). Im Vorjahr hatte B. ihr bereits in Versen gratuliert (Gedichte Bd. 2, S. 97).
con gusto] mit Geschmack (in künstlerischen Dingen).
Behuf] Mittel zum Zweck.
Calender Cantate] s. Nr. 75.
Sgr] Signor (ital.: Herr)
Christel oder Louise] Christiane Dieterich oder Luise Köhler.

80. Appenrode, 17. September 1783.
Nach dem Original: FDH Frankfurt. Erstdruck: A. Strodtmann, Briefe von und an Bürger, Bd. 3, 1874, S. 121 f.
Pfirschen] Pfirsichen (dem Nddt. nachgebildet).
Alphabet] nach der Gewohnheit, die Druckbogen mit Buchstaben zu markieren, allgemein 24 oder 25 Druckbogen (=1 Buch, s. Nr. 11), je nach dem, ob I/J bzw. U/V als ein Buchstabe gerechnet wurde. Ein Alph. Oktav also 384 oder üblicher 400 S.
Geburtstagsgeschichte] s. Nr. 79.
Zehntrecht] eigentl. Recht des Zehntherren, einen je bestimmten Teil (1 – 10 %) hier der Getreideernte (‚Feldzehnt') als Abgabe erheben zu dürfen.
englisches Schreibzeüg] B. besaß ein Wedgwood-Tintenfaß; Lichtenberg erwarb es 1794 auf der Auktion des Nachlasses für 2 Taler (Akten des Universitätsgerichts E VIII 6).
beschnobert] beschnuppert, berochen.
Raths und UniversitätsApotheke] die beiden privilegierten Göttinger Apotheken (diese von Jordan, jene von Sander geführt), beide am Marktplatz.
MusenAlmanachsbriefe ... Liste] wohl Danksagungsschreiben für die Beiträger; s. Nr. 67. Ein späteres, sehr aufschlußreiches Beispiel in Nutzhorns Handexemplar von A. Strodtmann (Typoskript des Antiquars Heck in Wien, 1927; Original verschollen. An den Hofrat F. v. Bülow in Wolfenbüttel):

„Hochwohlgebohrener Herr
Hochzuverehrender Herr Hofrath

Es versteht sich wohl von selbst, daß es nicht Mangel an der vollkommensten Hochachtung seyn konnte, was meinen verbindlichsten Dank für Euer Hochwohlgeboren gütige Zuschrift vom 24ten Aug. d. J. bis hieher verzögerte. Der vorzügliche Genius, der Adelheid von Berlepsch gedichtet [Musenalm. 1787, S. 92: C. C. Redlich (Chiffernlexikon 1875, S. 14 wußte es noch nicht)], hatte mich schon ein Jahr früher zu sehr für sich eingenommen, als daß ich bey den neuen so freundlich und gefällig übersendeten Beyträgen zum M.[usen]A.[lmanach] [1788, S. 181: D. Diadem u. d. Hirtenstab] hätte gleichgültig bleiben können. Gleichwohl haben anfangs die Zerstreuungen unseres Jubelfestes, dann das selige Far niente der Ferien und endlich gar der erste Sause- und Brausefleiß der neuen Universitätslectionen mich so lange von dieser schuldigen Versicherung abgehalten. Ich schmeichle mir, Euer Hochwohlgeboren werden dies gütigst einem Menschen verzeyhen, der ohnehin sicherlich ewig verdammt seyn würde, wenn er den Himmel mit nichts als Briefen verdienen sollte.

Ich habe Herrn Dietrich hierüber Ordre gegeben, Euer Hochwohlgeboren mit einem Exempl. des Alm.[anach] aufzuwarten, schäme mich aber, daß ich damit so spät komme, daß Sie den Alm. vielleicht längst gesehen haben, oder auf andere Weise besitzen. Leider weiß ich jetzt nichts, womit ich diesen Verstoß wieder gut machen soll. Denn die Gelegenheitsbroschüre [wohl B.s Anweisung zur deutschen Sprache und Schreibart auf Universitäten], die ich beyzulegen mir die Freyheit nehme, kann hoechstens ein wenig guten Willen, schlechterdings aber von That nichts darlegen.

Mit der vorzüglichsten Hochachtung habe ich die Ehre zu seyn

Euer Hochwohlgeboren
ganz gehorsamster Diener

Göttingen den 29. Novembr. 87. Bürger“

81. Appenrode, 20. September 1783.

Nach einer Durchzeichnung in Ebsteins Nachlaß: GSA Weimar. Erstdruck: Ebstein, Bürger und Dieterich, S. 148. Original – nach einer Notiz von mir unbekannter Hand zur Zeit des Durchzeichnens (vor 1930) im Besitz von Frau Therese Hahn in Berlin – verschollen.

Erntebier] der Grundherr war den Frondienste Leistenden verpflichtet, die Getränke während oder doch zumindest nach der Arbeit zu stellen.

Schmidts Reichshistorie] Geschichte der Teutschen 1778 ff. in 17 Bdn.

bewußte Arbeit ... Stückchen] nicht ermittelt. Im Musenalmanach auf 1785 käme Bürgers „Der Kaiser und der Abt" (vgl. dazu Gedichte Bd. 2, 320 f.; dort kein Hinweis auf Schmidt) in Betracht, wozu Bürger etwa nach deutschem Kolorit gesucht hätte.

82. Appenrode, 6. November 1783.

Nach Ebstein, Bürger und Dieterich, S. 148. Erstdruck: A. Sauer, Euphorion, Bd. 1, 1894, S. 327 f. Original 1916 vom Städtischen Museum Göttingen gekauft (lt. Erwerbungsbuch Nr. 1917 für 30 Mark); nach Mitteilung der Direktion dort z. Zt. nicht auffindbar. Von Ebstein eingesehen.

Borstorfer Äpfel] obersächsische sprichwörtl. schmackhafte Apfelsorte; um den Rang als Heros eponymos streiten Borsdorf bei Meißen und B. im Voigtland.

Sonne] Gasthaus der mittleren Preisklasse in der Paulinerstr. in Göttingen (vgl. Taxliste im Stadtarchiv Göttg., AA Gewerbesachen, Weinschank Pak. 462); wohl identisch mit dem Likör- u. Kaffeerestaurant von Conradi (stud.: Schnaps-Conradi), an dessen Standort Ecke Pauliner- / Gotmarstraße sich noch heute ein Hotel zur Sonne befindet.

1 1/2 Stunden] für die rd. 12 km damals nicht unbeschwerlichen Weges und zumal im Herbst sehr rasch.

Schwester] s. Nr. 27.

83. Appenrode, 22. Dezember 1783.
Nach dem Original: UB Krakau. Ungedruckt.
Hundsvötter] s. Nr. 59.
Alles Ding ... in Ewigkeit] der Reim, der (wenn anders er nicht einem sehr naiven Kirchenliede entstammt) Bürger zuzuschreiben sein dürfte, lehnt sich in seinem ersten Teil an Prediger Salomonis 3, 1, im zweiten an Psalm 136, 1 an.
Relation] Bericht.
Bateillen] Schlachten.
Mädchen] Marianne Friederike (Molly) Bürger.
Bettel] s. Nr. 10.
Calender Kupfern] der Musenalmanach auf 1785 enthält nur je 1 Frontispiz und Titelkupfer. S. Nr. 46.

84. Appenrode, 2. Januar 1784.
Nach dem Original: Nds. SuUB Göttingen, Ms. 2 Philos. 167 o: 3.
Erstdruck: Fragmentarisch bei Hoffmann von Fallersleben, Findlinge Bd. 1, 1860, S. 287; dann fragmentarisch bei A. Strodtmann, Briefe von und an Bürger, Bd. 3, 1874, S. 122 f.; fast vollständig bei A. Sauer, Euphorion, Bd. 1, 1894, S. 328 f.
Bämmeley] Schwanken; s. auch Nr. 44 (bümmeln).
Versprechen] Mitarbeit an Goeckingks „Journal von und für Deutschland“ 1784 ff., in dessen Januarheft 1784 der erste Gesang der Ilias von Homer in der Übersetzung (nun doch in Hexametern) und mit einem Vorbericht Bürgers erschien. Eine Fortsetzung war geplant, vgl. B.s Brief an Goeckingk von Anfang 1784, Strodtmann Bd. 3, S. 123 – 125.
prostituiren] s. Nr. 59.
Magazin] Lichtenbergs „Göttingisches Magazin“, zu dem er nach Forsters Weggang nach Wilna gern Bürger als Mitherausgeber gewonnen hätte (s. schon Nr. 67).
Böcke .. geschlachtet] heute würde man sagen: e. Bock geschossen; Bürgers Version anscheinend nicht belegt und vielleicht biblischen Ursprungs (1. Mos. 37, 31; 3. Mos. 9,15 u. ö.).
Bubenstück] Schurkenstreich.
vorsätzliche Fickfackerey] fickfacken nach J. C. Strodtmanns „Idioticon Osnabrugense“ 1756: „wider sein Versprechen in

Erfüllung der Tat unbeständig sein". Begegnet bei Bürger noch in der Frau Schnips Vers 40 (Gedichte Bd. 1, S. 182. 2, 313).

langsam] zwischen Sept. 1783 u. März 1784 war kein Stück des als Zweimonatsschrift konzipierten Magazins herausgekommen (zu den genauen Daten des tatsächlich immer schleppenderen Erscheinens von Lichtenbergs Magazin vgl. dess. Briefwechsel Bd. 2, S. VI f.).

Uslar] B.s Lehnsherren; der „General" ist der ihm feindliche Karl W. Chr. Aug. v. U., der „Hofrat" der ihm wohlgesinnte Joh. Georg v. U.

Dimission] Abschied, Entlassung.

Johannis] s. Nr. 32. – zu Bürgers Übersiedelung nach Göttingen s. Nr. 85. 86.

gefodert] s. Nr. 49 (erfodert).

Commission] Auftrag und Vollmacht.

Vertheidigungsschrifft] gedr. zuerst unter dem Titel „Verantwortung an die Regierung zu Hannover" in Wekhrlins „Das graue Ungeheuer", Nr. 5, Mai 1784, S. 219 ff.; dann in Bürgers Werken Bd. 7, 1824, S. 279 – 342, hrsg. von K. v. Reinhard.

ad protocolla commissionis] zu Protokoll des (mit der Untersuchung) Beauftragten.

wenn ... anders] wenn sonst.

cediren] abtreten.

an Heynen schreiben] geschah erst im April 1784 (Briefe Bd. 3, S. 133 f.).

Civilamt] Anstellung in der öffentlichen Verwaltung. – Er hätte allerdings auch nirgendwo mehr eine bekommen.

L[ichtenberg] will auch einen Luftball öffentlich steigen laßen] Lichtenbergs Ballonfahrt kam nicht zustande, vgl. seine Briefe an Sömmerring 2.1.1784 und Wolff [5.?1.1784] (Lichtenberg, Briefwechsel Bd. 2, S. 810 – 817).

Extractum Protocolli] Protokollauszug.

künftigen Montag] 4.1.1784.; Posttag nach Hannover.

85. Gelliehausen, 3. Mai 1784.
Nach dem Original: Germanisches Nationalmuseum Nürnberg.
Erstdruck: Fragmentarisch bei Hoffmann von Fallersleben, Findlinge Bd. 1, 1860, S. 287; danach bei A. Strodtmann, Briefe von und an Bürger, Bd. 3, 1874, S. 139; vollständig zuerst: A. Sauer, Euphorion, Bd. 1, 1894, S. 330.

Teüfel ... ausgetrieben] spielt auf den in der lutherischen Liturgie beibehaltenen Taufexorzismus an: am 2. 5. wurde B.s Tochter Auguste Wilhelmine Henriette Elisabeth getauft.

Solennitäten] Feierlichkeiten.

Junggesellen ... mannbaren Jungfern] entweder Hengste und Stuten, oder Dieterichs Söhne Heinrich Friedrich Wilhelm Ludwig, Friedrich Karl August und Emanuel Wilhelm Christian, und Minna und Franziska Strecker. Bürgers Töchter Marianne und Auguste werden dagegen schwerlich gemeint sein. – „mannbare Jungfern" verweist auf 1. Kor. 7, 36.

Unterbringung seines Mädchens] Eine Johanne Karoline Kellner aus Nikolausberg, die es dort nie gegeben hat und die wohl mit Lichtenbergs Geliebten Margarete Elisabeth Kellner zu identifizieren sein dürfte, gebar am 16.9.1784 im damals gleichfalls hessischen Eddigehausen (7 km nördl. von Göttingen) einen Sohn Karl Gottlieb Kellner. Im Kirchenbuch (Plessearchiv Bovenden) ist kein Vater angegeben. Dies Kind dürfte wohl identisch sein mit dem am 15.11.1784 gestorbenen, in St. Marien in Göttingen bestatteten Sohn von Margarete Kellner, Karl *Ludwig* Kellner (meine Angaben im Anhang zum Briefwechsel von Ludwig Christian Lichtenberg mit Johann Christian Dieterich 1984, S. 111 sind entsprechend zu korrigieren: Das dort nachgewiesene Kind könnte ein Neffe Margaretens sein). Als Pate wird im Eddigehäuser Kirchenbuch Gottlieb Stechhart aus Göttingen genannt, der sich aber dort nicht nachweisen ließ, und, zumal da die Familie von Lichtenbergs erster, jungverstorbener Geliebten Maria Dorothea Stechardt keine Göttinger, sondern aus der Grafschaft Hohnstein eingewandert war, wohl auch nicht gefunden werden kann, weil Lichtenberg durch derlei Mystifikationen die Spuren zu verwischen suchte.

in einem hessischen Hause] Bürgers Amtsbereich war in den Mengedörfern von hess. Streubesitz durchzogen (in Bremke 1/4 der Häuser auf hess. Grund), was es ermöglichte, sich kurbraunschw. Gesetzen und göttg. Klatsch zu entziehen.

Wartung] Aufwartung, Pflege.

Brüche] Strafgelder (alter Rechtsterminus). Nach den anonym erschienenen „Briefen einer Curländerin" der Sophie Schwarze (Bd. 2, 1791, S. 30) betrug die Strafe für eine uneheliche Geburt im Hannoverschen 6 Reichstaler.

poëtische Freiheit] eigentl. Verstoß gegen metrische oder rhetorische Regeln (z. B. unreine Reime); hier metaphorisch für die uneheliche Geburt.

Amtssporteln] Amts-Nebengebühren (für Schreib- und Verwaltungstätigkeiten).

an Hofr. Heyne] vom 2. 5., vgl. Briefe Bd. 3, S. 138 f.

Bruder Studio] Student; zur Geschichte dieses Ausdrucks vgl. A. Götze in den Nachrichten der Gießener Hochschulgesellschaft 6, 1928, 14 – 20. Als Privatdozent ohne jedes Grundgehalt war Bürger existentiell auf den Zulauf der Studenten angewiesen.

das lateinische SchulmeisterBuch von Scheller] Praecepta stili bene latini, in primis Ciceroniani, seu eloquentiae romanae quatenus haec nostris temporibus in dicendo et scribendo usurpari potest summa diligentia. Leipzig 1779. Vgl. Gumbert, Bibliotheca Lichtenbergiana 1985, S. 249 Nr. 1562.

86. Gelliehausen, 26. Juni 1784.

Nach Ebstein, Bürger und Dieterich, S. 159. Erstdruck: Fragmentarisch bei Hoffmann von Fallersleben, Findlinge Bd. 1, 1860, S. 288; danach bei A. Strodtmann, Briefe von und an Bürger, Bd. 3, 1874, S. 141; fast vollständig bei C. Schüddekopf, Euphorion, 3. Ergänzungsheft, 1897, S. 119. Original – zuletzt 1910 im Besitz von Max Brockhaus – verschollen. Von Ebstein verglichen.

ExAmtmann] mit Johannis 1784 hatte B. seinen Amtmannsposten aufgegeben und in Göttingen seine Tätigkeit als Privatdozent der Philosophie und Ästhetik aufgenommen.

Sedis Vakanz] Zeitraum, im dem ein bischöflicher (speziell der päpstliche) Stuhl unbesetzt ist.

Nachfolger] Das wurde G. C. H. List.

heütiger ... Dienstags Post] Die fahrende Post von Hannover; kam in Göttingen an Dienstag und Samstag abends.

meiner armen Frau ... immer schlecht] Bürgers erste Frau starb am 30.7.1784 an einem ‚auszehrenden Fieber'. Die gedruckte Traueranzeige, dat. vom 31.7.1784, auch in Briefe Bd. 3, S. 144. (Ein dort als „nicht verlohnend" übergangener Zusatz an Sprickmann lautet nach dem Original in der Univ.-Bibl. Münster: „[gedr.: Die Antwort wird verbeten] " Aber nicht bei Dir, Lieber, wenn Du anders Muße und Lust hast, mich armen von so langer herber Prüfung äuserst abgematteten ein wenig wieder zu erquicken. –

87. Gelliehausen, 28. Juni 1784.

Nach dem Erstdruck: E. Grisebach (Hrsg.), Die Briefe Lichtenbergs an Dieterich 1770 – 1798, 1898, S. 107. Die irrige Annahme, der Brief sei von Lichtenberg, korrigiert Grisebach selbst bereits 1900 im Ergänzungsband zu seinem „Weltliteraturkatalog", S. 83. Original – wie Nr. 33 und 89 ohne Unterschrift – um 1870 im Besitz des Hofrat Wilhelm Theodor Kraut in Göttingen.

Mittwoch] 30.6.1784.

Elend immer fort] s. Nr. 86. Die Rechnung des Rats-Apothekers Jordan verzeichnet seit dem 22. 3. den Erwerb von Medikamenten, so allein an 12 Tagen im Juni und an 13 Tagen im Juli (s. Nr. 31).

88. Bissendorf, 4. September 1786 [richtig: 1785].

Nach dem Erstdruck: C. Schüddekopf, Euphorion, 3. Ergänzungsheft, 1897, S. 119 – 121. Original – zuletzt 1910 im Besitz von Max Brockhaus – verschollen.

Qualen der Hypochondrie] Bürger spielt hier offenbar mit der Mehrdeutigkeit des Hypochondriebegriffs, der damals nicht auf die eingebildete Krankheit eingeschränkt war, sondern unter dem Einfluß der Galenschen Humoreslehre auch Schwermut und sogar somatische Krankheitsbilder umfassen konte. Die Symptome seiner letzten Krankheit deuten zwar darauf, daß Bürger sich vielleicht (wie schon Dorette bei der Pflege ihres Bruders) mit Tuberkulose infizierte; um aber zu entscheiden, wieviel von seinen zahlreichen Krankheiten ernstlich waren, bedürfte es eingehender medizinhistorischer Prüfung.

von Meinberg und Pyrmont] Bürger hielt sich fast den ganzen Sommer zur Kur dort auf.

beykommende Mspt] der Musenalmanach 1786 enthält an größeren Beiträgen Bürgers „Der wilde Jäger", S. 188 – 195 und „Elegie aus Volkers geheimen Liebesarchiv", S. 199 – 207.

Brief von Meinberg] demnach wohl im Juni oder Juli; nicht überliefert.

Büreau] Schreibschrank, Sekretär.

nächsten Dienstag] 13.9.1785.

Meyer] Friedrich Wilhelm Ludwig M., seit 1785 Bibliothekar und Professor in Göttingen. Auch Schiller trug ihm 1796 die Korrektur seines Musenalmanachs an.

von seinen Beyträgen] Meyer veröffentlichte im Musenalmanach 1786 S. 49 „Bey Uebersendung einer Zeichnung"; S. 52 „Zu seinem Gedächtnis"; S. 76 „Erinnerung"; S. 102 – 104 „Das Lied von Martin Grau"; S. 183 „Der treue Gefährte".

Kästner] von ihm im Musenalmanach 1786: S. 14 „In fremden Nahmen"; S. 19 „Beybehaltung der Mönchsgelübde"; S. 25 „Publicität"; S. 25 „Unter das Bild eines Arztes"; S. 32 „Der Venustrabant"; S. 45 „Auf einem Betstuhl des Vornehmsten"; S. 56 „Proceß"; S. 64 „Selbstmord"; S. 73 „Auf eine Einladung in eine große Gesellschaft"; S. 88 „Ueber eine Anzeige in Goeckings Journal für Deutschland".

Pfeffel] der Musenalmanach 1786 enthält keinen von ihm gezeichneten oder ihm zugeschriebenen Beitrag.

Lichtenberg] vermutlich stammt von ihm das thematisch passende, mit „L." gezeichnete Epigramm „Der Reimer Knauf" S. 46: „Heut stieg der Reimer Knauf / An einem Luftball auf, / Um doch in seinem Leben / Sich auch 'mal zu erheben." C. C. Redlich (Chiffernlexikon 1875, S. 14) kennt den Autor nicht.

Michaëlis] s. Nr. 1.

Weiblein] lange sollte Bürger sich nicht des häuslichen Glücks erfreuen; am 9.1.1786 starb Molly am Kindbettfieber (vgl. das Faksimile auf S. 158 f., dessen Vorlage (Original, mit gedrucktem schwarzen Rand, in der Univ.-Bibl. Münster) 23,5 x 19 cm bzw. im Satzspiegel 12 x 11 mißt. Die handschriftlichen Passagen darin lauten: „Ach! Sprickmann! Mein lieber Sprickmann! ... Ich bin mit unveränderlicher Herzens-Liebe GABürgermp".

greisen Linnen] grauer Leinenbezug.

Bergere] sofaartiges Sitzmöbel.

Bettsponde] Bettgestell.

– Das folgende nach der Handschrift wiedergegebene „Promemoria" Bürgers, noch kenntlich als Konzept Nr. 9 aus Althofs Nachlaßverzeichnis, befindet sich heute im Stadtarchiv Hannover (gedruckt von Stammler in „Niedersachsen" 1919, S. 159):

„P. M.

Am 8ten 9. 10ten Sept. 1785 ist von mir in Hannover gekauft, bestellt und bezahlt.

| | |
|---|---|
| 2 Spiegel bey Commissar Huntemann | 40 Reichstaler |
| 2 Mahagony Spieltische | |
| 1 dito Coffé Tisch und Coffebrett | |
| beym Hof-Tischler Neümann | à 32 Reichstaler 18 Groschen |
| 1 Dutzend Pferdeharne Stühle | |
| beym Kaufmann Wiedemann | |
| inclusive Emballage | 49 Reichstaler 12 Groschen |
| Rechnung beym | |
| Kaufmann Conradi worunter | |
| 2 bey ihm noch befindliche Spiegel | 19 Reichstaler 31 Groschen |
| 2 Bettsponden beym Tischler Tesmer | 20 Reichstaler |
| Kaufmann Bischofs Rechnung | 18 Reichstaler 32 Groschen |
| | 180 Reichstaler 21 Groschen |

Bey Tischler Tesmer sind noch bestellt
2 Mahagony Commoden behandelt
ohne Schloß und Beschlag zu 12 Reichstaler in Golde.
Zu eben dieser Zeit habe ich von Canzley Secrtt. Pauer für meine Frau 250 Reichstaler in Golde erhalten. GABürgermp."

89. [Langendorf, Mai 1789].
Nach einer Abschrift von C. Schüddekopf in K. Nutzhorns Handexemplar v. Strodtmann: Nds. SuUB Göttingen, 8 Hlbi IV 9588 a Rara. Die Unterschrift wie bei Nr. 32 und 85 wohl von Bürger vergessen. Erstdruck: Ebstein, Bürger und Dieterich, S. 169. Original 2 Bl. in Oktav, zuletzt am 17.6.1978 im Katalog Stargardt 615, Nr. 34. Auf S. 4 befinde sich danach eine Berechnung von Dieterichs Hand.

Gedichte] die Ausgabe der Gedichte in zwei Bänden erschien im April 1789 bei Dieterich.

Langendorf] Bürger reiste Ende April über Jena nach Langendorf zu seiner Schwester.

90. [Stuttgart, 11. Oktober 1790].
Erschlossen aus Bürgers Brief an Riepenhausen vom selben Datum und aus Lichtenbergs Notiz im Sudelbuch (nach A. Strodtmann, Briefe von und an Bürger, Bd. 4, 1874, S. 83 und Lichtenberg, Aphorismen Heft 7 (Nr. 1175) hrsg. von A. Leitzmann, 1908, S. 199. Original unbekannt. – Über Heirat und Scheidung B.s mit Elise Hahn vgl. Bürgers Brief an seine Schwiegermutter Hahn Februar 1792 und die Prozeßakten (jener zuerst „Bürgers Ehestandsgeschichte“ 1813, von dort teilweise kastriert wiedergegeben Briefe Bd. 4, S. 142 – 194; diese ebd. S. 194 – 204). Eine (offenbar auf die Sensation berechnete, editorisch dilettantische) Neuausgabe dieser wenig erbaulichen Geschichte legte H. Kinder 1981 unter dem unpassenden Titel „Bürgers Liebe“ vor.

91. Göttingen, 3. April 1791.
Nach dem Konzept: Städt. Museum Göttingen. Diesem folgte auch der Erstdruck: Westermann's Monatshefte Mai 1872, S. 212 ff. (ungenau); danach bei A. Strodtmann, Briefe von und an Bürger, Bd. 4, 1874, S. 113 – 117. Original unbekannt. – Am 4.4.1791 notiert Lichtenberg im Tagebuch: „Dieterich ärgerlichen Brief von Bürger [gebracht?]“. – Dies neben Nr. 92 einzige erhaltene Konzept eines Briefs von B. an D. zeigt so bemerkenswerte Arbeit am Text, daß die Mitteilung der sachlich oder stilistisch bedeutenderen Korrekturen lohnt:

Z. 2: „3“ aus „2“.
Z. 3: „Gestern“ über gestr. „heute“.
Z. 9: kann] folgt gestr. „Denn ob ich gleich nichts davon gesehen und gehört, “.
Z. 11: muß] über gestr. „kann“.
Z. 19: höchst] über gestr. „sehr“.
Z. 26: Was] für gestr. „Was übrigens“.
Z. 27: nicht] „nicht“ über gestr. „eben so wenig“.
Z. 28: daß ich ] folgt gestr. „dir“.
Z. 28: zu einem] folgt „erhöhetem“.
Z. 30: ausdrücklich] über der Zeile.
S. 163, Z. 1: neuen Einrichtungen] über gestr. „Reparaturen“.
Z. 2: ist es] folgt gestr. „unartig“.
Z. 3 u. 5: die zweimalige Wiederaufnahme „daher ist es“ zu einem Trikolon nachträglich.
Z. 6 f.: um Gottes Willen] eingefügt unter gestr. „umsonst“.
Z. 10: Es komme] bis Z. 15 „genug“ am Rand eingefügt.
Z. 15: so glaube] für gestr. „so hoffe ich nie“.
Z. 18: zu haben] folgt gestr. „Ich kann bey dieser Gelegenheit nicht umhin – – zu diesen wegwerfenden Äußerungen gehören auch die, daß Du Dir von jeher so gern das Ansehen zu geben pflegtest, meines eines [...]“.
Z. 20: so gern] eingefügt.
Z. 22 f.: im stillen] eingefügt.
Z. 23: Welt, ] folgte urspr. „die nach solchen Äußerungen schließen mußte,“.
Z. 26: lauter] folgt gestr. „großmüthige“.
Z. 29: allerdings] über gestr. „in der That“.
Z. 30: ich] folgt gestr. „in der That“.
Z. 34: ja wenn ich] ursprüngl. „[gestr.:] dir“ „schon“ „[gestr.:] schuldig“ „war“.
S. 164, Z. 7: Herz] folgt gestr. „für irgend etwas“; „dafür“ nachträglich.
Z. 11: Dennoch] über gestr. „gleichwohl“.
Z. 14: und hast] folgt gestr. „hoffentlich keinen Schaden dabey gehabt“.
Z. 22: bis jetzt] eingefügt.

Z. 29: dito] für gestr. „Auflage“.
S. 165, Z. 5: Gegen] für gestr. „Fast“.
Z. 6: besorgt] für gestr. „herausgegeben“.
Z. 10: wohl nichts] folgt gestr. „außer“.
Z. 15 f.: sich ... bedient?] eingefügt für „der seinem Verleger so zur Last liegt?“
Z. 20: Wenn] davor gestr. „Du siehst also“.
Z. 24: die du ... müssen] am Rand eingefügt.
Z. 25: auf so etwas] eingefügt für gestr. „darauf“.
Z. 28: war ... warst] eingefügt für gestr. „gewesen bin ... bist“.
Z. 29: so reichlich habe bewirthen] aus „so habe tractiren“.
Z. 31: dergleichen] folgt gestr. „Bewirthungen“.
S. 166, Z. 5: großprahlende] eingefügt.
Z. 7: wohl willst?] folgt gestr. „Ich glaube fast“.
Z. 10: nach deiner Art] aus „so wie ich Dich und deine Art kenne“.
Z. 15: Ansehung meiner] folgt gestr. „Fehler und“.
Z. 26: von jeher] folgt gestr. „immer“.
Z. 29: verschob] aus „verschoben habe“.
Z. 29 f.: so mußte ich ... wahrnehmen] aus „so habe ich ... wahrnehmen müssen“.
S. 167, Z. 5 f.: und andere ... verlanget habe] am Rand eingefügt.

verinteressirt] verzinst; s. Nr. 92.
ersten Ausgabe] 1778: S. oben Nr. 1 u. passim.
Accord] Vertrag, Übereinkunft.
zweyten Auflage] 1789.
querulirt] jammert, beklagt.
avancirt] fördert, zuschießt.
nach Hamburg] 1782, mit D. und LaRoques de Maumont (vgl. Lichtenberg, Briefwechsel Bd. 2, Nr. 1004 S. 487).
zu speisen ... zu beherbergen] die Gebote der christlichen Mildtätigkeit, vgl. Matth. 25, 37 f.
Hans und Kunz] eigentl. Hinz u. K.: Jedermann, auch die gewöhnlichsten.
fodern] s. Nr. 49 (erfodert).
Pracher] s. Nr. 76.

92. Göttingen, 7. April 1791.

Nach dem Konzept: StA Hannover. Diesem folgte auch der Erstdruck: Westermann's Monatshefte Juni 1872, S. 317 ff. (ungenau); danach: A. Strodtmann, Briefe von und an Bürger, Bd. 4, 1874, S. 117 – 119. Original unbekannt. – Wie bei Nr. 89 (wenn auch in geringerem Umfang) hat Bürger diesen Brief ‚bearbeitet', wovon die bedeutenderen Beispiele hier folgen mögen:

S. 168, Z. 6: statt anderer Streifereyen] am Rand eingefügt.
Z. 7: einige mahl] eingefügt über gestr. „alle acht oder 14 Tage".
Z. 8: Gesellschaft] folgt gestr. „unter".
Z. 22: besage der Anlage] am Rand eingefügt.
Z. 27 f.: Warum ... gelaßen] am Rand eingefügt.
Z. 32: und] eingefügt für gestr. „da".
S. 169, Z. 4: Wohlthats] eingefügt.
Z. 5 – 7: Denn meine Art ... aufgereizt werde] am Rand eingefügt.
Z. 17 f.: Auch bin ich ... bewußt] am Rand eingefügt.
Z. 25 – 27: Die Behauptung ... übertrieben] am Rand eingefügt.
Z. 33: gewesen] eingefügt.
S. 170, Z. 3: gegeben] folgt gestr. „; und werde es auch künftig nicht thun, sondern wie bisher seyn".

Sohn ... angezogen] nach Elise Hahns Brief an ihre Mutter 11.10.1791 (Briefe Bd. 4, S. 132 f.) lernte Heinrich D. seine spätere Frau Lotte Michaelis, die er gegen den Willen seines Vaters heiratete, im Hause Bürger kennen – daher der Unmut des alten D. über die städtischen Gerüchte, vgl. W. F. A. Mackensen, „Letztes Wort über Göttingen und seine Lehrer" 1791, S. 20.

Kospoths Zirkel] die fröhlichen Gesellschaften beim stadtbekannt liederlichen K. und seiner jungen, alsbald geschiedenen Frau, bei Madame Bürger; die letztere schildert noch H. A. O. Oppermann in den „Hundert Jahren" Bd. 2, 1871, S. 27 – 29 (diese beiden Zirkel dürfte jedenfalls auch Mackensen im „Letzten Wort über Göttingen" 1791, S. 20 gemeint haben, und nicht, wie ich im Register des Neudrucks (1987, S. 108 – 110) vermutet habe, Friederike Baldinger und Frau v. Klencke.

Streifereyen] Heinrich Dieterich verbrachte mehr als seine Freizeit tatsächlich am liebsten im Kreis von wohlhabenden Studenten.

meine Frau zu häkeln] sticheln, kleinlich tadeln.

besage der Anlage aus den Druckfehlern] nicht überliefert; Dieterich hätte demnach die Errata der 1. Auflage in einen neuen Abdruck einarbeiten lassen, den Bürger nicht gesehen hat.

KupferAbdrücke] meint die Druckqualität der Stiche.

Girtanners Weise] G. hatte gegen D. einen Zeitungskrieg eröffnet, weil dieser während G.s Abwesenheit 500 Expl. eines seiner Werke hatte drucken lassen (Intelligenz-Blatt der Allgemeinen Litteratur Zeitung 1790, Nr. 133, Sp. 1101 u. Nr. 168 Sp. 1398).

bretternen Fußboden] das wie üblich vermutlich nicht unterkellerte Gartenhaus wird im Erdgeschoß teilweise steingepflastert gewesen sein.

dir zu nahe geschieht] unklar; die deutlich so geschriebene Wendung meint doch wohl: ‚Dir Unrecht geschieht'?

8 jährige Miethe] demnach war die Bürgersche Wohnung also mit 50 Taler veranschlagt. 1808 wurde das ganze Haus (zu dieser Zeit Eigentum von Ernst Ludwig Riepenhausen, der 1790 – 1794 vielleicht schon zwei Zimmer darin bewohnte) auf 40 Taler zu versteuernden Mietwert geschätzt (Stadtarchiv Göttingen, Ab Verwaltung 1, 3 f.).

93. Dieterich an Bürger. Göttingen, 3. Oktober 1792.

Nach dem Original: In Besitz von Frau Barbara Hanning, Todtnau. Erstdruck: Westermann's Monatshefte Juni 1872, S. 318 f.; danach: A. Strodtmann, Briefe von und an Bürger, Bd. 4, S. 1874, 216 f. Adresse nicht eigenhändig.

Assignation] s. Nr. 70.

accordirt] Vertrag geschlossen, überein gekommen.

Gelgehausen] Gelliehausen wurde damals ‚Gellje-' geschrieben (vgl. z. B. Moses Rintel, „Versuch e. Beschreibung von G." 1794, 141) und wohl auch so gesprochen.

Conto] Rechnung.

glückliche Reise] zu Bürgers Schwester nach Sachsen.

94. [Göttingen, spätestens 1792]
Nach dem Original: Staatsarchiv Hamburg, Bestand Perthes I Mappe 40 f Bl. 2. Ungedruckt.

Arcilochium] Arschloch, vielleicht witzig assoziiert mit dem griechischen Liebesdichter Archilochos.

95. [Göttingen, 1791 oder 1792]
Nach dem Original: Staatsarchiv Hamburg, Bestand Perthes I Mappe 40 f Bl. 3. Ungedruckt. Aus den Erscheinungsdaten der Titel ergibt sich 1791 als Terminus ante quem non. – Gestrichen sind die Titel von Feder/Meiners, Jakob, Reinhold und Hufelands „Lehrsätze", alle anderen sind mit einem Kreis markiert. Nur die ausgestrichenen Titel finden sich im Auktionskatalog 1794: der Sinn dieser Streichung, die vermutlich von Dieterich oder einem Handlungsgehilfen herrührt, wird damit unmittelbar deutlich.

Heydenreichs Betrachtungen über die Philosophie der natürlichen Religion] 2 Bde 1790 f.

Feders und Meiners philos. Bibliothek] erschien seit 1788; der 4. Bd.: 1791. (Auktionskatalog 8°/ Nr. 651 – 654).

Zwanzigers Commentar über Kants Critik der R. Vernunft] erschien Leipzig 1792.

Platters Neue Anthropologie für Ärzte und Weltweise] erschien in 2 Tln 1772 – 74, war also vielleicht schon vergriffen.

Jacobis Beweis für die Unsterblichkeit der Seele] Verfasser ist nicht Jacobi, sondern L. H. Jakob; das Buch erschien Züllichau 1790 (Auktionskatalog 8°/ Nr. 161); der Titel lautet weiter: „aus dem Begriff der Pflicht".

Bliomberis von Alxinger] ein Rittergedicht, erschien 1791.

Reinholds Briefe über die Kantische Philosophie] „Über die Schicksale der Kantischen Philosophie" Jena 1789 (Auktionskatalog 8°/ Nr. 150).

Hufelands Lehrsätze des Naturrechts] Gottlieb H., „[...] und der damit verbundenen Wissenschaften, zu Vorlesungen" Jena 1790 (Auktionskatalog 8°/ Nr. 148).

Hufelands Versuch über den Grundsatz des Naturrechts] erschien Leipzig 1785.

96. Göttingen, 31. Januar 1793.
Nach dem Original: Nds. SuUB Göttingen, Ms. 2 Philos. 167 o: 3.
Ungedruckt.
aufrichtiger Freund] das alte Freundschaftsverhältnis erneuerte sich nicht mehr. Bürger bemühte sich sogar um andere Verlage. Seine Franklin-Übersetzung erschien bei Voss in Berlin, dem er am 17.11.1793 schrieb:

„An Herrn Voss berühmten Buchhändler in Berlin.
Göttingen d. 17. November 1793

[Klagt über schwere Erkrankung] ... allein ich will lieber diese Zeilen mit Beschwerde und Angstschweiß niederschreiben, als Sie länger in einem Argwohn lassen, der mir jetzt doppelt peinlich fällt.

Durch Franklins Leben scheint es nicht, daß ich das Glück haben kann, mit ihnen in eine Konvention zu gelangen, von deren Werth und Vorzügen vor hundert Andern ich vollkommen überzeugt bin. Ich würde eine Ungerechtigkeit am Herrn Rottmann, dem Verleger von Franklins Jugend Jahren begehen, dem ich es längst zugesagt habe, ihn nicht vorbeizugehen, sobald das vollständige ächte Leben Franklins zu haben seyn würde. Schon um die Zeit Ihres ersten Briefes hat er mich an mein Versprechen erinnert; allein auch er ist wegen der obigen Umstände bis jetzt ohne Antwort geblieben.

Am allerliebsten sähe ich die vorhabene [=geplante] neue durchaus verbesserte und vermehrte Ausgabe meiner Gedichte in Ihrem Verlage. Denn mit Hrn D.[ieterich] habe ich nun seit fast 3 Jahren, aller guten Verheißungen ungeachtet, keinen Schritt aus der Stelle kommen können. [...] Beinahe scheint es, daß ich trotz des langen Verkehres, worin ich mit ihm stehe, von ihm zu scheiden genöthigt seyn werde, um vor dem Publicum nicht zu Schanden zu werden.“
Nach dem Auszug im Katalog 44 des Antiquariats Richard Bertling in Dresden, 1903, Nr. 52; der Absatz über Franklins Biographie nach einer Abschrift Bertlings auf einer Postkarte an K. Nutzhorn in seinem Handexemplar von A. Strodtmann, Nds. SUB Göttingen, 8 Hlbi IV 9588 a Rara.

97. Ohne Datum.
Nach dem Abdruck, im Katalog Stargardt 630, Nr. 44 (29./30.11.1983). Danach „4 Zeilen, auf einem Adreßblatt Bürgers. Mit Wappensiegel." Nach der Anrede „alter Knabe" wird man dies Billet am ehesten auf 1778 datieren können; dem entspricht der Gebrauch von „kuranzen" (s. Nr. 12; dort auch erläutert). Original unbekannt.

98. Bürger an die Dieterichsche Verlagsbuchhandlung [nach dem 25. Oktober 1793]
Nach einer Abschrift von K. Nutzhorn in seinem Handexemplar von A. Strodtmann: Nds. SuUB Göttingen, 8 Hlbi IV 9588a Rara; diese wiederum folgte einer Abschrift (unter den Erbschaftsakten Bürgers im Univ.-Archiv Göttingen, Gerichtsakten E VIII, 6; zur Zeit nicht auffindbar). Die orthographischen Schnitzer sind also vermutlich dem Abschreiber anzulasten. – Es spricht für sich, daß Bürger in dieser Phase mit Heinrich Dieterich unterhandelte (s. Nr. 93), dessen Funktion im Verlag zu Lebzeiten des alles beherrschenden Vaters völlig undefiniert war.

99. Dieterich an die Bürgerschen Erben. August 1794.
Nach dem Original: unter den Erbschaftsakten Bürgers im Univ.-Archiv Göttingen (Gerichtsakten E VIII, 6); bis auf die Unterschrift von Schreiberhand. Das Tagesdatum ist offengelassen (vergessen?).
Dieser (wie der vorige) Text ist ungemein wichtig für die Beziehung zwischen dem Verleger Dieterich und seinem Autor, ihren Naturalhandel und Verrechnungsmodus, gibt zugleich ziemlich zuverlässiges Zeugnis über die Honorarhöhe der letzten Jahre. In der [eckigen Klammer] ist die lange Liste der Holzlieferungen zusammengefaßt, die keine extensive Wiederholung verdiente. Die ersten beiden Ziffernkolonnen, Dieterichs Guthaben in Talern und Groschen, differenzierten im Original zwischen Kassenmünze und Kurrentgeld. Die 3./4. Kolonne zeigt Dieterichs Soll.

# Nachwort

So wie Göttingen es wirtschaftlich seit dem Spätmittelalter wohl hie und da zu Wohlstand, jedoch nie zu Reichtum gebracht hat, so ist seine Literaturgeschichte zwar ansehnlich, doch nie reich gewesen. Zumal seit der Universitätsgründung 1737 haben sich zahllose Autoren dort für meist kürzere Zeit aufgehalten, keiner jedoch sein Leben lang. Ganz wenige nur haben ihr Werk mit diesem Ort verbinden lassen, unter denen wiederum die Zahl der Lyriker verschwindend klein ist; was sie hinterlassen haben, ist selten über den Kreis der Heimatfreunde hinaus bekannt geblieben. Ein einziger dieser Dichter aber gehört mit einigen Erzeugnissen seiner Muse zum ‚ewigen Vorrat deutscher Poesie' – Gottfried August Bürger. Er zählt zugleich zu den seltsam unglaubhaften Erscheinungen der von innerer Leidenschaft für ihre Kunst getriebenen Dichterfiguren, denen aber (wie es Goethe mit seinem so berühmten wie ungerechten Diktum über Johann Christian Günther formulierte), ‚Leben und Dichten zerrann, weil sie sich nicht zu zähmen wußten'. Was in Günthers Fall gar nicht gestimmt haben dürfte, trifft auch bei Bürger nur für sein Leben zu – dort aber umso mehr. Denn während er sein Dichten durchaus nicht schnellfertig, sondern mit eisernem Fleiß betrieb, so verspielte er durch Leichtsinn, Lebensfreude und Leidenschaft sein bürgerliches Dasein.

Eine bemerkenswerte Verkettung von solcherart Leichtfertigkeit, widrigen Umständen, Gutmütigkeit,

Pech und gänzlichem Mangel an Menschenkenntnis hat den hochbegabten und immer nur kurzzeitig sich disziplinierenden jungen Mann ins Unglück gestürzt.

Vielleicht, wenn Goethes Herzog Karl August von Sachsen-Weimar ihn doch 1781 als Verwaltungsjuristen in sein Land berufen hätte, würde er die Weimarer Klassik und den dortigen Musenhof um einen wahrhaft großen Lyriker bereichert haben. Wahrscheinlich ist das aber nicht – er hätte wohl eher das Schicksal Lenzens erlitten, wäre mit irgendeiner gesellschaftlichen „Eselei“ auf dem allzu glatten Parkett bei Hofe ausgeglitten. Der gute Beobachter Goethe hatte Bürger vielleicht besser verstanden, als dieser sich selbst, und ihm sehr freundschaftlich aber deutlich zu verstehen gegeben, daß diese Art Ämter nichts für ihn wären, und an eine Sinekure für ihn in Weimar jedenfalls nicht zu denken sei.

Im vorigen Jahrhundert dürfte wenigstens eines seiner Gedichte so sprichwörtlich bekannt gewesen sein wie sonst nur die Dramen der Weimarer Klassiker, die mit ihren Zitaten den Grundstock zu Büchmanns Sammlung geflügelter Worte stellten: Bürgers Ballade „Lenore“ ist schon im Jahrzehnt vor 1800 – neben Schillers „Die Götter Griechenlands“ – das am häufigsten genannte Gedicht; sie findet sich dann so selbstverständlich zitiert nicht bloß bei den Autoren, die auf ein ‚gebildetes‘ Publikum rechneten, wie Theodor Fontane oder Wilhelm Raabe, sondern selbst in Karl Mays Kolportageroman „Die Sklaven der Arbeit“ – ja in einem Gesellenvater-Herbergsbuch für vazierende Buchbindergesellen um 1790 habe ich Verse aus dieser Ballade als Sinnspruch gefunden. Als Melodrama hat man sie inszeniert, und vor allem fehlt sie in kaum einer Balladenanthologie. Nicht zu Unrecht, denn mit ihr war dem Dichter unstreitig ein großer Wurf gelungen, an dem auch alle späteren

Anfechtungen nichts ändern können, zumal er mit ihr die Gattung der Kunstballade erst neu begründen geholfen hat.

Verfolgt man die Entstehung dieser und anderer seiner Dichtungen durch seinen Briefwechsel und in den überlieferten Handschriften, so ergibt sich aber keineswegs das Bild des Dichters, der genial seine Verse aufs Papier wirft. Sondern man sieht den hart arbeitenden, immer wieder neu den Ausdruck feilenden, um die höchste Vollendung ringenden Künstler, wie nach ihm etwa Karl Kraus oder Heinrich Heine, dem mit Bürger der Wille zu leichter, beschwingt-eleganter Einfachheit gemeinsam war. Er machte aber auch gar keinen Hehl aus diesem Fleiß, war vielmehr stolz darauf, in einer Kladde alle wichtigen Phasen seiner Gedichte aufbewahrt und ewig bezeugt zu haben. Als Schiller ihn in der berühmten Rezension 1791 so unnachsichtig geißelte und ihm u. a. Mangel an Idealität vorwarf, da machte Bürger sich an die Arbeit und begann, seine älteren Gedichte getreu den Schillerschen Maximen umzuarbeiten (nunmehr nicht immer zu ihrem Vorteil). Jener böse Verriß verbitterte ihn und drosselte ihm nicht nur die poetische Kraft, sondern verwehrte ihm vermutlich auch den Zutritt zum deutschen Parnaß der Katheder-Literaturgeschichtsschreibung im 19. Jahrhundert. Wir haben es hier mit einem bemerkenswerten Scheidewege ästhetischer Entwicklungen in der Geschichte der deutschen Literatur zu tun. Die Kritik ist übrigens auch noch insofern infam, als der selbstgerechte „Moraltrompeter von Säckingen“ (Nietzsche über Schiller) ja seine eigenen ästhetischen Jugendsünden und an Bürger geschulten Almanachverse anprangerte – nur eben bei einem Konkurrenten, bei dessen Ton er obendrein zwar nachmals Anleihen machte, den er jedoch nie erreichen konnte.

Bürgers Erfolg als Dichter hatte sich infolge des überaus günstigen Verkaufs der Gedichtausgaben von 1778 und 1789 und vor allem des Musenalmanachs auch in klingende Münze umgesetzt: Dieterich zahlte für den Druckbogen anfangs 4 Louisd'or (später sogar 5 – 6), mithin trotz des geringen Formats das zwei- bis vierfache damals üblicher Autorenhonorare. Dieser handfeste Sukzeß war aber auf Bürgers Lebzeiten beschränkt, seine Hinterlassenschaft deckte eben die Schulden. Was er aus eigener Kraft an materiellen Gütern vornehmlich aus den Dichtungshonoraren zu Lebzeiten zusammenbrachte, zerrann ihm wie auch eine beträchtliche Erbschaft sofort wieder unter den Fingern. Seinen Erben blieb nur der Ruhm: Bis die Dieterichsche Buchhandlung 1825 mit ihnen vertraglich eine jedesmalige Zahlung von 300 Talern pro Auflage vereinbarte (Kontrakt in der UB Leipzig), verdiente statt ihrer nur sein literarischer Nachlaßverwalter Karl Reinhard.

Bürgers Leben ist eine bemerkenswerte Sammlung von Eskapaden gewesen, meist solchen, die auf Leichtsinn und Temperament beruhten, und nie auf Berechnung oder bösem Willen. Um nur zwei Beispiele zu nennen: Von der Schule in Aschersleben, so wird berichtet, wurde er 1759 relegiert, weil er mit einem Spottgedicht auf einen Mitschüler glänzte. In Göttingen stand er vor dem Universitätsgericht, weil er sich im Schlafzimmer seiner Wirtin in eine Katzbalgerei mit einem Nebenbuhler verwickelte. Andererseits ist er allzuoft das Opfer seines guten Herzens, seiner Gutgläubigkeit und mangelnden Menschenkenntnis geworden, hat Zeit, Kraft, Reputation und Vermögen z. B. in der Listnschen Konkursaffäre, in der Vormundschaftsangelegenheit seiner unmündigen Schwäger und zuletzt noch in der Scheidung seiner dritten Ehe verloren.

In der Altjahrsnacht 1747 ist er geboren, und obgleich auch an diesem Faktum nicht zu zweifeln ist, weil sein notorisch träger Vater, der Pastor Bürger in Mollmerswende in der preußischen Grafschaft Falkenstein, das schon geschlossene Jahr im Kirchenbuch durch eine Streichung noch einmal eröffnen mußte, so gab sich Bürger immer einen Tag jünger aus: Am Beginn eines neuen Jahres, des Neuen schlechthin wollte er sich sehen. Das aber wurde dem aufgeweckten Kind nicht leicht gemacht. Von seinem Vater hätte er auch keine geistige Förderung erhalten, selbst wenn der gewollt hätte, und noch weniger eine materielle; von der zwar wohl begabteren, aber zänkischen und illiteraten Mutter hatte er schon gar nichts zu gewärtigen. So befriedigte der Knabe seine Einbildungskraft in der Natur des Nordharzes, seinen Wissenshunger mit Bibel und Gesangbuch, wodurch das elterliche Pfarrhaus und später die streng pietistische Schulausbildung im Niemeyerschen Pädagogium zu Halle fatal wirkungsmächtig für ihn werden sollte. Albrecht Schöne hat nachgewiesen, daß Bürgers Dichtung über weite Strecken, besonders auch in der „Lenore", in poetischer Gestaltung und Vokabular säkularisiertes Kirchenlied und Musterbeispiel einer weltlichen Kontrafaktur ist.

Theologe hatte er dann zuerst werden sollen, nach dem Wunsch seines gutmütig-cholerischen Großvaters Jakob Philipp Bauer, der seine schulische und akademische Ausbildung in die Hand nahm. Bürger verlegte sich jedoch vom Anfang seiner zu früh begonnenen Studien (in Halle) auf die ‚schönen Künste', die schon damals brotlos waren. Er geriet dabei alsbald unter Einfluß und Protektion des hochbegabten, von Lichtenberg sehr geschätzten und von Lessing nachmals schwer gezüchtigten Literaturprofessors Christian Adolf Klotz, der nicht nur das offenbare Talent des Jüngeren förderte, sondern ihm auch sonst einige Lebensweisheiten vermittelte, die nicht alle zum Besten waren. Immerhin schrieb Bürger ihm lateinische Briefe und nannte ihn darin ‚meinen Sokrates', ‚meinen Platon'. Der Großvater sah ein, daß es mit der Theologie nichts wurde, und ließ ihn, um wenigstens ein „Brotstudium" abzuschließen, nach sechs vergeudeten Semestern (so lange dauerte damals ein volles reguläres Studium!) 1767/68 nach Göttingen und zur Rechtsgelehrsamkeit überwechseln. Als der Enkel dann immer noch nicht gut tat, wieder nur der Dichtkunst (er wurde bald Beisitzer der „Deutschen Gesellschaft") und einem fröhlichen Studentenleben frönte, zahlte Bauer nicht länger und zwang Bürger damit, seinen Lebensunterhalt mit Korrekturlesen beim Buchdrucker und Gelegenheitsdichtung zu verdienen. Dabei ist der angehende Jurist keineswegs völlig verbummelt gewesen, sondern hat im Gegenteil mehr Bücher durchstudiert als die meisten seiner Kommilitonen in jenen Jahren, wovon die Ausleihbücher der Göttinger Bibliothek noch Zeugnis ablegen. Seine späteren (bislang nicht vollständig publizierten) juristischen Arbeiten zeigen Sachverstand, Gründlichkeit und Gewissenhaftigkeit – wenn er denn einmal seinem Beruf nachging. Der kam nun bald und wieder ein wenig zu früh für ihn: Durch Boies Vermittlung und Listns Protektion erhielt er 1772 nach einem regulären juristischen Wettstreit die Amtmannstelle am Uslarschen Patrimonialgericht Altengleichen. Die alte Lehensverfassung, die in Teilen Nordwestdeutschlands noch bis um 1850 galt, legte nämlich Verwaltung und Rechtsprechung in dieselbe adlige Hand, die diese Aufgaben nunmehr von studierten Juristen verwalten ließ. Altengleichen war ein mittelgroßer Bezirk in verworrener territorialer Gemengelage mit hessischen und landesherrlich-kurbraunschweigischen Einsprengseln und den entsprechend komplizierten und selbst für Kenner schwer durchschaubaren Rechtsverhältnissen. Die von Bürger zu entscheidenden Rechtshändel betrafen langweiligen Alltagskram. Einer der ihm weisungsbefugten Familienmitglieder v.Uslar, der Senior zudem, erwies sich als unversöhnlicher Gegner, der ihm wo immer möglich Schwierigkeiten bereitete. Es läßt sich denken, wie weit unter diesen Voraussetzungen ein solcher Brotberuf von Bürgers poetischen Idealen entfernt lag. Bei allen Entschuldigungsgründen wird man trotzdem nicht umhin kommen, seine Amtsführung unregelmäßig zu nennen. Daß er jedenfalls sein Fach verstand, zeigen die beiden erhaltenen Probearbeiten von 1772 und die auch im Humanen vorbildliche Ermittlung im Fall der Kindsmörderin Erdmann 1781, die ein Göttinger Jurist später in eine Sammlung von Musterfällen aufnahm.

Als hätte er nicht genug berufliche Schwierigkeiten gehabt, suchte er auch ‚inter privatos parietes' noch welche. 1774 heiratete er Dorothea Marianne Leonhart, die achtzehnjährige Tochter des landesherrlichen Amtmanns auf dem benachbarten Vorwerk Niedeck. Dorette, wie sie gerufen wurde, muß eine liebenswürdige, bescheidene und ihren Briefen zufolge auch gescheite Person gewesen sein. Ihretwegen schlug Bürger, der ihr in aufrichtiger Zuneigung zugetan war, die Aussicht auf eine gewiß angenehmere Amtmannsstelle in seiner Heimat aus. Ein doppeltes Verhängnis störte aber bald dieses Familienidyll: Vater Leonhart starb allzufrüh 1777 und hinterließ Bürger die Verantwortung für die zum Teil unmündigen Kinder. Als schlimmer erwies sich, daß Bürger sich vermutlich gleich im ersten Ehejahr in Niedeck in Dorettes damals sechzehnjährige Schwester Augusta, genannt Molly, sterblich verliebte. Nach Leonharts

Tod nahm er sie, die im Unterschied zu ihrer Schwester künstlerisch talentiert und ungemein temperamentvoll gewesen ist, zu sich in die gemeinsame Wohnung, und eine erschütternde Verwirrung der Gefühle setzte ein. Nach einiger Zeit gab er Dorettens Drängen nach, und schickte die Konkurrentin Mitte 1779 zu ihrer Schwester Anna Elderhorst nach Bissendorf bei Hannover. Doch intensivierte das nur die verzehrende Liebe der beiden; Weihnachten besuchte er sie, im Frühjahr 1780 kehrte sie zurück. Als dann Molly 1782 ein Kind von ihm erwartete und zur Vermeidung eines Skandals ein ganzes Jahr bei Bürgers Schwester Friederike Müllner in Weißenfels verbrachte, erneuerte die Trennung von der Geliebten die alte Zuneigung zu Dorette noch einmal. Doch gab ihr Tod 1784 (sie hatte sich bei der Pflege ihres Bruders an Tuberkulose infiziert) den Weg frei für ein lang ersehntes Glück. Allzu kurz blieb es, denn Molly starb zwei Jahre später im Kindbett.

Mit einem anderen Neuanfang war das Leben mit Molly zusammengefallen: Bürger hatte schon 1780 das Uslarsche Untergut Appenrode (zu allerdings unvorteilhaften Bedingungen) gepachtet und dilettierte neben der nun vollends ungeliebten Amtmannstätigkeit in der Landwirtschaft, bemühte sich nebenher um eine Juristenstelle in Preußen, Oldenburg und Sachsen-Weimar und versuchte schließlich im Sommer 1784, in Göttingen als akademischer Lehrer sein Auskommen zu finden, wie ihm Goethe schon geraten hatte. Es war dies vielleicht die erste richtige Entscheidung in seinem Leben, denn diesen Beruf verstand Bürger, und er befriedigte ihn zugleich. Er hielt Vorlesungen über Ästhetik und Poetik, dann auch als einer der ersten in Deutschland über Kantische Philosophie – nicht immer sonderlich originell und zum Teil aus handlichen Kompendien zusammengeschrieben, aber gut gegliedert, klug durchdacht und wirkungsvoll vorgetragen, vor allem aber höchst aufschlußreich für seinen eigenen poetologischen Standort. Literarisch fällt in diese Zeit intensiver Prosaschriftstellerei und Theorie das zweite Werk neben der „Lenore", das ihn unsterblich machen sollte: Der „Münchhausen". Der war ursprünglich lediglich eine anonyme Übersetzung aus dem gleichfalls ohne Verfasserangabe gedruckten und eher schwachen englischen Original des flüchtigen Kasselaner Bibliothekars Rudolf Erich Raspe, der mit derlei Brotarbeiten in England ein trauriges Dasein fristete. Wie alles, was Bürger nachbildend in die Hände nahm, machte er es sich ganz zu eigen, zeigte daran sein erstaunliches Fabuliertalent und seine Neigung zum ironisch gebrochenen Bramarbasieren.

Materiell war seine Lage gleichwohl alles andere als günstig. Zuerst als Privatdozent, dann als ordentlicher Professor, doch volle 10 Jahre ohne feste Grundbesoldung, lebte er von den Zahlungen seiner studentischen Hörer.

Eine letzte Dummheit des gebeutelten, so leicht entflammenden wie entflammbaren Liebhabers Bürger, der alles Böse nur immer sich selber zufügte, bleibt noch nachzutragen; Bedeutung hatte sie nur in ihrer Publizität. 1789 verliebte er sich auf ein anonymes Huldigungsgedicht hin in die Schwäbin Elise Hahn, heiratete im Jahr darauf das zu der Zeit gerade halb so alte Mädchen überstürzt und in einer Mischung aus Abenteuerlust, nicht ertragener Einsamkeit und geschmeichelter Männlichkeit. Es kam, wie es kommen mußte: Elise dachte gar nicht daran, dem ausgebrannten alternden Ehemann ihre Jugend zu opfern. Als der Hahnrei sich zum Gespött einer ganzen Stadt gemacht sah, ihre Haushaltsführung überdies ihn zu ruinieren drohte, ließ er sich im März

1792 scheiden. Sein Rechtfertigungsbrief an Elisens Mutter ist die Darstellung einer Tragikomödie, so drastisch-unappetitlich wie erschütternd. Einsam, verlassen und verbittert schleppte er seinen ‚Madensack' noch zwei Jahre dahin.

Am Ende arbeitsunfähig, weil die Stimme ihm den Dienst versagte, hätte er verhungern müssen, wäre er nicht vorher – vermutlich wie Dorette an Tuberkulose – gestorben. Einen letzten Versuch unternahm er, vom ‚Universitätskuratel' ein Gehalt zu erbetteln:

Königlich Großbritannische, zur Churfürstl.[ich] Braunschweig-Lüneburgischen Landesregierung Höchstverordnete Herren Geheime Räthe,

Hochgebohrne Reichsgraf und ReichsFreyherren
Gnädige und Hochgebietende Herren,

Erlauben Ewr. Hochreichsgräfl.[iche] und Freyherrl.[ichen] Excellenzen mir in Hohen Gnaden, gegenwärtig einer unterthänigen Bittschrift, um gnädige Beilegung eines Gehaltes, welche ich unterm 6ten März vorigen Jahres Hochdenselben in dem Gefühl eben so tiefer Ehrfurcht, als dringender Noth, vorzulegen gewagt habe, erwähnen, und das Anliegen derselben HochDero gnädigen und huldreichen Fürsorge auf das neue mit derjenigen tiefen Submission empfehlen zu dürfen, womit ich ersterbe

Göttingen am 14. April 1794.

Ewr. Hochreichsgräfl.[iche] und Freyherrl.[ichen]
Excellenzen
ganz unterthäniger Diener
Gottfried August Bürger.

(HStA Hannover Hann. 93, 48 Nr. 2).

In Benutzung der kurialen Mittel perfekt, rhetorisch sicher – wie er sich anheischig gemacht hatte, ‚deutschen Stylum' vom Katheder zu lehren. Aber die Minister waren dafür nicht anfällig, überhörten mühelos die doch spürbare Not dahinter: Einer Antwort hat man ihn nicht gewürdigt, keinen Heller hat er aus der Staatskasse erhalten. Der manchmal (und wohl zu Unrecht) zwiespältig beurteilte Christian Gottlob Heyne, der Altertumswissenschaftler und geniale Lenker der Universität, bewies hier wieder einmal wahre Humanität, sandte ihm 50 Taler: sie seien vom Geheimen Rat gekommen (der solche Zuwendungen aber nie anders als über die Universitätskasse auszahlen ließ!) – sie dürften wohl in Wahrheit aus Heynes eigener Tasche stammen. Caroline Michaelis, der selber der Aufenthalt in Göttingen verboten war, berichtet im Mai 1794, kurz vor seinem Tod, an einen gemeinsamen Freund:

„Weißt Du, daß Bürger sterben wird – im Elend, in Hunger und Kummer? Er hat die Auszehrung – wenn ihm der alte D[ieterich] nicht zu eßen gäbe, er hätte nichts, und dazu Schulden und unversorgte Kinder. Armer Mann! Wär ich dort, ich ginge täglich hin, und suchte ihm diese lezten Tage zu versüßen, damit er doch nicht fluchend von der Erde schiede."

Es wird kaum sonderliche Bestürzung hervorgerufen haben, eher eine Entlastung des Gewissens gewesen sein für die ‚Geheimten Räthe', als am 11. Juni 1794 der „zeitige" (amtierende) Prorektor der Universität, Feder, dem vorgesetzten Kuratorium mitteilte:

„Es hat dem Höchsten gefallen, unsern Collegen, den Professor Gottfried August Bürger am 9ten [genauer: am Abend des 8.6.] dieses Monats zur Ewigkeit abzufordern. Euren Excellenzen haben wir demnach diesen Todesfall gebührend berichten sollen, die wir in tiefster Ehrfurcht beharren"
(Univ.-Archiv Göttingen).

Bürgers Beerdigung kostete, inklusive der Anzeige in zwei Zeitungen, 49 Taler 22 Groschen 2 Pfennige – der tannene schwarzlackierte Sarg war durchaus nicht der größte Posten auf der Rechnung (Univ.-Archiv Göttingen, E VIII 14, Bl. 8).

Lichtenberg, der ihn gut gekannt hat und leiden mochte, ohne doch sein kritikloser Verehrer zu sein, hat ihm ein paar Sätze in einem Brief an Archenholz als Nachruf hinterhergeschickt, die ihn besser erfassen als lange abwägende Charakteristiken: „Am ersten Pfingsttag Abend ist unser armer, unglücklicher, leichtsinniger, braver, vortrefflicher Bürger, der Dichter, in die Ewigkeit gegangen, und hiermit sind die Praenumeranten [Vorauszahler] auf die neue Ausgabe seiner Werke und Er ins Reine."

Am eindringlichsten doch ist sein berühmter Bericht an Heyne über das Begräbnis. Keiner der ehemaligen Freunde war erschienen, ihm das letzte Geleit zu geben, und auch Lichtenberg, der aber schon lange bei solchen Gelegenheiten nicht erschien, war nur ein ferner Beobachter von seinem nahe beim Friedhof gelegenen Gartenhaus:

„Der gute Bürger ist mir in diesen Tagen wenig aus dem Sinn gekommen. Ich habe sein Begräbniß durch das Perspecktiv mit angesehen. Als ich den Leichenwagen mit einer Art von Anlauf durch das Kirchhof Thor rollen sah: So hätte nicht viel gefehlt, ich hätte *laut* ausgeweint. Das Abnehmen vom Wagen konte ich unmöglich mit ansehen, und ich muste mich entfernen. Es begleitete ihn niemand als Professor Althof mit farbigem [d. h. nicht im schwarzen Trauer-]Kleide, Dr. Jäger und des Verstorbenen armer Knabe. Ich hätte nicht gedacht, daß das, was mich in den drey oder vier letzten Jahren so offt an Bürgern geärgert hat, bey dem soeben beschriebenen Auftritt kein geringer Trost für mich werden könte: nämlich daß er größtentheils an seinem Unglück selbst schuld war; vielleicht *gantz allein*. Es wird freylich mit den pictoribus atque poetis [Malern und Dichtern] niemals viel anders gehen. Eine Anecdote muß ich ihnen erzählen [...]. Am Tage vor seinem Tode erhielt er einen Brief von Volborth mit Gedichten zum Musen Almanach von diesem berühmten Mann selbst gefertigt. Als er sie gelesen hatte, fieng er förmlich an zu lachen, legte sie weg und sagte: Das ist wieder was für mein Schofel-Archiv. Er soll darauf gantz lange sehr heiter und aufgeräumt gewesen seyn. Nun sage man einmal, daß schlechte Verse zu nichts taugen. Ich glaube, dieser Zug könte zwey Lebensbeschreibungen zieren, die des Göttingischen Dichters und des von Gifhorn [Volborth]."

Die genaue Stelle von Bürgers Grab, das damals nur markiert war durch eine von Dieterich gepflanzte Akazie und an der seinem Denkmal von 1894 gerade entgegengesetzten Seite des Friedhofs lag, ist vergessen. Als man bald nach seinem Tode in Göttingen sammelte, um dem Dichter ein Ehrenmal zu setzen, da hat Johann Gottfried Herder, der wahrhaftig Volkslieddichtung und volkstümliche Gedichte beurteilen konnte, seinen Nachruf aufs Schönste zusammengefaßt:

„Bürgers Leben ist in seinen Gedichten; diese blühen als Blumen an seinem Grabe; weiter bedarf es, dem in seinem Leben Brot versagt ward, keines steinernen Denkmals."

Johann Christian Dieterichs Biographie ist rascher zu erzählen als die Bürgers; nicht weil sie ereignisloser verlief, sondern weil die Quellen spärlicher fließen. Geboren ist der Sohn eines Goldschmieds und Enkel angesehener Handwerker und Ratsmitglieder am 25. oder 26. Mai 1722 in Stendal in der Altmark. Von seiner Jugend wissen wir nichts. Er ging nach einer nicht aktenmäßig belegten Überlieferung zu einem auch nicht näher bestimmten Termin nach Berlin, um dort den Seidenhandel zu betreiben, vermutlich im Zusammenhang mit den Meliorationsbemühungen Friedrich des Großen in den frühen Vierzigerjahren. Bis circa 1749 soll er in diesem Beruf in Berlin und danach in Gotha tätig gewesen sein. Hier heiratete er 1752 in die Verlagsbuchhandlung

Mevius ein, die er nach dem Tod des Schwiegervaters 1762 erst unter der Firma ‚Mevius und Dieterich' übernahm, dann als ‚Dieterich' fortführte und 1775 seinem Prokuristen Ettinger verkaufte. Anfang 1764 begann er Verhandlungen mit dem Universitätskuratorium über die Einrichtung einer Universitäts-Verlagsbuchhandlung und -Druckerei in Göttingen: Die dortigen Professoren, Bibliothekare und nicht zuletzt der Universitätskurator Gerlach Adolf v. Münchhausen wünschten eine Konkurrenz zu der Firma der Witwe Anna van den Hoeck. So eröffnete er zunächst probeweise am 1. Juli 1766 eine Filiale in Göttingen, übersiedelte aber erst 1768 ganz dorthin, nachdem ihm die Landesregierung eine Reihe von Privilegien und Starthilfen zugesichert hatte, wie vor allem die Portofreiheit und ein Darlehen (nach längeren Verhandlungen dann 6000 Taler zu nur 3 Prozent Zinsen). Das Unternehmen blühte auf, wurde 1770 um die Druckerei erweitert, in der sieben Buch- und mehrere Kupferdruckpressen mit wenigstens einem Halbdutzend Gesellen (Hilfsarbeiter und Lehrjungen nicht gerechnet) voll ausgelastet waren. In Dieterichs beiden Häusern, die er 1780 und 1784 gekauft hatte, wohnten zeitweilig 70 Personen, unter anderm die drei englischen Prinzen mit Hofstaat während ihres Studiums in Göttingen.

Dieterich taktierte als Händler geschickt, lieferte offenbar schwer Erreichbares zu hohen Preisen. Als Verleger schmückte er sich mit einigen wenigen Glanzstücken akademischer Buchproduktion (Gebauer, Murray, Tobias Mayer sen.), verdarb es aber mit mehreren Göttinger Zelebritäten (z. B. Schlözer und Michaelis). Er verlegte offenbar am liebsten zugkräftige Erfolgsbücher wie Raffs, Erxlebens und anderer Kompendien, den „Musenalmanach" und Lichtenbergs „Göttinger Taschen Calender". Die Produktion ist allein quantitativ enorm: In 39 Jahren brachte er mindestens 977 Titel in 1136 Bänden heraus (Willnat-Pikk 1984).

Als er im Jahre 1800 starb, schickte ihm A. M. Schmidt, Handlungsgehilfe in der Dieterichschen Buchhandlung, am 19.6. den folgenden doch bemerkenswerten Stoßseufzer hinterher, an den ehemaligen Kollegen, den späteren Heidelberger Verleger Johann Georg Zimmer, derzeit in Hamburg:

„Wie gern verbände ich meinen Willkommen in Hamburg mit einer beßern Nachricht als die welche ich Ihnen heute gebe: Gestern 1/4 nach 7 Uhr starb am Schlage plötzlich zu unserm

größten Schrecken

Johann Christian Dieterich

im 79ten Jahre.

Eine wie es schien unbedeutende Unpäßlichkeit hielt ihn seit 14 Tagen im Zimmer.

O guter Alter, so schnell so unerwartet! ruft jeder aus inniger Überzeugung, und Niemand freut sich, als der so oft geschmähte – Laden-Factor! [...]“
(Nachlaß Zimmer, Freies Deutsches Hochstift Frankfurt).

Sein Geschäft hatte der Alte in rastloser Tätigkeit zu einem der ersten fünf Verlage in Deutschland gemacht; fast unbegreiflich ist, wie sein Sohn Heinrich es innerhalb von 14 Jahren nach Dieterichs Tod bis zur Illiquidität herunterwirtschaften konnte. Doch geriet der in die schwierigeren Zeiten der napoleonischen Kriege, hatte auch weder die Ausdauer noch das Geschick des Vaters, von dem er aber die ‚Etourderie‘ (Sömmerring an Georg Forster 12.1.1788) geerbt zu haben scheint. Vermutlich hat man ihm auch in Hannover das ‚Kollaborieren‘ mit der Besatzungsmacht im Königreich Westfalen übel genommen. 1814 jedenfalls wurde das Geschäft sequestriert und in den folgenden Jahrzehnten verkauft. Der Verlag wechselte um 1840 (unter Weiterverwendung des

Göttinger Impressums) nach Leipzig, wo er noch heute existiert.

Seit 1768 oder 1769 war Dieterich mit Lichtenberg bekannt, seit 1771 dessen Duzfreund, der ihm die gewiß schönste Charakteristik geschenkt hat (an Wolff 22.4.1787):

„Sie werden in ihm einen etwas flatterhaften 3 oder 64iger antreffen, der noch immer dem Frauenzimmer gefällt, aber dabey einen redlichen Kerl, der noch alle die Thätigkeit eines 21gers besizt, voller Feuer, und bey dem man nicht vergessen muß, daß er, wo ich nicht irre, bis in sein etliche 30$^{tes}$ Jahr Seiden Händler war, der gar keine Erziehung genossen, und doch jezt in den besten Gesellschafften, selbst an die Tafel der Printzen [von England] gezogen wird, wenn die anderen Buchhändler hier mit den Buchbindern in einer Classe stehen. Mit einem Wort ich bedauere es offt, daß Dieterich nicht früher in die rechten Hände gefallen ist. Es hätte etwas aus ihm werden können. Seine Thätigkeit die Printzen hier in allem zu accomodiren ist bis zu den Ohren des Königs gekommen. Unsere hiesige Cartoffel-Brut dachte blos auf Prellerey, verbunden mit Knauserischem Schmutz. Dafür ist er auch ein Brandenburger. [...] Im Vorbeygehen, so hat Dieterich vom Scheitel bis zum Hosenlatz, oder bis an die Knie und hauptsächlich im Gesicht eine frappantere Aehnlichkeit mit dem berühmten Garrick, als irgend ein Mensch, den ich noch gesehn. Er würde ihm völlig gleichen, wenn er bessere Füße hätte und sie besser sezte."

Schon in den Anfangsjahren der Göttinger Handlung bildete Dieterich die Integrationsfigur einer geselligen Runde in seinem Hause: Das „Canapee", auf das sich Lichtenberg in seinen Briefen aus Hannover immer hinträumte. Dort fanden sich neben Göttinger Professoren und Autoren des Verlages vor allem wohlhabende Studenten, zumeist adlige Bewohner der von Dieterich vermieteten und jedenfalls nicht billigen Wohnungen, dann deren Hofmeister und ‚Informatoren'. So lernte er wohl den kleinen dicken Boie kennen, damals Hofmeister eines Engländers und später Bürgers Freund und Mentor. Der redigierte einige Jahre hindurch den Musenalmanach, Dieterichs ganzen Stolz, dessen Gattung in Deutschland heimisch gemacht zu haben er wiederholt reklamierte. Boie machte den Almanach damals zugleich zum Forum des Göttinger Hains. Er wird dem munteren Verleger denn auch den Dichter der „Lenore" vorgestellt haben. Die beiden an sich so unterschiedlichen Persönlichkeiten spürten offenbar bald ihre wesensgleichen Züge, ihre Lebensfreude und Geselligkeit, ihre unbestrittenen beruflichen Fähigkeiten wie ihre Unzuverlässigkeit und die Neigung zum Sprunghaften.

Die engere Freundschaft zwischen den beiden ist aber vermutlich nur wenig älter als der Briefwechsel. Ihre Verschriftlichung wiederum wird aus dem Geschäftlichen erwachsen sein – wenn auch ab dem zweiten Absatz des ersten Briefs in der damals außergewöhnlichen 2. Person Singular. Der erste uns überlieferte Brief datiert vom 13.9.1777, doch schon am 17.7.1777 meldet Bürger dem Freunde Goeckingk: „Am Sonnabend war Dieterich bey mir und nahm mir seine Pferdemiethe im l'Hombre ab." Und schon am 16.1.1778 nennt er ihn, der zuvor als ‚Buchhändler' bezeichnet wird, „mein Freünd und Gönner". Umgekehrt, so bezeugt Lichtenberg, ist er einer der ersten und größten Verehrer seines Autors gewesen: „Wenn ich Dietrichen loben will, so sage ich ihm zu weilen er schriebe wie Bürger" (an Hindenburg [7.6.1779]). Leider ist fast keiner von Dieterichs Briefen an Bürger überliefert; doch besitzen wir von ihm noch jenes halbe Hundert Schreiben an Lichtenbergs Bruder Ludwig Christian. Aus ihm kann man ermessen, wie genau die beiden Beispiele in vorliegender Sammlung die drollige, durch Dieterichs wohl mundartliche Aussprache beeinflußte

Orthographie, den abgehackten Stil, die kaufmännischen Ausdrücke und Wendungen und die wundervoll falsche Grammatik des Verlagsbuchhändlers und ehemaligen Seidenkaufmanns charakterisieren. Ähnlich wie dort wird Dieterich auch in seiner Korrespondenz mit Bürger wie „ein unversiegelter Brief" (Lichtenberg über seine Indiskretionen) und zugleich in rührender Liebenswürdigkeit geschwätzig das Lob seines Autors diesem ins Angesicht gesungen haben.

Eines der dringenden Desiderate der Literaturwissenschaft ist eine vollständige Sammlung aller erhaltenen Briefe Bürgers, deren Zahl sich seit der letzten, 1874 von Strodtmann besorgten, verdoppelt haben dürfte. Nicht nur, weil sie zahlreiche Einblicke in die Kultur- und Literaturgeschichte jener Zeit ermöglichen, sondern weil sie wahrhaftig Bestandteil seines Werkes sind, fast vergleichbar den Korrespondenzen Lichtenbergs und Forsters.

Des Wertes seiner Briefe war dieser Dichter sich gar wohl bewußt. Man wird es ihm gesagt haben. Und er wußte auch ganz genau, daß Dieterich seine Briefe in Göttingen herumzeigte, und freute sich darüber. Natürlich war es ein Scherz, als er gleich im ersten Brief der jungen Dichterin Philippine Gatterer (10.9.1777) eröffnete: „Vor allen Dingen lassen Sie sich gesagt seyn, daß Sie alle Ihre Episteln Briefe und Sendschreiben in einerley Format, wie ich auch thun werde, schreiben müssen, damit man sie desto bequemer in das Archiv legen und hernach ohne viele Umstände in die Druckerey schicken kann." Koketterie, gewiß: Aber unbeschadet ihrer jeweiligen Individualität, insbesondere angesichts Bürgers völliger Grenzenlosigkeit, erreichen viele seiner Briefe die stilistische Meisterschaft Lichtenbergs.

Wer an dem Formwillen dieses Feuerkopfs zweifelt, der seine Briefe eben nur scheinbar auf das Papier

„hofierte“ (seinen Lieblingsausdruck zu gebrauchen), der mag einmal die Streichungen bei den beiden erhaltenen Konzepten anschauen: Mit wie kleinen Eingriffen er da den Ausdruck nuancierte, hier präziser, dort geschmeidiger, auch persuasiver oder affektvoller umwandelte.

Es kann hier nicht der Ort sein, auch nur die Grundlinien von Bürgers Briefstil zu skizzieren, der allerdings einer einläßlichen Untersuchung wert wäre. Die Briefe an Dieterich zeigen zudem nur einige Varianten seiner Befähigung. Ein paar sehr charakteristische Elemente will ich gleichwohl benennen.

Bürger experimentierte in seinen Briefen mit Sprache, erprobte in ihnen seine volkstümliche Sprechweise, versuchte, den Ton der Alltags- und Umgangssprache zu treffen und jene „reine Simplicität“, die er (bis ins Typographische) zum Ideal seiner Dichtung erhoben hatte. Als Mittel bediente er sich dazu aufgeregter Interjektionen („Na! Na!“ „Oh! Oh!“ „Pfuidichan“), Fragen, Apostrophen etc., aber auch kontrollierter Normabweichungen, wie des Wechsels zwischen den Anredeformen (2. und 3. Person).

Vor allem die Wortwahl ist aufschlußreich. Noch zum wenigsten macht sich Bürgers eigentlicher Beruf als Jurist bemerkbar. Dazu verabscheute er den Zwang der alltäglichen Arbeit zu sehr. Hie und da fällt ein juristischer Fachausdruck oder Verwaltungsterminus im uneigentlichen Kontext (wie „Brüche“, „Sporteln“, „Laufzettel“). Daß er gelegentlich an seine Unterschrift oder sein Namenszeichen das „mp“ (für manu propria, eigenhändig) anhängte, als ob er Akten schriebe, ist bemerkenswert immerhin, mehr noch, daß diese Gewohnheit fast schlagartig mit dem Ausscheiden Bürgers aus dem Amtmanndienst 1784 verschwindet.

Entschieden geprägt ist seine Sprache von der Übersetzung der Lutherbibel, vom Kirchenlied und -gebet. Viel besser als in seinen Gedichten erkennt man in der andersartigen Kommunikationssituation der Briefe, die nur an einen oder doch ganz wenige Empfänger gerichtet sind, wie gewaltig blasphemisch Bürger gegen die Regeln verstoßen hat („Sündenbock", „Leibesfrucht", „Hölle und Tod"). Seinen Korrespondenten dürften diese Kombinationen, die er durch derlei wörtliche Übernahmen bestimmter Bibelstellen herstellte, unmittelbar verständlich gewesen sein, weil sie die Bibel genauer gelesen hatten als wir Heutigen: Wenn er etwa seine Gefährten beim Kartenspiel als „Sadrach, Mesach und Abednego" bezeichnet oder ein andermal Dieterich als Tobias, so versetzte er sich damit selbst in die Rolle des Propheten Daniel; und wenn er Dieterichs Schwiegersohn als Gabriel titulierte, der ihm eine freudige Nachricht bringt, so wird der „Vice-Titulär-Gott" Dieterich schon verstanden haben, welche Stelle bei Lukas gemeint war, und wird sich vermutlich über diese Parodie der Verkündigung Mariae amüsiert haben.

Bürger verstand es dann auch, lexische und grammatische Elemente einzusetzen, die den Anstrich des Mündlichen, des Umgangssprachlichen und des Volkstümlichen verstärken: bereits veraltende Ausdrücke („wenneher"); archaisierende Wendungen, insonderheit aus dem Kurial- und Kanzleistil („alldieweilen", „wohlaffectioniert"); mundartliche Ausdrücke oder Rückbildungen ins Niederdeutsche („Deederich",„Schürcken", „Pfirschen", „verklomt",„suß",„stiff"). Wie überhaupt das ‚Purschikose', so liebte er Studentensprachliches („prachern"). In diesem Idiom verstand er auch die Technik der Wortbildung („Hosenscheißerus", „Archilochius", „Schwachmaticus", „Bruder Studio"). Selbst Rotwelsch („Schubjacke"), das man bei ihm gelegentlich antrifft, dürfte durch die studentische Redeweise vermittelt sein. Er bildete auch gern neue Wörter („Christlichtchen“ für ‚kleines Licht‘), war da aber keineswegs immer ganz sicher, besonders wenn er (ihm eigentlich unbekannte oder ungemäße) Wörter flektierte (seine Vorliebe für starke Präteritumbildungen) oder Kombinationen herstellte: „Papierflaus“ ist solch ein Fall einer mißglückten Verwendung eines ursprünglich studentischen Ausdrucks.

Sein Briefstil erzeugte aber Literatursprache – indem er das hier Erprobte in seinen Werken anwandte, aber auch und gerade in der manchmal angestrengten Volkstümlichkeit. Da sind es indessen Sprachelemente, die erst viel später hoffähig werden sollten. Das Wortspiel zählt zu ihnen („Knabuni“, „Hochgröblichen“), ein für die damalige Literatur wie auch den Briefstil ungewöhnliches und als ‚roh‘ verschrienes Stilmittel, ferner die schon genannte parodistische Um-Schreibung der Bibel bis hin zur weltlichen Kontrafaktur. Obszöne Zeichnungen schließlich schaltete er ein als integratives Mittel (leider nur beschrieben, nicht im Original überliefert), oder er benutzte den graphischen Effekt des auf dem Kopf stehenden Wortes als Ironie-Index. Alles in allem: Verstöße gegen die „ewigen Gesetze der Briefstellerei“, wie Lichtenberg einmal distanziert-ironisch formulierte.

Drei Gründe vor allem lassen sich nennen, wenn ein Autor von unbestreitbarer Wirkung und Qualität nicht oder nur unvollständig veröffentlicht wird: Wenn er nämlich in politischen, in geschäftlichen oder in moralischen Dingen gefehlt hat.

Bürgers politische Haltung hat ihm heute in der DDR einen nicht völlig berechtigten Platz in der Literaturgeschichte eingetragen. Richtig ist soviel, daß der Amtmann der Uslarschen Familienbesitztümer, der als

Gerichtshalter eine altständische feudale Ordnung verkörperte, sich in seinen Balladen und Epigrammen entschieden auf die Seite des 4. Standes schlug. Der von seinem adligen Herren geschundene Bauer, die verführte Unschuld: das sind damals schon keine neuen Sujets und Requisiten mehr. Indes haben ihm solche Gedichte ‚in tyrannos' zu Lebzeiten zwar den Beifall des Publikums eingetragen, aber vermutlich in den Augen der Obrigkeit nicht weniger geschadet als die Gerüchte über seine verworrenen Eheverhältnisse und als die Asebie-Vorwürfe der Theologen wegen solcher Gedichte wie der „Frau Schnips". Schwerer wöge da wohl ein etwas undeutliches, freimaurerisch geprägtes Fortschrittsdenken.

Geschäftliches, was Literaturhistoriker einem eingeschränkten Kunstbegriff zufolge früher gern wegließen und heute umso lieber edieren, findet man in Bürgers Briefen selbst nach Strodtmanns Kürzungen noch mehr als genug.

Bürgers Begeisterung schließlich am Aussprechen oder richtiger am Schreiben verbotener Wörter – der am nachhaltigsten unterdrückte Teil seiner Texte – hat mehr als eine Ursache. Vermutlich gehörte er in die Kategorie jener Männer, die nicht mit Würde alt zu werden vermögen. Seine Vorliebe für die Studentensprache, für das ‚Purschikose' überhaupt, deutet darauf ebenso wie seine dritte Ehe.

Goethe hätte sein berühmtes Wort über Briefe („so dürfte doch keine dergleichen Schrift völlig mißzuachten sein") vielleicht auf diesen Briefschreiber nicht mehr appliziert – es gibt nur wenige Zeitgenossen (wie etwa noch Mozart), die ihm in brieflicher Drastik und derber Direktheit nahekommen.

Verdrängungen sagen die Tiefenpsycholgen diesem nachgerade zwanghaften Aussprechen vermutlich zu

Recht nach, und Ursache des Analen will man in einer Verlagerung unausgelasteter Sexualität suchen. Immerhin ist auffällig, daß besonders die Bürgersche Fäkalsprache ihren quantitativen Höhepunkt in eben jener schrecklichen Phase seiner Gefühlsverwirrung zwischen den beiden Schwestern Leonhart findet.

Sein Vergnügen am Schockierenden ist Bestandteil auch seines literarischen Profils; er geht da sogar so weit, sich im Musenalmanach unter dem Pseudonym „Menschenschreck" zu zeigen. Dieser Bürgerschreck und von Leidenschaften geschüttelte Erwachsene hatte ein nachgerade kindliches Vergnügen am Aussprechen von Phallischem („Zebedäus", „Perspektiv", „Schwänze"), Urogenitalem („pißt") und insbesondere Analem („Hosentrompeter", „Hans Ars", „hofieren").

Absurd schiene mir, dieses Lustphänomen (mit Alan Dundes) einer wie immer beschaffenen Nationalpsyche zuzuschreiben. Ob die Freude am Unflat allerdings wirklich vergangenen Zeiten angehört, wie Richard Alewyn vermutete, und dadurch eine „für unsere älteren Vorfahren unfehlbare Quelle der Komik unwiderruflich versiegt" sei, wird man mit Fug bezweifeln. Das widerlegen die großen Beispiele des Grobianismus im 20. Jahrhundert: die Romane von Günther Grass, insbesondere der „Butt", oder der „Sotweed Factor" des John Barth. Das Interesse an den Funktionen der Verdauung ist ungebrochen, wenn auch (und hierin wiederum hat Alewyn vollkommen recht) seit dem Ausgang des Barockzeitalters zunehmend tabuisiert. Tatsache ist, daß Bürger in dieser literarischen Tradition des europäischen Grobianismus stand: Johann Beers Romane, an denen Alewyn das seltsame Phänomen expliziert hat, könnte Bürger auf der Schule kennengelernt haben. Er besaß, wie Otto Deneke nachgewiesen hat, Christian Reuters „Schelmuffsky".

Die Annahme wäre aber ganz abwegig, daß diese Seite der Briefe den typischen Bürger zeigen würde: So schrieb er nicht einmal an die vertrautesten Dichterkollegen und Studienfreunde. Dieser freizügige Ton beschränkte sich ganz und gar auf den kleinen Kreis der Dieterichschen Geselligkeit; der knorrige Verleger und sein Freund Lichtenberg (vgl. Bürgers Brief an ihn vom 8.1.1780) sind wahrscheinlich die einzigen Freunde, denen er so seine Schamteile wies. Die nunmehr fast zweihundertjährige Unterdrückung dieser Texte, ihre Denunziation als „cynisch" oder „unerquicklich" haben freilich keineswegs die Fortdauer des literarischen Grobianismus verhindern können, sondern nur als eine Art „unglaubliche Falschmünzerei der Geschichte der Litteratur" (Karl Rosenkranz) die Einsicht in Bürgers persönliche Existenz und mehr noch die Erkenntnis seines literarischen Profils erschwert.

## Bibliographische Notiz

Begründete Ausnahmefälle (wie die ungedruckten Texte) abgerechnet, habe ich mir genauere Nachweise im Nachwort erspart und gebe sie hier summarisch: Die ältere Forschungsliteratur und den größten Teil der Quellen (da hernach fast nichts mehr publiziert wurde) gibt Goedekes Grundriß 4,1, dessen 3. Auflage 1916 erschien; zur weiteren Bürgerforschung und -kritik sind die üblichen Hilfsmittel zu vergleichen (vor allem die diversen Jahresberichte der Germanistik) – eine neuere Personalbibliographie fehlt. Den an der Spitze des Kommentars genannten Ausgaben stelle ich noch als nützlich die älteren Gedichteditionen von August Sauer (1883) und Arnold E. Berger ([1891]) zur Seite, weil sie für die Textkritik einen gewissen Ersatz bieten, bis eine historisch-kritische

Ausgabe diesem Mangel einmal abhelfen sollte. Bei Häntzschel (1987) fehlen die Prosaübersetzungen und die Vorlesungen; für erstere muß man auf die alten Ausgaben von Wolfgang von Wurzbach ([1902]) und Eduard Grisebach (5. Aufl. 1894) zurückgreifen, für letztere auf die Originalausgaben (1803. 1825. 1826). – Die umfangreichste Biographie schrieb W. v. Wurzbach 1900, die m. E. beste und zugleich die letzte, die genau, kritisch und konzise alles bis dahin Bekannte zusammenfaßte, bietet Ernst Consentius in seinem Vorwort (aaO. I – CLX in der 2., auch hierin verbesserten Auflage 1914); beachtlich bleibt immer noch Robert Riemanns schmale Darstellung (bei Reclam 1904). – Das Fehlen einer vollständigen und kritischen Briefedition kann man nicht oft genug beklagen. Über weite Strecken ist daher Adolf Strodtmanns Ausgabe von 1874 infolge der heute z. T. verlorenen Originale immer noch unentbehrlich, obgleich mit äußerster Vorsicht zu benutzen, weil Strodtmann ohne Kennzeichnung und völlig willkürlich gekürzt hat: So sind z. B. in der Korrespondenz mit Boie absatzweise in fast jedem Brief buchhändlerische Sachverhalte ganz weggefallen. Wichtige Dokumente teilte Goedeke 1873 in seinem „Bürger in Göttingen und Gelliehausen" mit; Sauer ergänzte den Briefwechsel Bürgers mit Goeckingk in der „Vierteljahrschrift für Litteraturgeschichte" 3, 1890, S. 62 ff. u. pass.; Ebstein faßte den mit Philippine Gatterer 1921 zusammen. – Von neueren Abhandlungen nenne ich hier als bemerkenswert nur die folgenden: Das Vorwort von Wolfgang Friedrich 1958 spiegelt (unbegreiflich in dieser sonst wirklich vorzüglichen Auswahledition) den bekannten unkritischen Galimathias der damaligen dogmatischen DDR-Germanistik wieder. Albrecht Schönes Bürgerstudie findet sich in seiner „Säkularisation als sprachbildende Kraft" 2. Aufl.

1968. Ohne eigentlich neue Farben, aber schwungvoll gemalt ist Gert Uedings ‚literarisches Porträt' in dessen „Die anderen Klassiker" 1986. – Zu Dieterich verweise ich auf Vorwort und Anhang meiner Edition seines Briefwechsels mit Ludwig Christian Lichtenberg 1984; eine demnächst abzuschließende Darstellung der Geschichte seines Verlages mit Katalog aller Titel bereitet Elisabeth Willnat-Pikk vor, deren Examensarbeit von 1984 zum selben Gegenstand ich jetzt schon mit Gewinn benutzen konnte. – Zur Frage der Obszönitäten, insbesondere der analen und skatologischen, verweise ich auf Richard Alewyns Nachwort zu Beers Narrenspital 1957 und Hildesheimers Ausführungen zu Mozarts Bäslebriefen 1978. Materialien, Dokumente und weiterführende Bibliographie bietet Alan Dundes, „Sie mich auch!" 1987, in den m. E. abstrusen Folgerungen freilich zugleich ein Beispiel von fehlgeleitetem Gelehrtenfleiß.

## Editorischer Bericht

Der Formwille Bürgers bei der Gestaltung seiner Briefe hat zwar augenscheinlich dazu geführt, daß die Empfänger seiner Briefe und deren spätere Besitzer ihre Qualität erkannten. Dennoch ist das Schicksal der Korrespondenz zwischen Bürger und Dieterich höchst verworren.

Zwar bewahrte Dieterich (vermutlich in der Buchhandlung) die meisten wenn nicht alle Briefe seines Lieblingsautors auf. Da aber die Firma noch zu Lebzeiten seines Sohnes in andere Hände überging, der Verlag überdies nach Leipzig übersiedelte, hat sich erst ab 1840 so etwas wie ein Archiv erhalten. Die disparate Überlieferung deutet darauf, daß die Erben die Briefe vielfach verschenkt oder verkauft haben. Bürger selbst hat entweder gegen seine Gewohnheit Dieterichs Billets gleich weggeworfen, oder sie wurden nach seinem Tod zurückgegeben. Da nun Dieterich wie gewöhnlich nie ein Brouillon angefertigt hat, Bürger gegen seine sonstige Gewohnheit hier offenbar nur ganz selten, so haben sich aus ihrer Korrespondenz mit zwei Ausnahmen keine Konzepte erhalten; daher trug Adolf Strodtmann in seiner weitgehend auf dem Nachlaß beruhenden Edition der „Briefe von und an Bürger" 1874 nur 35 zum Teil schon gedruckte Stücke zusammen, die zudem von zahlreichen Lesefehlern und nur selten markierten Kürzungen entstellt sind. In den folgenden 35 Jahren brachten dann mehrere Sammler und Philologen noch insgesamt 50 Briefe in Festschriften (Privatdrucken) und germanistischen Periodica zusammen; auch sie waren, um Bürgers Obszönitäten zu unterdrücken, z. T. brutal gekürzt.

Was bei Strodtmanns ziemlich eilig hergestellter und vermutlich manchen Zwängen unterworfener Edition nicht überrascht, verwundert bei den späteren doch sehr. Denn während er noch ohne Kennzeichnung alles ihm anstößig scheinende, aber auch zahlreiche den Buchhandel oder Geldfragen betreffende Passagen fortließ, so markierte Carl Schüddekopf seine Kürzungen zwar, doch scheint er die Leser des „Euphorion" für Insassen eines Mädchenpensionats gehalten zu haben, denn seine Kastrationen berühren durchweg Schamhaftigkeiten. Das lag aber ganz in der geistigen und politischen Situation des Zeitalters: Der Viktorianismus beschränkte sich keineswegs auf die britischen Inseln.

Als Erich Ebstein 1910 in seiner Sammlung „Gottfried August Bürger und Johann Christian Dieterich" für die Münchener Bibliophilen alle ihm bis dahin bekannten gedruckten Briefe mit einigen ungedruckten Stücken vermehrte, da hatte dies denn auch als Privatdruck zu geschehen, auf Druck einiger Eigentümer der Originale übrigens, die damit sich selbst und die Publikation vor dem Zugriff der damaligen Sittenzensur zu schützen gedachten. Ebsteins Ausgabe ist mit ihrer Auflage von 59 numerierten Exemplaren, in die jeweils der Name des Empfängers eingedruckt wurde, und 30 ungezeichneten für den Herausgeber enorm selten und infolgedessen von der Bürgerforschung fast nicht zur Kenntnis genommen.

Vorliegende Edition mit ihren 99 Nummern vereinigt nun Ebsteins 78 (ohne die nur unsicher bezeugte Erwähnung zweier verlorener Briefe), alles damals Bekannte, mit einem gedruckten, von Ebstein übergangenen Brief an Dieterichs Schwiegersohn, einem nur von Lichtenberg und Bürger referierten Schreiben, zwei später gedruckten und 19 bis heute ungedruckten Stücken.

Indessen ist das so zusammengestellte Corpus sicher noch nicht vollständig. Ein Brief Bürgers (Nr. 56) konnte hier nur aus den Auszügen in einem Autographen-Auktionskatalog mitgeteilt werden. In einer Liste Erich Ebsteins finden sich die Daten 26.3.1778 und 28.3.1778, ohne Angabe eines Druckorts oder Handschriftenbesitzvermerks: Da ich den letzteren Brief auffinden konnte, zweifle ich auch nicht mehr an der Existenz des erstgenannten. Jedoch ist derzeit nach Auskunft der Kataloge und Mitteilung der größeren deutschen, die alle befragt wurden, und ausgewählter außerdeutscher Bibliotheken und Archive nicht mit noch unbekannten Briefen aus dieser Korrespondenz in öffentlichem Besitz zu rechnen. Es müssen aber noch größere Bestände von Originalen bereits gedruckter Briefe namentlich aus den ehemaligen Sammlungen Künzel, Brockhaus und Hirzel in Privatbesitz sein, die mir nicht zugänglich waren.

Die Textwiedergabe ist in Orthographie und Interpunktion diplomatisch getreu, also auch mit allen

Schreibfehlern und Flüchtigkeiten der Korrespondenten (z.B. S.45: „Dieses seine Exemplare"). Seiten- und Zeilenwechsel der Handschrift wurden nicht markiert. Die deutsche Schrift der Originale (bzw. die Frakturtype älterer Drucke) ist einheitlich in Antiqua wiedergegeben. Folglich wurde auch der doppelte Bindestrich der deutschen Schrift (und der Frakturtype) in den einfachen der Antiquaschrift übertragen. Auch der Wechsel von deutscher in lateinische Schrift (bzw. von Fraktur- in Antiquasatz) bei Fremdwörtern, eine Schreibkonvention des Zeitalters, ist nicht übernommen. Bürgers Hervorhebung durch einfache Unterstreichung ist mit kursivem Druck, die sehr seltene (in vorliegender Ausgabe dreimal) durch mehrfache noch zusätzlich mit einer stumpffeinen Unterstreichungslinie dargestellt.

Die Anreden und Grußformeln sind im Druck dem Original ähnlich angeordnet. Die Adresse, soweit sie auf dem Brief und nicht auf einem (immer verlorenen) gesonderten Kuvert stand, erscheint – sozusagen in der Reihenfolge der Rezeption beim Adressaten – über dem Briefanfang.

Zugrunde gelegt wurde der jeweils beste heute noch erreichbare Zeuge: Prinzipiell also die Originalhandschrift (das „Mundum") oder ein Konzept Bürgers, ersatzweise Faksimilia, Durchzeichnungen oder doch zuverlässige Abschriften. In etwas mehr als der Hälfte aller Fälle war das möglich. Bei den übrigen wurden alle erreichbaren Abdrucke verglichen, um eine möglichst exakte Wiedergabe dieser doch oft stiefmütterlich behandelten Texte zu garantieren. Bürgers charakteristische steile Schrift ist in seinen Briefen allgemein gut leserlich (seine eigene Meinung darüber: Anmerkung zu Brief Nr. 27); es gibt aber ein paar vielleicht durch Erregtheit, Eile oder schlicht ungünstige Schreibbedingungen zu erklärende

Ausnahmen. Die Schreibung von „ss“ und „ß“ ist wie bei vielen seiner Zeitgenossen bei Bürger nicht immer eindeutig. In allen Zweifelsfällen wurde zugunsten moderner Orthographie entschieden.

Ligaturen und Kürzel sind stillschweigend aufgelöst: So sind der Endhaken am bestimmten Artikel („d.“, besonders bei den Briefdaten: „den“, „der“) und die vielfältig verwendete, dem kleinen „l“ ähnliche sogenannte Suspensionsschlinge bei Endsilben ohne Kennzeichnung aufgelöst (z. B. einigemale bei Wörtern wie „Herr“, „Exemplare“ etc.; so ist der Verdoppelungsstrich über „m̄“ und „n̄“ umgesetzt: „mm“, „nn“; so sind die von Bürger verwendeten Zeichen für Münzen und Gewichte nicht, wie in früheren Drucken gelegentlich, faksimiliert (so das Libra-Zeichen für Pfund oder die Taler-Symbole) oder durch „rh.“, „rth.“, „rthl.“, „rthr.“ (für „Reichstaler“), „d.“ (für Denarius: „Pfennig“), „ggl.“ (für Gutegroschen), „fl.“, „Fl.“ (für Florentiner: Gulden) o. ä. nachgebildet, sondern (in moderner Orthographie) ausgeschrieben. Da das im Sinne einer gefälligeren Lesbarkeit der Texte ohne typographische Kennzeichnung stillschweigend erfolgen mußte, stehen nun also oft historische und moderne Orthographie unmarkiert nebeneinander.

Dagegen ist über alle Fehler verbessernden Eingriffe in den Text (Emendationen) im Rahmen des Kommentars Rechenschaft abgelegt worden. Ich habe aber offenbare Textverderbnisse nur dort emendiert, wo mir durch einen anderen Zeugen ein sicherer Hinweis gegeben schien – reine Konjekturen durften lediglich in den Anmerkungen proponiert werden. In einer Reihe von Fällen, etwa bei Flüchtigkeiten Bürgers oder bei beschädigten Briefblättern genügte es auch, durch eine kleine, mutmaßende Ergänzung [in eckigen Klammern] den Text verständlich zu machen. Derlei Herausgeberergänzungen erfolgen immer in moderner Orthographie: So schrieb Bürger selbst z.B. immer „Wöllmershausen“, ich gebe aber „W.[öllmarshausen]“.

Wo mir nur Drucke zu Gebote standen, habe ich mich gehütet, gegen sie zu restituieren: Auch wenn etwa Bürger die Initialen seiner Unterschrift vermutlich nie mit Punkten abgrenzte; auch wenn er Dieterich wohl immer vertraulich „Dietrich“ anredet oder „fodern“ statt „fordern“ schrieb, habe ich keine Veranlassung gesehen, an Stellen vereinheitlichend einzugreifen, wo ein früherer Herausgeber eine von diesen Gewohnheiten abweichende Lesung bietet. Solche Eingriffe würden eine Authentizität des älteren Abdrucks suggerieren, die vielleicht in Wahrheit nicht gegeben ist.

Die bemerkenswerteren innerhandschriftlichen Varianten, insbesondere bei den beiden einzigen überlieferten Konzepten Bürgers aus dieser Korrespondenz sind im Kommentar dann zum besseren Verständnis der Textgenese in Auswahl mitgeteilt. Die Abweichungen früherer Drucke mochte ich hingegen nicht konservieren.

Zur Erläuterung von Eigennamen (Personen und Orten auch aus Mythologie und Bibel) ist grundsätzlich das Namen- und Schriftenregister zu vergleichen. Alle weiteren Sacherläuterungen erscheinen an ihrer ersten Erwähnung im Brieftext; von den späteren Erwähnungen wird in wichtigeren Fällen jeweils dorthin zurückverwiesen. Um ein Aufsuchen dieser Erläuterungen und zugleich auch der für Bürger typischen Ausdrücke zu erleichtern, ist ein Wortregister beigegeben.

Nicht ohne Bedenken habe ich eine Reihe von Originaltexten in den Anmerkungen wiedergegeben. Es handelt sich dabei aber durchgängig um Dokumente, die den jeweiligen Brieftext erhellen und hier erstmals aus der Handschrift mitgeteilt sind.

Der Kommentar selber steht dabei natürlich wie jeder seiner Art auf den Schultern seiner Vorgänger: Außer der Legion der Lexikographen sind das namentlich Ernst Consentius mit seiner Gedichtedition (2. Auflage 1914), Adolf Strodtmann, dem als letzter der Nachlaß vollständig zu Gebote stand, und die beiden begeisterten Außenseiter der Bürgerforschung, der Pastor Karl Nutzhorn aus Bissendorf und der ursprünglich Göttinger, dann Leipziger Mediziner Erich Ebstein.

Ein Teil der Bürger-Sammlung des letzteren stand mir bei meiner Arbeit zur Verfügung (im Goethe-Schiller-Archiv Weimar). Ebsteins Abschriften und die von Nutzhorn (in seinem Handexemplar von Strodtmann, SUB Göttingen) ersetzten eine Reihe von heute verlorenen Originalen oder ermöglichten das Aufspüren der Originaldokumente.

Bei den Erläuterungen selbst konnte ich aber auf keine speziellen Vorarbeiten zurückgreifen; Ebsteins Edition bietet nur Angaben zu den Satzvorlagen, sonst weder Anmerkungen noch Register.

Viele haben mich unterstützt – neben den genannten Vorarbeitern zunächst die Angestellten derjenigen Bibliotheken und Archive, die Originale der Briefe, Dokumente und Akten aufbewahren und mir aufs liberalste deren Benutzung ermöglichten. Mehr noch verpflichteten mich durch Überlassung von Originalen und Abschriften verlorener Originale Bernd Achenbach, Barbara Hanning und Ernst-Peter Wieckenberg. Einzelne Hinweise, Anregungen und Nachprüfungen lieferten mir Hans-Ulrich Boesche, Stefan Brüdermann, Bernd Ristau, Wolfgang Schimpf, Elisabeth Willnat und Horst Zehe; Wiard Hinrichs besonders hat mir bei den Recherchen sehr geholfen. Ohne die kritische Unterstützung schließlich bei der redaktionellen Durchsicht von Text und Nachwort, bei der Revision des Registers und bei den Druckkorrekturen, die Birte Asmuß, Bettina Buck, Michael Conrads, Annette Gerlach, Julia Hoffmann, Maximilian Joost und Klaus Schmidt dem Büchlein angedeihen ließen, wäre es noch lange nicht fertig geworden. Ihnen allen gilt mein herzlicher Dank.

Göttingen, den 12.9.1988 U. J.

# Register

## Namenregister

Das folgende so knapp wie möglich kommentierende Namenregister verzeichnet die Erwähnungen aller Personen (nebst ihren Schriften) und Orte (ohne die meisten Absendeorte) aus Brieftexten und Kommentaren (mit „K" gekennzeichnet; unter Ausschluß der Forschungsliteratur und der Handschriftenbesitzer). Verwiesen ist auf Briefnummern. – Durch Rückrechnung nach Altersangaben im Kirchenbuch ermittelte Geburtsdaten sind mit einem Fragezeichen gekennzeichnet.

Abednego (605 – 561), hebräischer Name (Knecht des Lichtes), einer der drei Gefährten Daniels, die dann unter Nabuchodonosor in den Feuerofen gerieten (s. a. Sadrach u. Mesach); hier Spitzname von Scheufler (s. d.) 14. 14 K.

Abt, Karl Friedrich (1733 – 1783), Schauspieler und Theaterprinzipal; gastierte 1781 mit seiner Truppe in Göttingen 49 K. 53.

Adelung, Johann Christoph (1732 – 1806), Lexikograph 4 K. 5 K. 8 K. – Magazin für die deutsche Sprache 70. 70 K.

Ahasverus, Achaschwerosch: persischer Großkönig, im hier zitierten Buch Esther wohl Xerxes (485 ff. v. Chr.) 31 K. 66. 66 K.

Altengleichen, (auch: Alten Gleichen) s. Gleichen.

Alxinger, Johann Baptist (1755 – 1797), Romanschriftsteller 95. 95 K. – Bliomberis (1791) 95. 95 K.

Apollon, griechischer Gott der Dichtkunst 79.

Appenrode, Vorwerk und Domäne der Herrn von Uslar-Gleichen; nördl. der Straße von Reinhausen nach Bremke, am südl. Fuß der Gleichen. Von Bürger bewirtschaftet und bewohnt 1780 – 1784 – Pachtung 45. 58. 59.

Aschersleben, Stadt am Nordostharz, ca. 22 km östl. von Quedlinburg u. ca. 52 km nordwestl. von Halle 3. 3 K.

Aurich, Regierungssitz des preuß. Fürstentums Ostfriesland 24.

Ayrer, Johann Henrich (1732 – 1817), Universitätsstallmeister 66 K.

Baldinger, Ernst Gottfried (1738 – 1804), Mediziner; Professor in Jena, Göttingen und Marburg 59.

Baldinger, Dorothea Friederike, geb. Gutbier (1744 – 1786), Frau von E. G. B.; mit Bürger befreundet 49. 49 K. 59. 92 K.
Ballhorn, Johann (†1573), Buchdrucker zu Lübeck 53. 53 K.
Beck, Justus Heinrich (1751? – 1814), Drucker bei Dieterich 22 K.
Becker, Wilhelm Gottlieb (1753 – 1813), Publizist 49 K.
Behm, Arnold Heinrich Nikolaus (1738 bis nach 1803), aus Bumstorf/ Hrzgtm. Lauenburg, Leutnant im Regiment Sachsen-Gotha (Northeim), 1775 bis 1783 in Göttingen, Meister der Freimaurerloge zum Goldenen Zirkel (deren Mitglied auch Bürger war) 1784 in Stade, 1794 Major in Verden, 1799 Oberstleutnant ebd. 5. 6. 9. 23. 52.
Behm (†1792), dessen Bruder, hannov. Offizier, als Leutnant im 14. Regiment mit dem hannoverischen Hilfskorps für England 1789 – 1791 in Indien; starb auf der Rückreise 52.
Berlin 9. 28 K. 96 K.
Bernstorff, Johann Hartwig Ernst Graf v. (1712 – 1772), holsteinischer Aristokrat, dänischer Staatsminister 2.
Bertuch, Friedrich Justin (1747 – 1822), Publizist und Redakteur, Rat in Weimar 23. 36 K.
Biester, Johann Erich (1749 – 1816), Publizist in Berlin; hatte in Göttingen die Rechte studiert, seit 1777 Sekretär beim Minister Karl Abraham v. Zedlitz, später zusammen mit Gedicke Hrsg. der „Berlinischen Monatsschrift“ 9.
Bischoff, Johann Georg Friedrich (1750? – 1804), Kaufmann am Steinweg (Kalenberger Neustadt) in Hannover; handelte mit Ellenwaren, Tapeten, Glas 88 K.
Bissendorf, herzoglich braunschweig-lüneburg. Flecken, 30 km nördl. von Hannover; Wohnsitz von Bürgers Schwager Elderhorst als Amtsvogt 74. 75. 84. 88.
Böhm s. Behm 52.
Bohn, Karl Ernst (1749 – 1812) Verleger in Hamburg 7 K.
Boie, Heinrich Christian (1744 – 1806), Dichter, Präzeptor des Hainbundes, 1. Herausgeber des Göttinger Musenalmanachs; Freund Bürgers 1. 1 K. 3. 3 K. 4 K. 5. 5 K. 6 K. 7 K. 17 K. 35. 46 K. 56.
– Deutsches Museum 12 K. 35 K.
– Göttinger Musenalmanach 7 K.
Bollmann, Johann Friedrich, Advocat Bürgers, später Bürgermeister zu Aschersleben 26 K. 35 K. 39 K.
Borken, Ort in Westfalen, ca. 70 km westl. von Münster 24.
Borkenstein, Heinrich (1705 – 1777), Kaufmann und Lustspielautor in Hamburg 51 K.
– Der Bocksbeutel (1742) 51. 51 K.

Braunschweig, Ferdinand Prinz von (1721 – 1792), preuß. General, Sieger von Kornfeld am 23.6.1753 und Minden am 1.8.1759, 66 K.

Braunschweig, Karl Wilhelm Ferdinand Herzog von (1735 – 1806), preußischer General, Verlierer der Schlachten von Valmy 1792 und Jena/Auerstedt 1806, 66. 66 K.

Braunschweig 19. 23.

Brede (Bürger: Breda), Samuel Friedrich († 1798), Kantor in Perleberg, 1796 in Stettin; veröffentlichte Klaviersonaten (1784), Lieder und Gesänge am Klavier, u. a. Vertonungen E. v. Kleists (1786) 51.

Bremen 24. 49 K. 52. 52 K. 93.

Bremke, kurbraunschweig. Dorf, 15 km südöstl. von Göttingen in Bürgers Amtsbezirk 68 K. 85

Bülow, F.[reiherr] v., Hofrat in Wolfenbüttel, Beiträger zum Musenalmanach: wohl Karl Christian Friedrich v. B. (1740 – 1804) braunschw. Oberhauptmann

– Adelheid von Berlepsch (1787) 80 K.

Bürger, Augusta Maria Wilhelmina Eva, geb. Leonhart; genannt Molly (24.8.1758 – 9.1.1786), Bürgers zweite Frau 31. 31 K. 38. 53. 67. 67 K. 85 K. 88.

Bürger, Dorothea Marianne, geb. Leonhart; genannt Dorette (5.10.1756 – 30.7.1784), Bürgers erste Frau 1. 3. 4. 4 K. 5. 7. 9. 10. 10 K. 11. 25. 31 f. 35 f. 38. 51 f. 53. 55. 56. 56 K. 57. 59. 70. 76. 76 K. 82. 84. 86. 87.

Bürger, Gottfried August

– An den Klaatrigen 29 K.

– An die Menschengesichter (An die kalten Vernünftler) 28 K.

– Anthia und Abrokomas 12 K.

– Anweisung zur deutschen Sprache und Schreibart 80 K.

– Bruder Graurock und die Pilgerin 17. 20 K.

– Ein Casus anatomicus 43 K.

– Elegie aus Volkers geheimen Liebesarchiv 89 K.

– Die Entführung 21 K.

– Fortunens Pranger 30. 30 K.

– Franklins Leben (Übersetzung) 96 K.

– Frau Schnips 2 K. 15. 15 K. 16. 51. 51 K. 52. 52 K. 84 K.

– Froschmäuseler (Rollenhagen-Bearbeitung) 49. 49 K.

– Geburtstagsgedicht 79.

– Gedichte (1778) 1 u. passim. 91.

– Göttinger Musenalmanach 7 K. u. pass.

– Hans Grobian von Dummbart 43 K.

– Herr von Gänsewiz zum Kammerdiener 43 K.

– Die Hexe, die ich meine 42 K.

– Hört, Enkel, hört unglaubliches Bemühn 12 K. 35 K. 71 K.
– Ilias-Übersetzung 22. 22 K. 24. 60. 84 K.
– Der Kaiser und der Abt 76 K. 81 K.
– Lenore 8. 8 K. 18. 18 K.
– Das Lied vom braven Manne 21 K.
– Macbeth-Übersetzung 59. 59 K. 60. 61. 67. 67 K. 91.
– Das Mädel, das ich meine 42 K.
– Menagerie der Götter 4 K.
– Menschenfresserlied 53. 53. K.
– Münchhausen 14 K. 33 K. 35 K.
– Neuseeländisches Schlachtlied 53 K.
– Prinzessin Europa 10 K. 12 K. 33 K. 52. 52 K.
– Der Raubgraf 12 K.
– Die Republik England 28 K.
– Schwanenlied 20 K.
– Tausend und Eine Nacht 44. 48 K. 49. 50. 50 K.
– Über die deutsche Rechtschreibung 7 K.
– Über deutsche Sprache. An Adelung 70 K.
– (Über Druckfehler) 28 K.
– Untreue über Alles 35 K.
– Verantwortung an die Regierung zu Hannover 84. 84 K.
– Die Weiber von Weinsberg 9 K. 12 K.
– Der wilde Jäger 89 K.
– Wunderbare Reise zu Wasser und zu Lande, Feldzüge und lustige Abenteuer des Freiherrn von Münchhausen 91.
Bürger, Maria Christiane Elisabeth, geb. Hahn (17.?11.1769 – 24.11. 1833), Bürgers dritte Frau 90. 90 K. 91. 92. 92 K.
Bürger, Marianne Friederike (15.3.1778 – 11.11.1862), Tochter aus Bürgers erster Ehe 4. 4 K. 5. 7. 7 K. 10 f. 57. 85 K.
Büschel, Johann Gabriel Bernhard (1758 – 1813), Regimentsquartiermeister in Leipzig, Romancier 42 K.
– Kanthariden (1785) 42 K.
Büsing, Johann Christian (1736 – 1808), Drucker bei Dieterich 22 K.
Carlberg, Johann Erich (1747? – 1813), Drucker bei Dieterich, Vater eines Patenkindes von Lichtenberg 22 K.
Carmer, Johann Heinrich Kasimir Graf v. (1721 – 1801), preuß. Großkanzlert; Schöpfer des Allgem. Preuß. Landrechts v. 1794, 67. 67 K.
Celle, kurbraunschweig. Stadt, Sitz des Appellationsgerichts 1 K. 59.
Chodowiecki, Daniel (1726 – 1801), Kupferstecher in Berlin, einer der produktivsten Illustratoren seiner Zeit, u. a. vom Göttinger Taschenkalender und vom Musenalmanach 1 K. 4. 9. 9 K. 12. 18. 45.

Cicero, Marcus Tullius (106 – 43 v. Chr.), römischer Politiker, Rhetor und Philosoph 26 K.

Clée, Angestellter (Drucker?) bei Dieterich 22 K.

Compe, Heinrich Karl Bernhard, Gerichtsschulze in Göttingen 1783 bis 1792; Greve des Gerichts Leineberg, dann Amtmann in Nienburg 1793 bis 1802, 72. 72 K.

Conradi, Kaufmann in der Altstadt von Hannover (Marktstraße); handelte u. a. mit nürnberg. u. engl. Stahlwaren 88 K.

Coppenbrügge, nassau-oranischer Flecken und Amtssitz, 15 km östl. von Hameln. Wohnsitz von Friedrich Wilhelm Elderhorst (Vater von B.s Schwager) 38.

Cottasche Verlagsbuchhandlung in Tübingen 55 K.

Cram(m)er, Buchhändler zu Bremen 48 K. 49 K. 93.

Denis, Johann Michael Kosmas (1729 – 1800), österr. Theologe und Schriftsteller, 1. Übersetzer Ossians ins Deutsche 35 K.

Daniel, bibl. Prophet, in dessen Rolle Bürger sich stilisierte 14 K. 41 K.

Diemarden, kurbraunschweig. Dorf, 8, 5 km südöstl. von Göttingen 62.

Dieterich, Christiane Elisabeth Dorothea, geb. Mevius, genannt Christel(chen) (1735 – 1805), Frau von J. C. Dieterich 1. 1 K. 4. 4 K. 5. 7. 9. 9 K. 12. 31. 32. 64. 67. 79 79 K.

Dieterich, Emanuel Wilhelm Christian (1770 – 1813), Sohn von J. C. Dieterich 85 K.

Dieterich, Fried. Karl August (geb. 1767), Sohn von J. C. Dieterich 85 K.

Dieterich, Friederike Christina Henriette, genannt Fritze (1761 – 1782), Tochter von J. C. Dieterich 1 K. 9. 9 K. 63. 63 K. 64. 65. 66.

Dieterich, Friederike Johanna Luise 31 K.

Dieterich, Heinrich Friedrich Wilhelm Ludwig (1764 – 1837), Buchhändler, Sohn von J. C. Dieterich 92. 92 K. 93. 98.

Dieterich, Charlotte geb. Michaelis (1766 – 1793), Tochter des Orientalisten; verheiratet mit Heinrich Dieterich gegen den Willen des alten D.; starb im Kindbett 92 K.

Dieterichs dicke Küchenmagd 33.

Dieterichs Faktor 77.

Dieterichs Kinder 7.

Dieterichs Kindermädchen 33.

Dieterichs Töchter 5.

Dohm, Christian Wilhelm (1751 – 1820), Publizist, Jurist, Kameralist; zusammen mit Boie kurzzeitig Hrsg. des „Deutschen Museums“ 25.

Döring, Johann v. (1741 – 1818), Drost zu Wolfenbüttel 55.

Duderstadt, kurmainz. Stadt, 35 km östl. von Göttingen; Hauptort des Untereichsfeldes 47.

Dumont, Johann Peter (1728? – 1796), Göttinger Spezereienhändler am Kornmarkt 55.
Eddigehausen, hess.-kasselsches Dorf östl. von Bovenden am Fuß der Plesse 85 K.
Einbeck, Städtchen 40 km nordwestl. von Göttingen an der Landstraße nach Hannover (damals meist: Eimbeck) 74.
Einem, Johann Konrad v. (1736? – 1799), Rektor in Münden, Verfasser von Gelegenheitsgedichten 19 K.
– Witz Friedrichs des Einzigen (1799) 19 K.
Eisendecher, Wilhelm Christian (1741? – 1804), Klosterregistrator in Hannover, Redakteur des Hannoverschen Magazins 56 K.
Elderhorst, Johann Jakob Heinrich (1749 – 1806), Amtsvogt in Bissendorf, Bürgers Schwager 14. 14 K. 38. 38 K. 75. 76. 76 K.
Elwert, Philipp Karl, Regierungssekretär in Gießen nebst Familie 46.
Elderhorst, Anna Maria Eleonora, geb. Leonhart, genannt Antchen oder Ente, (1755 – 1825), Schwester von Dorette und Molly Bürger, Frau von J. J. H. Elderhorst 38. 38 K. 76. 76 K.
Engelhard, Philippine geb. Gatterer (1756 – 1831), Tochter des Göttinger Professors, verheiratet mit dem Kriegsrat E. in Kassel; Dichterin, von Bürger gefördert, von Dieterich verlegt 1 K. 8 K. 45. 45 K.
Engelhardt, Friedrich August, Drucker bei Dieterich 22 K.
England, Sophie Charlotte Königin von (1744 – 1818), 22. 22 K. 67. 67 K.
Feder, Johann Georg Heinrich (1740 – 1821), Popularphilosoph, in Göttingen 1765, Professor dort 1768 – 97, dann Rektor und Bibliothekar in Hannover. Dekan der Philosoph. Fakultät, bekannt geworden durch seinen Angriff auf Kant in den Göttingischen Gelehrten Anzeigen 95. 95 K.
– Philosophische Bibliothek 95. 95 K.
Fick, Johann Heinrich (1754 – 1794), cand. theol. in Gülzow, seit 1786 Pastor in Stapel im Lauenburgischen 24.
Fiorillo, Johann Dominikus (1748 – 1821), Kunsthistoriker und Kupferstecher italienischer Herkunft; Professor in Göttingen 94.
Flox, Bürgers Reitpferd 30. 72 K.
Flügge, Hennig Richard (1727 – 1811), Kanzleisekretär in Hannover; 1770 f. 1773. 1780 f. Beiträger zum Musenalmanach 54 K.
Förster, Georg Ludwig, Buchhändler in Bremen 93.
Fontaine, Moses Rintel, s. Rintel
Forkel, Johann Nikolaus (1749 – 1818), Musiker und Musikologe, seit 1770 Universitätsorganist in Göttingen, später Universitätsmusikdirektor, gilt als Begründer der Musikwissenschaft als einer Hochschuldisziplin 35 K. 53. 53 K.

Forkel, Meta, geb. Wedekind (1765 – 1853), Frau des J. N. Forkel, geschieden (später verh. mit Liebeskindt); Übersetzerin (z. B. Volnay, Die Ruinen) und Romanschriftstellerin (z. B. Maria) 35 K. 53. 53 K.

Forster, Johann Georg Adam (1754 – 1794), Schriftsteller, Naturforscher und Philosoph; Teilnehmer an Cooks Weltumseglung; später Revolutionär in Mainz; Freund Lichtenbergs 30 K. 39 K. 84 K.

Fox, Sir Charles James (1749 – 1806), engl. oppositioneller Politiker 85.

Frankfurt 9 K.

Friedland, kurbraunschweig. Flecken 12 km südl. von Göttingen an der Grenze von Hessen-Kassel 72 K.

Gabriel, Erzengel der Bibel 44.

Galenus, Claudius (129 – 199), Arzt, einflußreicher medizinischer Lehrer, Begründer der Humoreslehre 54 K.

Galland, Antoine (1646 – 1715), franz. Orientalist
– Les milles et une nuit (1704 – 1717) 48 K.

Garte, im Eichsfeld entspringendes Flüßchen; mündet oberhalb von Göttingen in die Leine. Das Gartetal war schon im 18. Jhdt. ein beliebter Ausflugsort der Göttinger 1 K. 62.

Gaspari, Adam Christian (1752 – 1830), Geograph und Statistiker; immatrikuliert als stud. theol. 4.10.1777, „exhibitis publicis paupertatis testimoniis gratis receptus". Vorher Universität Leipzig. Dieterich stellte gern mittellose Studenten als Korrektoren ein 42.

Gatterer, Christoph Wilhelm Jakob (1759 – 1838), Historiker, Student in Göttingen, Professor in Heidelberg; Bruder von Philippine Engelhard 45. 45 K.

Gatterer, Philippine (1756 – 1831), s. Engelhard 1 K. 8 K. 45. 45 K.

Gebhard, Emilius Christoph (1757? – 1821), Drucker, später Faktor bei Dieterich (der ihn Goebhard schrieb, wie den Bamberger Nachdrucker) 22 K.

Gelliehausen (damals: Geljehausen; Dieterich: Gelgehausen), kurbraunschweig. Dorf im Gartetal, 14 km südöstl. von Göttingen. 1773 – 1775 Bürgers Wohnsitz 12 K. 93. 93 K.

Gibson, William 45 K.
– A new treatise on the diseases of horses 45 K.

Gieboldehausen, (Bürger: „Gieboldschehausen") kurmainz. Dorf, 25 km nordöstl. von Göttingen; Wohnort von Bürgers Schwiegermutter Leonhart 69.

Gil Blas (s. Le Sage) 35. 35 K.

Girtanner, Christoph (1760 – 1800), Dr. med. zu Göttingen, aus der Schweiz, naturwissenschaftlicher Schriftsteller. Schüler Lichtenbergs 28 K. 92. 92 K.

Gleichen, 2 Burgberge (Alten- und Neuengleichen) mit Resten mittelalterlicher Befestigungen, 13 km südöstl. von Göttingen am Rande des Gartetals und wie dieses schon damals beliebtes Ausflugsziel. Die Burgen gaben der Familie Uslar-Gleichen den Namen; Altengleichen hieß Bürgers kurbraunschw Gerichtsbezirk, Neuengl. Scheufflers hess. -rothenburg. 12 K. 47. 70.

Gleim, Johann Wilhelm Ludwig (1719 – 1803), Dichter; großer Förderer junger Talente, protegierte Bürger in seiner Frühzeit 46 K. 67. 67 K.

Goeckingk, Sophie Philippine Marie v. geb. Vopel (1745 – 1781), 1. Frau von L. F. G. v. G.; das ‚Nantchen' in den „Liedern zweier Liebenden" 36 K.

Goeckingk, Leopold Friedrich Günther (1748 – 1828), Dichter, Herausgeber des Musenalmanachs und des Journals von und für Deutschland. Preußischer Amtmann in Ellrich am Harz. Bekleidete später hohe Ämter in Preußen 7 K. 28 K. 36 K. 69 K. 84. 84 K. 88 K.
- Journal von und für Deutschland 69 K. 84 K. 88 K.
- Lieder zweier Liebenden (1777) 36 K.

Göttingen
- Hotel Krone von England 46. 46 K.
- Marktplatz 80.
- Ratsapotheke 80.
- Restaurant Zur Sonne 82.
- Schnaps-Conradi 82 K.
- Schwarzes Brett der Universität 3.
- Theaterspiel 49. 49 K. 52.
- Universitätsapotheke 80.
- Wall 66.

Goeze, Johann Melchior (1717 – 1786), Theologe, Hauptpastor zu Hamburg, Lessings Widersacher im ‚Fragmentenstreit' 11 K. 25.

Gramberg, Gerhard Anton (1744 – 1817), Arzt in Oldenburg, Schriftsteller; Freund Bürgers 49 K.

Gravenreuth, K.[arl?] Fr.[iedrich?] Frhr. v., Oberst, 1789 Subskribent der Gedichte 89.

Große, Johann Christian (1746 – 1836), aus Leipzig, Verlagsbuchhändler in Stendal (zusammen mit s. Schwiegersohn Daniel Christian Franzen); arbeitete gelegentlich mit Dieterich zusammen 83.

Habakuk, biblischer Prophet; hier Kosewort für J. C. Dieterich 41. 41 K.

Hachfeld, Johann Levin (1748? – 1828), und Familie, Bedienstete bei Dieterich und Lichtenberg bis Ostern 1782 (über Gang und Gründe der Entlassung vgl. Lichtenbergs Briefe an Dieterich, 9./10.4.1782) 22 K. 55.

Hagenbruch, Paul Georg (*1745; = d. Ä.?), aus Mühlhausen, Kaufmann in Langensalza. Schrieb 1774 e. dramat. Idylle ‚Christnacht unter d. Schäfern'. 1778 u. 1789 Subskribent auf Bürgers Gedichte 23.

Halberstadt, säkularisiertes Bistum, seit 1648 preuß. Fürstentum 3 K.

Hamburg 7 K. 23. 24. 24 K. 49. 70. 91. 91 K.

Hannover 19. 23. 27. 27 K. 33 K. 56. 59. 59 K. 70. 74. 75. 75 K. 84 K. 86 K. 88. 88 K.

– Londonschenke (Stadt London) 75.

Hannover, welfisches Herzogtum; nach Erwerb der 9. Kur 1692 umbenannt in Kurfürstentum Braunschweig-Lüneburg 3 K.

Hardegsen, Dorf ca. 20 km nordwestl. von Göttingen am Solling 78 (hier gemeint aber wohl: Harste).

Hardenberg (-Reventlow), Karl August Graf v. (1750 – 1822), 1778 hannoverscher, 1782 braunschweig. Kammerrat, 1790 Minister in Ansbach-Bayreuth, 1810 Staatskanzler in Preußen. Verheiratet in erster Ehe 1774 – 1787 mit Christiane v. Reventlow 3 K. 54.

Harste, kurbraunschweig. Dorf mit Domäne u. Amtssitz ca. 8 km nordwestlich von Göttingen 78. 78 K.

Harvesse, Dorf bei Braunschweig 78 K.

Harveste s. Harste

Heidelberg 6.

Heiligenstadt, Hauptort des damals kurmainz. Eichsfeldes, 35 km südöstl. von Göttingen auf dem Weg nach Gotha/Weimar 1 K. 46. 47.

Helgoland, damals dänisch 24 K.

Hering, Ernst Christian (1728? – 1794), Buchbinder in Göttingen (Pauliner Str. 12) 23.

Herzog, s. Sachsen-Weimar; s. Braunschweig

Heydenreich, Karl Heinrich (1764 – 1801), Dichter und philosophischer Schriftsteller, Professor der Philosophie in Leipzig 95. 95 K.

– Betrachtungen über die Philosophie der natürl. Religion 95. 95 K.

Heyne, Christian Gottlob (1729 – 1812), Altertumswissenschaftler, Professor der klassischen Philologie in Göttingen, Direktor der Bibliothek, Sekretär der Sozietät (Akademie) der Wissenschaften. Der heimliche Lenker der Göttinger Universität 3. 3 K. 35 K. 84. 84 K. 85.

Himburg, Christian Friedrich (1733 – 1801), Berliner Verleger und Nachdrucker; bekannt u. a. durch seinen Raubdruck von Goethes Werther (1. Fassung) 6. 6 K. 35. 35 K.

Höh, um 1781 Drucker bei Dieterich 22 K.

Hofgeismar, hess. Stadt ca. 25 km nördl. von Kassel; schon damals Kurort. Von Bürger 1778 zur Kur besucht 26.

Hohnstein, Grafschaft im nördl. Thüringen, südöstlich vom Harz 85 K.

Holberg, Ludvig von (1684 – 1754), dän. Dramatiker
- Der politische Kannegießer 75 K.
Homeros (9. Jhdt. v. Chr.) 60. 84 K.
- Übersetzung der Ilias 22. 22 K. 24. 60. 84 K.
Hosius Pomposius, Bürgers ‚Kriegsname' gegenüber Dieterich und Philippine Gatterer 4. 12.
Hufeland, Gottlieb (1760 – 1817), Jurist, Professor in Jena; Herausgeber der Allgemeinen Litteraturzeitung 95. 95 K.
- Lehrsätze des Naturrechts (1790) 95. 95 K.
- Versuch über den Grundsatz des Naturrechts (1785) 95. 95 K.
Huntemann, Johann Diederich Simon (1726 – 1798), Kaufmann vor dem Steintor in der Altstadt von Hannover 88 K.
Isengrimm, der Wolf im Reineke Fuchs; hier J. C. Dieterich 50.
Jacob, Ludwig Heinrich (1759 – 1827), Philosoph, Professor in Halle. 1806 in russ. Diensten; dort geadelt
- Beweis für die Unsterblichkeit der Seele (1790) 95. 95 K.
Jacobus, Apostel 11 K.
Jena, Sachsen-Weimarische Universitätsstadt in Thüringen 89 K.
Jordan, Gottfried (1733? – 1814), Rats-Apotheker in Göttingen; legte den Nachlaßverwaltern bei Bürgers Tod noch eine Rechnung seit 1773 in Höhe von 313 Talern 8 Groschen 4 Pfennigen vor 31 K. 80 K. 87 K.
Johannes, Apostel 11 K.
Joseph, der zwölfte Sohn Jakobs 35.
Kästner, Abraham Gotthelf (1719 – 1800), Göttinger Professor der Mathematik und Physik, gefürchteter Epigrammdichter; Lehrer von Lichtenberg 1. 27. 27 K. 41. 51. 52. 73. 88.
- Beiträge zum Musenalmanach (1779) 1 K.
- Beiträge zum Musenalmanach (1781) 41 K.
- Beiträge zum Musenalmanach (1782) 51 K.
- Beiträge zum Musenalmanach (1786) 88 K.
- Gedicht an die Königin von England 67 K.
Kamtschatka, Halbinsel im Nordosten von Sibirien 46 K.
Kant, Immanuel (1724 – 1804) 95.
Kassel, Residenz der gleichnamigen hess. Landgrafschaft, 45 km südwestl. von Göttingen 52. 59 K.
Kellner, Karl Ludwig Gottlieb (16.9.1784 – 15.11.1784), Lichtenbergs wohl erster Sohn 85 K.
Kellner, Margarete Elisabeth (1768 – 1848), Göttinger Blumenverkäuferin aus Nikolausberg, Lichtenbergs Geliebte (seit 1789 Ehefrau) 85. 85 K.

Kindleben, Christian Wilhelm (1748 – ca. 1785), Theologe und Landprediger; nach dem gescheiterten Versuch, sich in Wittenberg zu habilitieren, liegt s. Leben fast völlig im Dunkeln
– Studenten-Lexicon (1781) 7 K. 12 K. 35 K. 46 K. 51 K. 61 K. 76 K.
Klein, Anton v. (Bürger schreibt Kleins) (1748 – 1810), Exjesuit, Professor in Mannheim 23.
Klinger, Friedrich Maximilian (1752 – 1831), Dichter des Sturm und Drang (sein Drama gab der Epoche den Namen); später russ. Generalmajor 6 K.
Klockenbring, Friedrich Arnold (1742 – 1795), Beamter in Hannover, Redakteur des Hann. Magazins 56 K.
Klopstock, Friedrich Gottlieb (1724 – 1803) 48 K.
– Gelehrtenrepublik (1774) 1 K.
– Ein gewisser Umstand 6 K.
Koch, Johann Georg Christoph, Bereiter in Celle, Stallmeister ebd. 1790 bis nach 1802, Übersetzer 45. 45 K.
– Gibsons Abhandlung von den Krankheiten der Pferde 45. 45 K.
Köhler, Christiane Luise Sophie (*25.7.1782), Dieterichs Enkelin 64. 64 K.
Köhler, Johann Christian Friedrich (1751? – 1787), Schwiegersohn Dieterichs u. bis zu seinem frühen Tod dessen Mitarbeiter 44. 50. 59. 68.
Köhler, Luise Sophia Henriette, geb. Dieterich (1757 bis nach 1816), Tochter von J. C. Dieterich 1 K. 7 K. 9. 9 K. 70. 79. 79 K.
Königin s. England, Sophie Charlotte
König s. Preußen
Kospoth, Karl Alexander Frhr. v.(*1769), aus Mühltrof/Voigtland; stud. 1785 – 1788 Jura in Göttg., dort notorisch als Tunichtgut u. Schuldenmacher. Später Kammerherr; in Rußland verschollen. 92. 92 K.
Kospoth, Johanne Henriette Eleonore v., Tochter des Thilo Lebrecht v. Uslar (1775 – 1797), Frau des Vorigen seit 1788, geschieden ca. 1795, wiederverheiratet mit dem Reichsgrafen F. A. B. v. Hardenberg. Starb im Kindbett 92. 92 K.
Krüger, Johann Christian (1722 – 1750), Lustspieldichter
– Herzog Michel (1757) 46 K. 54 K.
LaRoques de Maumont, Jacques Emanuel (1717 – 1805), Prediger der Hugenottengemeinde in Celle, Professor am dortigen Gymnasium, Hrsg. eines Gesangbuches, das bei Dieterich erscheinen sollte 69. 69 K. 75. 91 K.
Langendorf, Dorf südl. von Weißenfels (heute Vorort) in Sachsen; Wohnsitz von Bürgers Schwester Müllner 27. 67. 89. 89 K.
Langensalza, Stadt in Thüringen ca. 95 km südöstl. von Göttingen 23.

Lavater, Johann Kaspar (1741 – 1801), Zürcher Pfarrer, Verf. zahlreicher mystisch-religiöser und physiognomischer Schriften. Kontrahent Lichtenbergs 39 K.
– Physiognomische Fragmente (1774 ff.) 39. 39 K.
Leine, Fluß, an dessen Lauf Göttingen (dort nur wenige Meter breit) und Hannover liegt 44.
Leineberg, landesherrliches Gericht westl. von Göttg. 72 K.
Leipzig, Hauptstadt des Kurfürstentums Sachsen; durch die Buchmesse (alljährl. nach Jubilate) seit dem 18. Jhdt. Zentrum des dt. Buchhandels 6. 6 K. 22. 36 K. 43 K. 49 K. 52 K. 62 K. 74. 89.
Leonhart, Cäcilia Elisabeth Antoinette (1726 – 1790), Bürgers Schwiegermutter, Stiefmutter von Dorette und Molly Bürger, Schwester der Mutter 8. 8 K.
Leonhart, Ernst Karl Joseph (1750? – 1781), Sekretär und Justitiar in Wrisbergholzen, Schwager Bürgers 3. 59.
Leonhart, Bruder von Johann Karl Leonhart 3. 3 K.
Leonhart, Georg Heinrich (1760 – 1822) Sohn von Johann Karl Leonhart, Fähnrich in Münster 3 K.
Leonhart, Johann Karl (1720 – 1777), Amtmann in Niedeck, Bürgers Schwiegervater 3. 3 K. 59. 61.
LeSage, Alain Rene, (1668 – 1747), französischer Dichter und Advokat, trat u. a. mit einer Übersetzung von Alemans „Guzman von Alfarache“ und vor allem mit dem Roman „Gil Blas de Santillane“ 1715 – 1735 hervor 35 K.
– Gil Blas 35. 35 K.
Leß, Gottfried (1736 – 1797), Theologe, Professor in Göttingen 15 K.
Lessing, Gotthold Ephraim (1729 – 1781) 1 K. 8 K. 11. 11 K. 25.
– Anti-Goeze (1778) 25 K.
– Axiomata (1778) 11. 11 K. 25 K.
– Parabel (1778) 11. 11 K. 25 K.
– Wolfenbütteler Beiträge (1777) 11. 11 K.
Lichtenberg, Georg Christoph (1742 – 1799) 9 K. 12 K. 15. 15 K. 16. 16 K. 17. 20. 24 K. 30 K. 31 K. 35 K. 36 K. 38. 41 K. 43. 43 K. 44 K. 46. 59. 59 K. 62 K. 63 K. 69 K. 70. 80 K. 85. 85 K. 88. 90. 91 K.
– An die liederliche Thais 67 K. 68. 68 K.
– Avertissement (im Namen von Philadelphia) (1777) 20. 20 K.
– Duschcantate 39 K. 75. 75 K. 79. 79 K.
– Epigrammensalz 67.
– Gedicht 37.
– Göttinger Taschen Calender (Taschenbuch zum Nutzen und Vergnügen) 38 K. 46 K.

– Göttingisches Magazin der Wissenschaften und Litteratur (1780 – 1784) 7 K. 39. 39 K. 48. 48 K. 67 K. 84. 84 K.
– Die Hexe, die ich meine (1779) 42.
– Melle! – den Pegasus 74 K.
– Opim und Nachbar Seip 67 K. 68. 68 K.
– Der Reimer Knauf 88 K.
– Zank mit Hymen. Bei Phrynens Vermählung 37 K.
Lichtenberg, Margarete Elisabeth s. Kellner 85. 85 K.
List, Gottlieb Christoph Heinrich (1752 – 1821), Jurist aus Göttingen, Bürgers Amtsnachfolger u. später Univ.-Prokurator. Anonymer Verf. der satir. „Beiträge zu e. Statistik von Göttingen" (1785) 86 K.
Listn, Ernst Ferdinand (gest. vor 1798), Bürgers Amtsvorgänger 1742 – 1767 und Gönner; haltlos dem Trunke ergeben, nutzte er später die Gutmütigkeit Bürgers aus und riß ihn mit in seinen Konkurs 26 K.
Lüdicke, Drucker bei Dieterich 22 K.
Lübeck 24.
Lücke, Jürgen Heinrich, Elderhorsts Kutscher 75 K.
Lüers, Anna Elisabeth, geb. Nolten, von Bürger 1781 als Dienstmagd empfohlen (ist aber 1783 noch in Bremke bezeugt) 55.
Lüers, Johann Jürgen, Ehemann der Vorigen, Bedienter bei Bürger 55.
Macbeth, s. Bürger; s. Shakespeare. 59. 59 K. 60. 61. 67. 67 K. 91.
Mackensen, Wilhelm Friedrich August (1768 – 1798), Schriftsteller und Philosoph, Verf. von „Letztes Wort über Göttingen" (1792) 92 K.
Macpherson, James (1736 – 1796), englischer Gelehrter; veröffentlichte die von dem angeblich keltischen Sänger der Vorzeit, Ossian, gedichteten (von ihm selber geschriebenen) Gesänge 35. 35 K.
Magdeburg, damals wohl wichtigste preuß. Festung 23.
Mannheim 23.
Marburg, hess.-kasselsche Landesuniversität 46.
Marsy, Claude Sixte Sautreau de (1740 – 1815), franz. Schriftsteller, Hrsg. des Almanac de Muses 1765 – 1789 (nach anderen bis 1793)
– Almanac de Muses 55 K. 57 K.
Mathieu, Heinrich Friedrich Leopold (1750 – 1778), Porträtist und Gesichtsmaler, der in Göttingen starb, als er gerade für Gleims Musentempel Göttg. Professoren malte 9. 9 K.
Meinberg, Kurort in der Grafschaft Lippe, 40 km südöstl. von Bielefeld 86. 88. 88K.
Meiners, Christoph (1747 – 1810), Philosoph und Anthropologe, seit 1775 schreibfreudiger Philosophieprofessor in Göttingen 95. 95 K.
– Philosophische Bibliothek 95. 95 K.
Meisch, David Christian, um 1777 Drucker bei Dieterich 22 K.

Melle, Dieterichs Kutscher in Göttingen 74. 74 K. 75.
Mejer, Luise (1746 – 1786), Brieffreundin, später Gattin H. C. Boies 46 K.
Merck, Johann Heinrich (1741 – 1791), Dichter, Schriftsteller; aus Darmstadt; sachsen-weimarischer Kriegsrat 12 K. 46 K.
Mereau, Sophie geb. Schubert (1761 – 1806), Dichterin, Redakteurin
– Göttinger Musenalmanach 7 K.
Mesach, einer der biblischen Gefährten Daniels (vgl. Abednego); hier Spitzname Elderhorsts 14. 14 K.
Meyer, Friedrich Ludwig Wilhelm (1759 – 1840), Prof. 88. 88 K.
– Beiträge zum Musenalmanach (1786) 88 K.
Michaelis, Lotte s. Dieterich 92 K.
Müllner, Friederike Philippine Louise (1751 – 1799), Bürgers Schwester, verh. mit H. A. Müllner 27. 67. 82. 89 K. 93. 93 K.
Müllner, Heinrich Adolph (†1803), Bürgers Schwager, Amtsprokurator zu Langendorf bei Weissenfels 93.
Münchhausen, Karl Friedrich Hieronymus v. (1720 – 1797), der Lügenbaron, s. unter Bürger.
Münchhausen, Ludwig Friedrich v. (1758 – 1827), Auditor an der Justizkanzlei zu Hannover, 1809 Maire von Braunschweig, 1814 Oberkammerherr ebd. 74.
Münster 5. 24. 39.
Münter, Friedrich Christian Karl Heinrich (1761 – 1830), dän. Theologe, Bischof von Seeland; studierte Winter 1782 bis Sommer 1783 in Göttig.; als Freimaurer wie B. in der Loge zum Goldenen Zirkel 79.
Musäus, Johann Karl August (1735 – 1787), Theologe, dann Pagenhofmeister und Gymnasiallehrer in Weimar. Seinerzeit beliebter Schriftsteller (Volksmärchen der Deutschen 1782 – 1786) 39 K.
– Physiognomische Reisen (1778 f.) 39. 39 K.
Nachbar Seip s. Lichtenberg (Epigramm) 67 K. 68. 68 K.
Nantchen, s. Goecking 36 K.
Neumann, Hoftischler in Hannover 88 K.
Nicolai, Christoph Friedrich (1733 – 1811), Schriftsteller, Verleger und Redakteur in Berlin 32 K.
– Allgemeine Deutsche Bibliothek 32. 32 K. 34. 34 K.
Nicolai, Johann David, in Bremen 24. 24 K.
Niedeck, kurhannoversche Domäne und Gericht am nördl. Rand des Gartetals zwischen Wittmarshof und Wöllmarshausen; Amtssitz von Johann Karl Leonhart. 1775 Bürgers Wohnsitz 18. 33.
Obernjesa, kurbraunschweig. Dorf ca. 10 km südl. von Göttingen 72.
Oppermann, Heinrich August Ottokar (1812 – 1870), Buchbindersohn aus Göttingen; Jurist, Abgeordneter 92 K.

Ossian, erfundener keltischer Sänger 35. 35 K.
Paderborn 89.
Pape, Johann Friedrich Wilhelm v. (1720 – 1790), Hauptmann in Hevensen bei Northeim, als Licent-Commissar zuständig u. a. für das Gericht Gleichen 78.
Pauer, Friedrich, Hofgerichtsauditor, später Kanzleirat zu Hannover, ungarischer Abkunft, hatte in Leipzig und seit 1770 in Göttingen studiert; führte seit 1782 als Nachfolger Bürgers die Leonhardtsche Kuratel 70. 71. 74. 86. 87. 88 K.
Pegasus, das geflügelte Dichterroß der griech. Mythologie 16.
Pfeffel, Gottlieb Konrad (1758 – 1823), Gründer und Leiter einer akademischen Lehranstalt (gen. Kriegsschule) in Kolmar, Dichter poetischer Fabeln und Erzählungen 39. 39 K. 88. 88 K.
– Beiträge zum Musenalmanach (1780/1781) 39 K.
Philadelphia, Jakob (1735 bis nach 1795), Gaukler 20. 20 K.
Platner, Ernst (1744 – 1818), Mediziner, Professor in Leipzig 95. 95 K.
– Neue Anthropologie für Ärzte u. Weltweise (1772 – 1774) 95. 95 K.
Plenck, Jakob Josef v. (1738 – 1807), Arzt, Chemiker und Botaniker in Wien, dann Professor in Budapest 43 K.
– Von der Krankheit der Haut (1777) 43.
Potiphars Weib, bibl. Gestalt, wurde beim Versuch, ihn zu verführen von Joseph verschmäht, klagte ihn an 35. 35 K.
Preußen, Friedrich II. König von (1713 – 1786) 19 K. 67. 67 K.
Pütter, Johann Stephan (1725 – 1807), Göttinger Jurist. Bedeutendster Staatsrechtler seiner Zeit 3. 3 K.
Pyrmont, Waldecksche Residenz 20 km südwestl. von Hameln; schon damals sehr beliebter Kurort in Norddeutschland 88. 88 K.
Reike (?), Angestellter (Drucker?) bei Dieterich 22 K.
Reimarus, Hermann Samuel (1694 – 1768), Lehrer der oriental. Sprachen in Hamburg; entfachte mit seinen kritischen Untersuchungen zur Bibel und zum Leben Jesu postum den theologischen Streit zwischen Lessing u. dem Hamburger Hauptpastor Goeze 11 K.
– Fragmente eines Ungenannten (1777) 11. 11 K. 25 K.
Reinhard, Karl (v.) (1769 – 1840), Schriftsteller, Redakteur; 1. Hrsg. von Bürgers Nachlaß 84 K.
– Göttinger Musenalmanach 7 K.
Reinhausen, kurbraunschweig. Dorf 9 km südöstl. von Göttingen an der alten Straße über Bremke nach Heiligenstadt 46.
Reinhold, Karl Leonhard (1758 – 1823), Philosoph, Professor in Jena und Kiel 95. 95 K.
– Über die Schicksale der Kantischen Philosophie (1789) 95. 95 K.

Riepenhausen, Ernst Ludwig (1762! – 1840), Universitätskupferstecher in Göttingen, Illustrator. Fertigte u. a. die Kopien der Hogarth-Blätter für Lichtenbergs Erklärungen. Lt. Oppermann (Hundert Jahre 1870) um 1792 Bürgers Hausgenosse 17 K. 90. 92 K.
– Nachstiche der Chodowiecki-Illustr. zu Bürgers Gedichten 17 K.
– Porträt Bürgers 17 K.
Rintel, Moses (1769 bis nach 1814), Jude aus Hamburg, in Göttingen als Stiefsohn des Abr. Jeremias bloß geduldet; Graveur, Schriftsteller. Nahm 1809 bei der Emanzipation im Königreich Westfalen den Namen Fontaine an. 1816 nicht mehr genannt
– Versuch e. skizzierten Beschreibung von Göttingen (1794) 93 K.
Rollenhagen, Georg (1542 – 1609), Schulrektor in Magdeburg
– Froschmäuseler 49. 49 K.
Rothhausen, Postsekretär in Aurich 24. 24 K.
Rothmann, Johann Nepomuk (1752 – 1811), Artillerieleutnant, später Hauptmann, in Münster. Auch als Dichter hervorgetreten (Operette „Das Blendwerk“ 1781) 39. 39 K. 43 K.
Rottmann, Heinrich August, Hofbuchhändler in Berlin, Verleger 96 K.
Roque, Pastor s. LaRoques de Maumont 69. 69 K. 75. 91 K.
Ruhländer, Johann Hermann (1727 – 1802), Traiteur und Weinschenk („König von Preußen“) in Göttingen 47.
Sachsen (Cour Sachsen) 52.
Sachsen-Weimar, Anna Amalia Herzogin von (1739 – 1807) 46 K.
Sachsen-Weimar, Karl August Herzog v. (1757 – 1828) 46. 46 K.
Sächsisches Mädel 49.
Sadrach, hebräischer Name (der Fleißige), einer der drei Gefährten Daniels (vgl. Abednego); Spitzname Dieterichs 14. 14 K. 43. 43 K.
Sander, Johann Karl (1749? – 1798), Seit 1778 Universitäts-Apotheker in Göttingen 80 K.
Saul, israelitischer König 64.
Sautreau de Marsy, s. Marsy
Scharf, Johann Henrich (1723 – 1781), Tuchfabrikant in Göttingen (Scharfs Mühle in Weende), subskr. 1778 Bürgers Gedichte 23.
Scharnebeck, Ort mit Amtssitz 8 km nordöstl. von Lüneburg; Wohnsitz des Drosten von Uslar 23.
Scheller, Immanuel Johann Gerhard (1735 – 1803), Lexikograph 85.
– Schulbuch 85 K.
Schernhagen, Johann Andreas (1722 – 1785), Geheimer Kanzleisekretär in Hannover; Freund Lichtenbergs 46 K.
Scheufler, Paul Henrich (1725 – 1797), Amtmann des damals hessischen Amtes Neuengleichen, in Wittmarshof 14 K. 39. 85.

Schiller, Friedrich v. (1759 – 1805) 66 K. 88 K.
Schmid, Christian Heinrich (1746 – 1800), Professor der Dichtkunst in Gießen, Hrsg. des (Leipziger) „Almanachs der Dt. Musen" 43 K.
Schmidt, Michael Ignaz (1736 – 1794), Archivdirektor in Wien 81. 81 K.
– Geschichte der Teutschen 1778 ff. 17 Bde. 81. 81 K.
Schoeneyan, Hermann Karl (1758 – 1814), Jurist aus dem Braunschweigischen, zuletzt Friedensrichter in Wolfenbüttel. Verfaßte historische und juristische Werke sowie Gelegenheitsgedichte 37.
Schröder, Friedrich Ludwig (1744 – 1816), Schauspieler, Theaterprinzipal 23. 24.
Schütte, Daniel, Kaufmann in Bremen, Bürgers Weinlieferant 52 K.
Schummel, Johann Gottlieb (1748 – 1813), Schulmann und Romancier, seit 1771 Lehrer in Magdeburg 23.
Schwarze, Sophie geb. Becker (1754 – 1789), Pfarrerstochter aus Kurland, Freundin Elise v. d. Reckes
– Briefe einer Kurländerin (1790/91) 85 K.
Schwickert, Engelhard Benjamin (1741 – 1825), Verleger in Leipzig 55.
– Almanach der Deutschen Musen 43 K. 55.
Seckendorff, Karl Sigmund Frhr. v. (1744 – 1785), Dichter, Komponist, Beiträger zum Musenalmanach 37. 37 K.
Seehoff, Johann Christian Ludwig (1751 – 1805), Pfarrer der Uslarschen Patronatspfarren Bremke (1782 bis 1791) und Groß-Lengden 68 K.
Seip, Figur eines Epigramms von Lichtenberg 68 K.
Sennickerode, Domäne der Familie von Uslar-Gleichen, 2 km südl. von Gelliehausen 73. 78. 79.
Sennickeröder s. Th. L. H. A. v. Uslar (1748 – 1814) und dessen Familie 67 K. 73. 79.
Shakespeare, William (1564 – 1616)
– Macbeth 59. 59 K. 60. 61. 67. 67 K. 91.
Sieboldshausen, Dorf 7,5 km südwestl. von Göttg.; damals ungeschlossenes Uslarsches Patrimonialgericht 72. 72 K.
Siedenburg, Licentiatus in Lübeck 24.
Sprengel, Matthias Christian (1746 – 1803), Prof. der Philosophie und Geschichte in Göttg. und Halle. Studienfreund Bürgers 21. 33.
Sprickmann, Anton Matthias (1749 – 1833) Jurist in Münster; preuß. Regierungsrat u. Professor; Schriftsteller. Freund Bürgers 1 K. 4 K.
Stäudlin, Gotthold Friedrich (1758 – 1796), Tübinger Student der Rechte, Almanachsredakteur
– Schwäbischer Musenalmanach 55 K.
Stechard, Marie Dorothea (1765 – 1782), Göttinger Blumenverkäuferin, Geliebte Lichtenbergs 63 K. 67 K. 85 K.

Stendal, Stadt in der Altmark; Heimat von Dieterich 83.
Stöcker, Johann Gottlieb, Faktor der Dieterichschen Druckerei wenigstens von 1774 bis 1782, 11. 11 K. 17. 21. 22 K. 23. 24. 66.
Straßburg 1 K.
Strecker, Franziska Elisabeth (1753 – 1831), Tochter der Amtmännin Leonhart aus erster Ehe 85 K.
Strecker, Wilhelmine Josephine, gen. Minna (1763 – 1807), Schwester der F. E. S., später verheiratet mit dem Amtsschreiber St. Joh. Heinr. Nanne (1762 – 1820) zu Bissendorf 85 K.
Strodtmann, Johann Christoph (1717 – 1756), Schulmann, Lexikograph
– Idioticon Osnabrugense (1756) 84 K.
Sturz, Helferich Peter (1763 – 1779), eigentl. Stürz, Schriftsteller aus Darmstadt. Beamter in dänischen Diensten; 1772 nach dem Sturz Struensees entlassen, zuletzt in oldenburgischen Diensten 2. 2 K.
– Erinnerungen aus dem Leben des Graf v. Bernstorff (1777) 2. 2 K.
Tesmer, Johann Jakob Matthias (1746? – 1818), Möbeltischler in Hannover 88 K.
Thaïs, griech. Hetäre. s. Lichtenberg (Epigramm) 67 K. 68. 68 K.
Tychsen, Thomas Christian (1758 – 1834), Theol.-Prof. in Göttg. 35 K.
Unger, Friedrich Gottlieb (1753 – 1804), Verleger in Berlin 28 K.
Uslar, Georg Friedrich Leo (1750 – 1812), 1775 Drost zu Scharnebeck bei Lüneburg; Bürger wohlgesonnen 23.
Uslar, Johann Georg v. (1744 – 1810), Hof- und Kanzleirat in Hannover, Sohn des A. H. v. Uslar; war Bürger wohlgesonnen 84. 84 K.
Uslar, Karl Wilhelm August v. (1722 – 1789), Generalmajor, seit 1775 Senior der Familie 45. 59. 84. 84 K.
Uslar, Luise Wilhelmine Philippine v. (1739 – 1794), Gemahlin des Thilo L. H. A. v. Uslar, geb. v. Westernhagen 79. 79 K.
Uslar, Thilo Leberecht Heinrich Amadeus v. (1748 – 1814), Hauptmann a. D.;Licent-Commissar in Sennickerode 67 K. 73. 79. 79 K. 86.
Velthusen, Johann Peter (1743 – 1803), hannoverischer Beamter, Redakteur des „Hannoversches Magazins“ 56 K.
Voß, Christian Friedrich (1722 – 1795), Verleger in Berlin 96 K.
Voß, Johann Heinrich (1751 – 1826), Dichter, Übersetzer und Schulmann; Mitglied des Hainbundes. Als Almanachherausgeber Bürgers Konkurrent. 7 K. 48. 48 K.
– Göttinger Musenalmanach 7 K.
– Tausend und Eine Nacht 48 K.
Wangenheim, Georg August v. (1735 – 1796), Generalmajor in kurhannov. Diensten. Subskribent der 1. Ausg, von Bürgers Gedichten 51.
– Manuskript 51.

Weimar 23.

Weiß, Friedrich Wilhelm (1744 – 1826), Dr. med. aus Göttingen, Leibarzt des Landgrafen Emanuel von Hessen-Rothenburg; geschätzter Komponist zahlreicher Lieder Bürgers und anderer Musenalmanachsbeiträger 29.

Weißenfels, Städtchen in Thüringen 27. 67.

Wekhrlin, Wilhelm Ludwig (1739 – 1792), schwäbischer Publizist. 84 K.
– Das graue Ungeheuer (1784 – 1787) 84 K.

Weygand, Johann Friedrich (1743? – 1806), Buchhändler in Leipzig, Verleger von Boies „Deutschem Museum" 12. 12 K. 43. 43 K. 55 K.

Wiedemann, Johann Friedrich Philipp (1747? – 1827), Kaufmann in Hannover 88 K.

Wieland, Christoph Martin (1733 – 1813) 1 K.

Wilhelmi, Johann Conrad (1738 – 1804), Hofjuwelier und Galanteriewarenhändler in Hannover 70.

Wilna, Universitätsstadt in Litauen (damals Russisch-Polen) 84 K.

Winter, Dr. med., in Borken (im Subskribentenverzeichnis: Winters) 24.

Wittmarshof, hess. Amt im Gartetal, 4 km westl. von Wöllmarshausen am nördl. Fuße der Gleichen; Scheufler war dort Amtmann 39.

Wolfenbüttel, Welfenresidenz bei Braunschweig 11 K. 23. 55.

Wöllmarshausen (Bürger: „Wöllmershausen"), kurbraunschweig. Dorf 16,5 km südöstl. von Göttg. im Gartetal; B.s Wohnsitz 1775 – 1779.

Wrisbergholzen, Dorf mit Patrimonialgericht, 10 km nordöstl. von Alfeld; Amtssitz von B.s Schwager 33. 33 K.

Wundt, Karl Kasimir (1744 – 1784), Student in Göttingen, später Kirchenrat in Heidelberg 6.

Zaremba, Michael Konstantin von (1711 – 1786), auch Kalinova-Zaremba; polnischer Generalleutnant; Gestalt eines Epigramms über ihn von v. Einem 19. 19 K.

Zedlitz, Karl Abraham v. (1731 – 1793), preußischer Staatsminister, Chef des Konsistoriums und geistlichen Departements 9.

Zimmer, Johann Friedrich, um 1777 Drucker bei Dieterich 22 K.

Zimmermann, Johann Georg (1754 – 1829), Kandidat der Theologie in Gießen (nicht Marburg); Subkonrektor und später Rektor am Pädagogium Darmstadt. Bruder von Lichtenbergs Schulfreund Christian Heinrich Z. und wie dieser Beiträger zum Musenalmanach 46.

Zwanziger, Johann Christian (1732 – 1808), ungarischer Mathematiker und Philosoph, Antikantianer 95.
– Kommentar zu Kants Kritik der Reinen Vernunft (1792) 95. 95 K.

# Wort- und Sachregister

Da in dem folgenden auswählendem Index größtenteils im Kommentar Erläutertes erfaßt ist, ist das sonst auf diesen verweisende ‚K' unterblieben.

abbrechen 23.
abgemattet 86.
abtrollen 6.
ad protocolla commissionis 84.
Adamskind, poetisches 66.
Adies 6. 9. 10. 13. 15. 30. 38.
Affektion 9.
Akkord 91.
akkordieren 45. 93.
alldieweilen 38.
Allerweltsteufelszeug: 27.
Almanach: -ler 56; -shonorarium 32.
Alphabet 80.
Amtssporteln 85.
Ananas 43.
Anzeigen 1. 4.
apostolischer Gruß 33.
Arcilochium 94.
Arkanum 66.
Ars(ch): – anleimen 33; Hans Ars 19. 65; Hummeln im – haben 89; im – sein 73; – lecken 30. 32. 33; – reimen 29; – verschließen 31; – wackeln 12; – wischen 9. 15. 33; Arsback 42.
Aspekten 32.
Assignation 43. 70. 71. 93.
auf die letzte 21.
aufpurren 62.
ausgekotzt 54.
Aushängebogen 25. 29.
aushunzen 30. 46. 75.
Auster 61. 69.
auszehrendes Fieber 86.
avancieren 91.
Ave Maria 61.
Avertissement 9.
Bad der Wiedergeburt 5.
bammelt 44.
Bateillen 83.
Bauerndreck 55.
Baumöl 52.
Bämmelei 84.
behofieren, 4. s. hofieren
Behuf 7. 79.
bei mit Akkusativ 32.
Bergere 88.
besalvaveniaren 9.
bescheißen 10; beschissen 3. 6. 12.
beschnobern 80.
beseichen 61.
Bettel 10. 61. 83; -tanz 4.
Bettsponde 88.
Bibel: 1. Mos. (39) 35; (37) 84; 3. Mos. (9, 15) 84; (16, 21 f.) 1; Ester (6, 8 – 4) 66; Richter (1, 7) 1; 1. Sam. (10, 11) 64; Ezechiel (30, 16) 40; Psalm (137, 8) 1; – (136) 83; Jesaias (9, 15) 35; – (26,13); Daniel 1, 5 f. 14; Drachen zu Babel (32) 41; Matthäus (18,6) 59; – (25,37) 91; Matthäus (25, 40) 1; Markus (10, 51) 35; Lukas (1,26) 44; – (14, 23) 45; Johannes (20, 16) 35; Paulus (an Titus) 5; 1. Kor. (5, 8) 54;

(7, 36) 85.
billiger 28.
blöd 75.
Bocksbeutelkomödie 51.
Bogen 5. 6. 7. 8. 9. 10. 12. 17. 19. 27. 28. 30. 35. 36. 37. 42. 51. 52. 77. 81; Almanach- 79; Aushänge- 25. 29; Korrektur- 7. 16. 69; Revisions- 7. 8. 11. 13. 16. 18. 21. 22. 67. 75.
Bons dies 2.
Borstorfer Äpfel 82.
Bote 1. 5. 6. 19. 29. 35. 45. 47. 48. 55. 56. 64. 71. 73. 75. 76. 79. 80. 83. 87.
Bouteillen 70.
Böcke geschlachtet 84.
Brand 45.
Bruder Studio 85.
Brüche (Rechtsterminus) 85.
Bubenstück 84.
Buch (Zählmaß) 80.
Buch 11.
bummelt 44.
Büreau 88.
Carmen 66.
Caso 32.
Casualcarmina 59. 66.
Cärimente 30.
Chagrin- und Schmerzensgelder 28.
charmant 9. 34 f. 41 f.
Christlichtchen 6.
Chronik 31.
Codille 60.
con gusto 79.
coram 12.
Debit 5.
Deederich 15.
de tout mon coeur 5.
Dieser und Jener 1. 19. 25. S. a. Teufel
Dimission 84.
Direktorium 22.
disgustieren 22. 23.
Distraktion 15.
Druckfehler 11. 28. 29. 67. 92.
Durchlauchten 4. 46.
Emballage 88.
en particulier 61.
Engel 45.
Epigramme 1. 79; -nsalz 67; -nzeug 77.
Erlauchten 4.
Erntebier 81.
Erzscheißer 87.
Ewigkeit 16. 83. 86.
ExAmtmann 86.
exequieren 1.
Extractum Protocolli 84.
Fahrende Post 86.
Faktor 77.
Fave et Vale 26.
Fickfackerei 84.
Fieber s. auszehrendes F.
Fittich 64.
Flott 9. 61.
fodern, erfodern, gefodert etc. 49. 61. 67. 84. 91.
Franzwein 52.
Freiheit, poëtische 85.
Frondienste 81.
Froschmäuseler 49.
Frucht 59. 68.
Furz, furzen, f... 42. 50.
Fuselbrenner 30.
Fuß geküßt 12.
Fürstentum 45.
Galanteriewaren 91.
Gallenfieber 45.
gaudieren 16. 45.
Gaudium 35.
gebenedeieten 61.
Geburtstagsreimerei 79.
Gelag hinein, ins 45.
Geld: 32. 35. 52. 55. 58 f. 61. 70. 83. 86 f. 88. 91. 93. 96; wie Heu 3; baares – 4; vorausgezahlt 22. 25. 27. 35; -beutel 70; -hähnchen 34; -männ-

chen 34; Tasche voll – 22; Trank- 14; Trink- 49
Generalfeldrindvieh 28.
geschissen nicht gemalt 33. 42.
Geschmeis 42.
getrost 5. 45. 51. 64. 71. 73.
gewaschen haben 3. 4. 6. 12.30. 53.
Gold: -käferchen 73. 74. 79; -männchen 75. 79; -würmchen 75; -zuckermännchen 75.
Gomorrisches 1.
greises Linnen 88.
Grimm, gerechter 27. 28.
Halbchäse 76.
Halbscheid 10.
Handwerksgeselle 62.
Hans Affe 60; – Ars 19. 65; – Peter 39; – und Kunz 91.
Hatte-sich-das-Hemd-verbrannt 12.
häkeln 92.
Heil, Nutz und Frommen 2.
Hering 64. 65. 73.
Herzensliebe 88.
Herzogtum 46. 54.
Historietten 46.
Hochgröblichen 45.
hofieren 4; s. a. behofieren.
holländischer Käse 16.
Hombre s. l'hombre
Honorar 33. 67. 91. 98; – für den Almanach 32; – der Beiträger 39; – der Post 61.
honoris causa 57; – et amicitiae causa 60.
Hosenscheißer 2. 3. 4. 6. 7. 9. 12; -us 9.
Hosentrompeter 12. 25. 32.
Hosius Pomposius 4. 6. 12.
Hölle u. Tod 45.
Humoreslehre 54.
Hundeloch 12.
Hundelochsschauspiele 72.
Hundsvott 59. 61. 71.
Hundsvötter 83.
Hundsvötterei 59.
Hypochondrie 88.
infam 46.
inkommodieren 45. 62.
Inkommodität 45. 47.
in continenti 39. 45.
in naturalibus 16.
Interimspost 7.
Interimsschein 41.
Invitationen 33.
Isengrim 50.
Johannes Podex 19.
Johannis 32. 33. 35. 40. 84.
Jubilate 62.
Jubilate-Messe 6.
Jungfernschaft 18.
junkerieren 14.
Justizkanzlei 59.
Kaiserliches Adreß Comtoir 23.
Kaldaunen 4.
Kalenderkantate 75; -liste 67. 80.
Kamtschadalenhütte 46.
Kanaster 52. 68.
Kanehl 52.
Kannengießerpfiff 75.
Kanzleistil 72.
Karbatsche 12.
kavieren 45.
Kindbettfieber 88.
Kindsmordsujet 61.
Kinnkette 4.
Kirchenlied 45.
klaatrig 29.
Kleyland 47.
Klistier 1.
Knabe 13. 22. 31. 35. 40. 41. 45. 46. 55. 61. 97.
Knabuni 35.
Knäbchen 44.
Knicker 51. 68.
Knittel 6; - bei den Hund gebunden 32.
Kollekteurs 1. 11. 12.

Kommissionsdekret 84.
Kommunikata 24.
kommunizieren 22. 45.
Komödie 51. 53. 76.
Komplimonien 30.
kondemnieren 59.
Konditionen 44.
konfiszieren 51.
Kongo (Tee) 52.
Konto 93; -buch 61.
Kontribuenten 78.
konversieren 46.
Kopfbusch 57.
Kopfhänger 63.
Korrektor 7. 11. 28. 30.
Korrektur 64. 65. 66. 74.
Korydonen 9.
kotzen 54.
Kreditores 61.
Kreisel: herumgepeitscht 8. -trillt wie 9.
kreuzweise lecken 30.
Krokodillenpastete 7.
kund und zu wissen 5. 39. 84.
kuranzen 10. 12. 97.
Kuhscheiße/Butter 6. 67.
Küper 52. 75.
Landstraßen und Zäune 45.
Laufzetteldroher 26.
Laus Deo 61.
Lausewenzel 33.
Leibesfrucht 45.
Leibzüchter 50.
Lenden 12. 45.
l'hombre 2. 49. 60. 67. 75. 94.
l'hombrestripserei 9.
Lizentgericht 78.
Lizentkommissar 78.
Lot Fleisch zwischen den Beinen 5.
Luftball 84. 88.
Macisblumen 52.
Madensack 45.
majorenn 59.
Mann im Mond 12.
Matadors 67. 71.
Maulwurfsgesichter 64.
Matzpumpe 5.
Medisançe 31.
Meriten 70.
merkantilisch 48.
méchant 67.
Messe 1. 6. 9. 22. 27. 43. 54. 59. 74. 91..
Meßgelegenheit 67; -geschenke 36; -präsent 49. 50; -waren 39; -zeiten 93.
Michaelis 1. 88.
Michaelismesse 9.
Miete 92.
minorenn 59.
Mores 12.
Morpions 42.
Mosje 33. 49; s. a. Musjeh.
Mottenlöchlein 57.
mulstrig 72.
Musenalmanache 7 u. pass. 55 u. pass.
Musenscheißereien 33.
Musikalien 36.
Musjeh 32.
Muskowitisch 52.
Neujahrsdouceur 45.
Noblesse 46.
notabenieren 44. 77.
notzüchtigen 12.
nökern 39.
Ochse aller Ochsen 28.
Oration 12.
Orthographie 7.
Otto 6.
Pantalone 11.
Papierflaus 17.
parlieren 4.
Paroxysmen 64.
pauken 7. 54.
Pedanterei 46.
Pfaffenintroduktion 68.
pferdehaaren 88.
Pfiff 75.

Pfirschen 80.
Philisterpferde 6.
Pietisten 63.
Podicius 33.
poetisch: -es Adamskind 66; -e Freiheit 85.
Pomposius 4. 6. 12.
posito 32.
Posthengste 61.
postnummerando 1.
Pötte 61.
Pracher 91; -ern 77; -erei 76.
praenummerando 1; -ieren 27. 45. 59.
Prediger Salomonis 83.
Presse 6; -n 9.
Prinzipal 47.
Prise 61.
Profit 5. 57. 60. 68. 88.
Prosit 44.
Promemoria 1. 22. 23. 88.
Promessen 4.
Prorektor 28.
prostituieren 61. 84; -lich 59.
Purganz 54.
Pursche 6. 40.
Quark 37.
querulieren 91.
Rabbuni 35.
Rechnungsdecharge 3.
regalieren 45.
Reineke Fuchs 50.
rektifizieren 22.
Relation 83.
Republik 68.
Reversales 3.
Revisionsbogen 7 f. 13. 18. 21. 67. 75.
roter Heller 59.
Rötel 1.
Sah-mans-Perspektiv 12.
sakramentieren 43.
sakrifizieren 71.
Salva venia machen 12.
salvaveniaen 7. 24.
Salve 26.
Salz und Brod 61.
Sapere aude 39.
Saß-hintern-Ofen-und-schlief 12.
Sauerteig 54.
scharmant s. charmant
Scharteke 20.
schäkern 46.
Schäuerchen 45.
Scheißalmanach 10; -dreck 12; hähnchen 34; -haufen 61; -kerl 3. 4. 32; -klack 61; -n 1. 17. 35; ins Angesicht – 44; in der S. sitzen 40; -papier 12; -titel 21; -zeug 24. S. auch be-, verscheißen; Kuh-, Erz-, Hosenscheißer; Schiß etc.
Schelm 4.
Schicksalswürfel 67.
Schildkrötenpastete 31. 61.
schissern 12. 44. 57. 74.
Schiß, im S. sein 32. 61.
schlaff 20.
Schmalzfedern 5.
Schmeichelgeist 37.
schnackscher Patron 56.
schnelle Kathrine 12. 14.
schnurrig 4. 61.
Schofel 35.
Schofellieferanten 41.
Schreibzeug 80.
Schubbejackerei 61.
Schubsacke 13.
Schürken 45.
Schwachmatikus 12.
Schwarzes Brett 3.
Schwänze, Schw... 4. 16. 38. 43. 79.
Schweinepelz 4.
Sedisvakanz 86.
Segen des Himmels 22.
Semen amomi 52.
Sentenz 12.
Setten 61.
Signatum 28.

Signor 2. 5. 13. 20. 46. 61 f. 74 f. 79.
Simplizität 6.
Sodomitisches 1.
Solennitäten 85.
Solo 67.
Spaziergang 62.
Spieltische 88.
Stallmeisterrock 66.
stiff 20.
Stimme vom Himmel 33. 44.
Streifereien 92.
sub littera 24.
Subskribenten 1. 3. 4. 5. 6. 11. 22. 23. 27. 39. 45; -manual 24; -namen 11; -spektakel 10; -statum 22; -zahl 11.
Subskription 1. 10. 27; -sankündigung 81; -sexemplar 24; -sliste 19. 21; -sverzeichnis 17. 21.
Suite 32.
superklug 21.
supplieren 11.
Sündenbock 1.
suß 20.
T... (=Teufel) 1. 6. 9. 25. 30. 32. 33. 36. 43. 44. 45. 60. 66. 85. 86. 88; -mäßig 45; -sstreich 41; -szeug 27. S. a. Dieser und Jener
Tabatiern 51.
Talente 59.
Tausendsasa 5. 6. 9. 12. 14. 18. 22. 24. 35.
Teekollation 46.
Teufel s. T...
totus tuus 26.
traun 46.
Treff 75.
tribulieren 41. 43.
Tribunal 59.
trillen 8. 9.
umherschwärmen 24.
Vale 26.
Verführer des Volks 35.
vergelten 1.
Verjohannballhornungen 53.
verklomt 69.
verschissen 5.
versündigen 64.
verte 44.
videtur 48.
Viermeilen 72.
Vignetten 4. 20.
vix Credo 59.
vollwichtig 7.
Votzen, V... 38. 43.
Waldrappe 9.
Wallfahrt 70.
Wanderschaft 61.
Wartung 85.
Wedgwood-Tintenfaß 80.
Wehe! 28.
Weiblein 88.
Wenneh(e)r 1. 10. 23. 33. 44. 86.
Wiederkunft 27.
Wirrwarr 8.
wohlaffektioniert 9. 11. S. a. Affektion
Wunderwerk 40.
Zebedäus 11. 12. 42. 71.
zedieren 84.
Zehntrecht 80.
Zeisig 39.
Zetermordio 1. 72.
Zitation 72.
Zittern und Beben 40.
Zivilamt 84.
zu Gange 43.

# Verzeichnis der Abbildungen

S. 2 Gottfried August Bürger. Kupferstich von Kohl nach einem Gemälde von Johann Dominikus Fiorillo.

S. 8 Gottfried August Bürger. Schattenriß mit Unterschrift. Reproduziert nach Ebstein, Bürger und Dieterich 1910, S. 4.

S. 9 Johann Christian Dieterich. Schattenriß mit Unterschrift. Reproduziert nach Ebstein, S. 4.

S. 15 Christiane Elisabeth Dorothea (Christel) Dieterich. Schattenriß. Reproduziert nach Ebstein, S. 30.

S. 23 Dorothea Marianne (Dorette) Bürger. Holzstich nach einem Pastellgemälde von ihrer Schwester Molly (1781). Reproduziert nach Wurzbach, Gottfried August Bürger 1900, S. 186.

S. 33 Bürgers Wohnhaus in Wöllmarshausen. Reproduziert nach Ebstein. S. 10.

S. 37 Frontispiz für die Ausgabe der Gedichte von 1778. Gezeichnet und gestochen von Daniel Chodowiecki. Reproduziert nach dem Erstdruck.

S. 39 Illustration zu Bürgers Ballade „Lenore". Gezeichnet und gestochen von Daniel Chodowiecki für die Ausgabe der Gedichte von 1778. Reproduziert nach dem Erstdruck.

S. 55 Illustration zu Bürgers Gedicht „Bruder Graurock und die Pilgerin" Gezeichnet und gestochen von Daniel Chodowiecki für die Ausgabe der Gedichte von 1778. Reproduziert nach dem Erstdruck.

S. 67 Johann Christian Dieterichs Wohn- und Geschäftshaus, Gotmarstraße 1 in Göttingen. Fotografie um 1890. Reproduziert nach Friedrich Schaefer, Georg Christoph Lichtenberg als Psychologe und Menschenkenner 1899.

S. 79 Untergut Appenrode, Bürgers Wohnhaus. Reproduziert nach Heinrich Lücke, An den Ufern der Garte 1927, S. 108.

S. 95 Augusta Maria Wilhelmina Eva (Molly) Bürger. Holzstich nach einem Pastellgemälde von ihrer Hand (1781). Reproduziert nach Wurzbach, S. 186.

S. 113 Friederike Christiane Henriette (Fritze) Dieterich. Schattenriß. Reproduziert nach Ebstein, S. 114.

S. 137 Luise Sophia Henriette Köhler. Schattenriß. Reproduziert nach Ebstein, S. 132.

S. 151 Dieterichs Gartenhaus: Bürgers Wohnung in Göttingen. Reproduziert nach einem Foto vor dem Abriß im Jahre 1916, im Besitz von Hans-Heinrich Himme, Göttingen.

S. 158/159 Todesanzeige für Augusta Maria Wilhelmina Eva (Molly) Bürger. Reproduziert nach dem Original: UB Münster, Nachlaß Sprickmann, verkleinert.

S. 161 Elise Bürger als Kleopatra. Kolorierter Stich von J. F. Schröter und K. Oetzner. Reproduziert nach Wurzbach, S. 326.

Vorderes Vorsatzpapier: Bürgers Brief an Dieterich vom 25. März 1779. Originalgröße.

Hinteres Vorsatzpapier: Dieterichs Brief an Bürger vom 3. Oktober 1792, verkleinert.

Die Wiedergabe nach den Kupferstichen erfolgt in der Größe der Originale; alle übrigen Abbildungen sind dem Satzspiegel vorliegender Ausgabe angepaßt.

# Inhalt

Briefwechsel Bürger – Dieterich ... 7

Anhang ... 177
Vorbemerkungen ... 179
Verzeichnis der Abkürzungen, Münzen, Maße und Gewichte ... 180
Kommentar ... 182

Nachwort ... 259
Bibliographische Notiz ... 282
Editorischer Bericht ... 284

Register ... 292
Namenregister ... 292
Wort- und Sachregister ... 311
Verzeichnis der Abbildungen ... 317

mein lieber Bürger

Du wirst wohl meinen Tage[illegible] Dunkel, den Dichter[illegible] und [illegible], Das giebt mein lieber Mann, ich [illegible] auch gold, alt und [illegible] [illegible] auch allein [illegible] [illegible] und [illegible] [illegible] Assignationen von Bremen, [illegible] mit der Nachricht, daß [illegible] [illegible], und [illegible] alda, auch [illegible], zu [illegible], und [illegible] für [illegible] [illegible] hat [illegible] accordirt, und [illegible] um 300 f [illegible], und ist er [illegible] [illegible] fertig. [illegible] liebster Freund glaube ich [illegible] nicht, daß ich [illegible] die [illegible] arbeit, und [illegible] so bald [illegible], die [illegible] arbeit [illegible] [illegible] [illegible] [illegible] [illegible] gelegen ist [illegible] [illegible], und [illegible] [illegible] [illegible] mit [illegible] [illegible] [illegible] [illegible], da [illegible] habe ich [illegible] [illegible] [illegible] doch [illegible] [illegible] [illegible] [illegible] ich [illegible] [illegible] [illegible] [illegible] nicht Creditiv. [illegible] [illegible] wohl, aber [illegible] nichts. 6. Leitner ist [illegible] [illegible] so [illegible] [illegible] [illegible]